KB236005

하루 한 편 떠먹는 삼국유사

하루 한 편 떠먹는 삼국유사

하루 한 편 떠먹는 삼국유사

1판 1쇄 인쇄 2014년 10월 21일
1판 1쇄 발행 2014년 10월 27일

지은이 | 일연
편 저 | 윤병욱
펴낸이 | 김재희
펴낸곳 | 화담출판사(출판등록 제 406-2013-000060호)
주 소 | 경기도 파주시 청암로 28
전 화 | 031-923-3549
팩 스 | 031-923-3358
메 일 | hwadambooks@hanmail.net

ISBN 978-89-87835-77-8 (13910)

ⓒ 화담출판사

이 책을 무단 복제, 무단 전재하는 것은 저작권법에 저촉됩니다.
이 책의 일부 또는 전부를 이용하려면 반드시 출판사의 동의를 받아야 합니다.

화담출판사는 세상의 아름다움을 널리 알리는 그릇입니다.
그 아름다움을 함께할 작가를 모십니다.

하루 한 편 떠먹는
삼국유사

일연 지음 | **윤병욱** 편저

화담출판사

하루 한 편 삼국유사를 떠먹으며

인류의 기원은 40만 년에서 최대 50만 년 전까지 거슬러 올라갈 수 있다. 그러나 인류가 문자를 발명하여 자신들의 생활상과 역사를 기록하기 시작한 것은 기원전 3~4천 년경이다. 지금으로부터 따져봐야 고작 5천여 년 전이고, 아무리 오래 잡아도 1만 년을 벗어나지 못한다.

그렇다면 수십만 년을 두고 발생한 인류 역사는 어떻게 후대에 전해졌을까? 이를 가능케 한 것은 바로 사람들의 입에서 입을 전해지는 구전이었다. 우리는 이를 흔히 '신화와 전설'이라고 부른다. 이 신화와 전설은 각 민족마다 고유하게 전승되어 오늘날까지 이어지고 있다. 유럽에는 '그리스 로마 신화'가 있고, 중국에는 '삼황오제와 요순임금'이 있으며, 우리나라에는 자랑스러운 '단군신화'가 있다. 그러나 이러한 신화와 전설 역시 찬란한 문명을 가꾸고 문자를 활용한 민족에게만 전해지고, 그렇지 못한 민족들에게는 점차 소멸되어 잊히는 실정이다.

이런 의미에서 단군신화를 가장 먼저 대중에게 소개한 《삼국유사》

는 암흑 같았던 우리나라의 상고 시대 역사를 밝힌 그야말로 등대 같은 것이라고 할 수 있다. 세인들은 흔히 《삼국유사》를 《삼국사기》와 즐겨 비교하며 각각의 장단점에 대해 왈가왈부해왔다. 그런데 기실 《삼국유사》는 책 제목에서 살펴볼 수 있듯 《삼국사기》에서 빠뜨린 것을 보충하는 성격을 지녔으며, 다룬 내용과 범위를 살펴볼 때 오히려 《삼국사기》를 초월한다. 역사학자 육당 최남선은 《삼국유사》를 "조선 상대를 혼자 담당하는 문헌이다"라고 자신 있게 주장하는가 하면, "삼국사기와 삼국유사 중에서 하나를 택하여야 될 경우를 가정한다면, 나는 서슴지 않고 후자를 택할 것이다"라고 단언하기도 했다.

물론 철저한 실증사학적 입장에서 《삼국유사》를 살펴보면 다른 역사서보다 객관성이 떨어진다. 그래서 일부 사학자는 "허황하다" 혹은 "이단의 설이다"라고 가차 없이 혹평하기도 한다. 그러나 《삼국유사》를 좀 더 세심히 살펴보면 여기에 실린 신화와 전설, 민담과 신앙, 불교사상 등의 여러 내용이 일연이 혼자 방 안에서 상상으로 만들어 낸 것이 아님을 알 수 있다. 《삼국유사》에 인용된 참고 목록을 살펴보면 오히려 《삼국사기》보다 다양하다는 사실을 발견할 수 있다. 그 수집 자료는 일연이 평생 전국 방방곡곡을 돌아다니면서 직접 보고 전해 들은 생생한 이야기를 바탕으로 하고 있다. 이 때문에 《삼국유사》에서는 현재 소멸되어 검증하기 어려운 것들, 즉 전국 각지에 산재했던 비석 등에 남아 있는 금석문과 향토 자료를 비롯하여 현지 고유의 풍속과 신앙, 토착씨족의 계보와 지명의 기원, 토속어와 민요 등을 확인할 수 있다.

그중에서도 특히 고조선을 비롯하여 부여, 고구려, 예맥 등 북방계 부족과 신라, 가야, 삼한 등 남방계 부족의 발전과 통합 과정에 대한 기술은 우리 민족이 반만년의 유구한 역사 속에서 어떻게 지금의 한 민족으로 발돋움했는지에 대한 근거를 제시해준다. 또한 각종 전설과 민담은 물론이고 향찰로 표기된 〈혜성가〉 등 14수의 신라 향가 등은 한국 고대 사회·문화의 실체를 밝히는 데 절대적 가치를 지니고 있다.

이처럼 《삼국유사》에는 다른 사서에서 찾아볼 수 없는 소중한 역사적 자료와 더불어 당시 백성들의 염원과 신화·전설의 세계가 어우러져 있다. 《삼국유사》는 이를 바탕으로 멋들어진 한민족 고유의 판타지 세계를 연출해내고 있다. 이 점에 대해 세계적인 비디오 아티스트 백남준은 이렇게 지적한 바 있다.

"우리 민족은 삼국유사가 대변하듯 판타지가 대단한 민족이기 때문에 그런 판타지를 죽여선 안 된다."

따라서 우리는 《삼국유사》를 단순하게 한 승려가 기록한 역사서로 치부하지 말고 좀 더 종합적인 입장에서 이것을 바라볼 필요가 있다.

일연이 고려 충렬왕 7년(1281) 무렵에 인각사에서 편찬했다고 알려진 《삼국유사》는 기사본말체의 서술 방식으로 기술되어 있다. 총 5권 9편에 140여 조목으로 나뉘어 있는데, 그 수록 내용은 〈왕력〉, 〈기이〉, 〈흥법〉, 〈탑상〉, 〈의해〉, 〈신주〉, 〈감통〉, 〈피은〉, 〈효선〉이다.

그 내용을 간단히 살펴보면, 〈왕력〉은

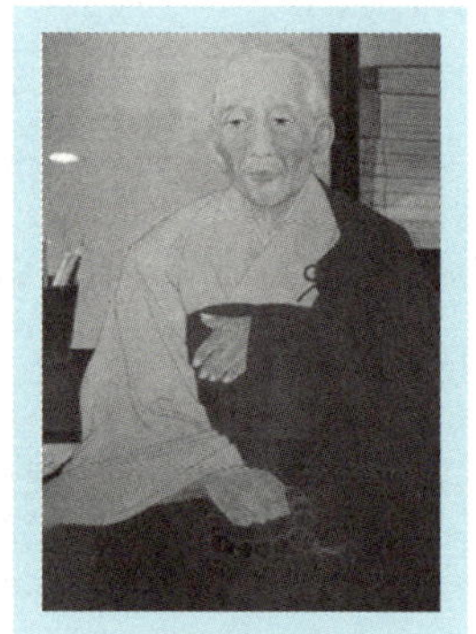

일연

중국의 연대와 대조한 삼국 및 가락국의 약력을 기록한 것이며, 〈기이〉는 신화나 설화를 중심으로 신비롭고 기이한 역사를 기록한 것이다. 〈흥법〉은 불법을 일으킨 고승들의 이야기, 〈탑상〉은 사찰, 탑, 불상 등의 유래에 관한 것, 〈의해〉는 부처와 고승들이 가르친 뜻을 풀이한 글이다. 〈신주〉는 신통한 주술에 관련된 스님들의 이야기, 〈감통〉은 부처에게 감응한 사람들의 고사, 〈피은〉은 세속을 피하여 숨은 사람들의 이야기이다. 마지막으로 〈효선〉은 효와 선행을 한 사람들의 이야기이다.

이 책은 이러한 《삼국유사》를 제1부 '삼국유사 이야기 편'으로 재편집하여 청소년은 물론이거니와 일반 독자가 쉽게 이해할 수 있도록 꾸몄다. 또한 제2부 '삼국유사 정리 편'과 제3부 '삼국유사 심화 편'을 할애하여 《삼국유사》의 완벽한 이해를 다시 한 번 도왔다. 아무쪼록 이 책을 통해 우리 조상의 기원과 역사적 애환을 다시 되새기고, 민족의 자부심을 다시금 느끼는 계기가 되길 기원한다.

윤병욱

제4장 ❀ 아름답고 슬픈 사랑의 연가와 전설 이야기

제5장 ❀ 불법을 일으킨 고승 이야기

제6장 ❀ 자비와 호국의 염원이 깃든 절 · 탑 · 불상 이야기

제3부 ✽ 삼국유사 심화 편

제1부

삼국유사 이야기 편

제1장

성스러운 건국신화와 시조 왕 이야기

고조선 단군왕검

2천여 년 전, 단군왕검이 있었다. 그는 아사달에 도읍을 정하고 새로 나라를 세웠으니, 나라 이름을 조선이라고 불렀다. 이때는 중국 요임금과 같은 시기였다. 이는 중국 역사서 《위서》에 적힌 기록이다. 이와 관련하여 예로부터 전해 내려오는 기록은 이렇다.

옛날에 하늘나라의 제왕인 환인의 서자 환웅이라는 이가 있었는데, 자주 천하에 뜻을 두어 인간세상을 가보고 싶어 했다. 아버지가 아들의 뜻을 알고 세 봉우리가 우뚝 솟은 태백산을 내려다보니 인간들을 널리 이롭게 해줄 만한 신성한 땅으로 여겨졌다. 그래서 천부인 세 개를 환웅에게 주어 인간의 세계를 다스리도록 하였다. 환웅은 무리 3천 명을 거느리고 태백산 정상에 있는 신단수 밑에 내려왔다. 그곳을 신시라고 한다. 환웅천왕은 바람과 비와 구름을 맡은 신들을 거느리고 곡식, 수명, 질병, 형벌, 선악 등 모든 인간의 360여 가지 일을 주관하여 세상을 다스리고 교화했다.

이때 호랑이 한 마리와 곰 한 마리가 같은 굴속에서 살고 있었는데, 그들은 항상 환웅에게 빌어 사람이 되길 간절하게 원했다. 이에 환웅은 신령스러운 쑥 한 줌과 마늘 스무

단군왕검

14

개를 주면서 말했다.

"너희가 이것을 먹고 백일 동안 햇빛을 보지 않으면 곧 사람이 될 것이다."

곰과 호랑이는 이것을 받아서 먹으며 삼칠일(21일) 동안 조심했다. 결국 곰은 여자로 변했으나 호랑이는 금기를 지키지 못하여 사람으로 변하지 못했다. 여자가 된 곰은 혼인해서 같이 살 사람이 없으므로 날마다 신단수 밑에서 아기 갖기를 기원했다. 이 모습을 안타깝게 여긴 환웅이 잠시 사람의 몸으로 변하여 그녀와 혼인하여 아들을 낳으니, 바로 그가 단군왕검이다.

단군왕검은 중국의 요임금이 즉위한 지 50년 경인년에 평양성에 도읍하여 나라 이름을 조선이라고 불렀다. 또 도읍을 백악산 아사달로 옮겼다. 혹자는 그곳을 궁홀산 혹은 금미달이라고 말한다. 그는 1,500년 동안 그곳에서 나라를 다스렸다.

주나라 무왕이 즉위한 기묘년에 기자를 조선에 봉했다. 이에 단군은 장당경(황해도 구월산 밑의 지명)으로 옮겼다가 뒤에 돌아와서 아사달에 숨어 산신이 되니 나이는 1,908세였다고 한다.

당나라의《배구전》은 이렇게 전한다.

'고려는 원래 고죽국(지금의 해주)이었다. 주나라에서 기자를 봉하여 조선이라 했다. 한나라에서는 세 군으로 나누어 설치하였으니 이것은 곧 현토, 낙랑, 대방(북대방)이다.'

북부여 해모수왕, 동부여 해부루왕

기원전 58년 4월 8일, 천제(옥황상제)가 흘승골성에 내려왔다. 다섯 마리 용이 끄는 수레를 타고 도읍을 정하여 왕이라 일컬으며 나라 이름을 북부여라 했다. 그는 스스로를 해모수라고 불렀다.

아들을 낳아 이름을 부루라 하고 성씨는 해로 삼았다. 어느 날 해부루의 대신 아란불의 꿈에 천제가 내려와 말했다.

"장차 내 자손으로 하여금 이곳에 나라를 세울 터이니 너는 다른 곳으로 피해 가도록 하라(이것은 고구려의 동명왕이 장차 일어날 조짐을 말함이다). 동해에 가섭원이라는 곳이 있는데 땅이 기름지니 왕도를 세울 만할 것이다."

이에 아란불은 왕을 권하여 그곳으로 도읍을 옮기고 국호를 동부여라 했다.

부루는 늙도록 자식이 없었다. 어느 날 산천에 제사를 지내어 후사를 구했는데, 이때 타고 가던 말이 곤연에 이르러 큰 돌을 보고는 갑자기 눈물을 흘렸다. 이상히 여긴 왕은 사람을 시켜 그 돌을 들추어 보게 하였다. 거기에는 어린아이가 하나 있었는데 모양이 금빛 개구리와 같았다.

왕은 기뻐하여 말했다.

"이것은 필경 하늘이 나에게 아들을 주시는 것이로구나."

그 아이를 거두어 기르면서 이름을 금와라고 했다. 차츰 자라자 태자로 삼았고 부루가 죽자 금와가 뒤를 이어 왕이 되었다. 그리고 다음의 왕위를 태자 대소에게 전했다. 서기 22년에 이르러 고구려의 제3대 왕 대무신왕 무휼이 동부여의 대소를 죽이니 이로써 나라가 없어졌다.

고구려 시조 동명성왕

고구려는 곧 졸본부여다. 혹자는 졸본부여가 지금의 화주 또는 성주라고 말하지만, 이는 모두 잘못 안 것이다. 졸본은 요동의 경계에 있었다.

《고려본기》에는 다음과 같이 전한다. 시조 동명성제의 성은 고씨요, 이름은 주몽이다. 이보다 앞서 북부여의 왕 해부루가 이미 동부여로 피해 가고, 부루가 죽자 금와가 왕위를 이었다.

어느 날 금와는 태백산 남쪽 우발수에서 여자 하나를 만났는데, 그녀는 자신에 대해 이렇게 말했다.

"저는 하백의 딸로, 이름은 유화라고 합니다. 여러 동생과 함께 물 밖으로 나와 노닐었는데, 어떤 남자 하나가 오더니 자기는 천제의 아들 해모수라고 하면서 저를 웅신산(백두산) 밑 압록강 근처의 집 안으로 유인하였습니다. 거기서 남몰래 정을 통하고 가더니 돌아오지 않았습니다. 부모는 제가 중매도 없이 혼인한 것을 꾸짖어 이곳으로 귀양 보냈습니다."

금와가 이상히 여겨 그녀를 방에 가두어 두었다. 햇빛이 방 안으로 비쳐오는데, 그녀가 몸을 피하면 햇빛은 다시 따라와서 비추었다. 그로 인하여 태기가 있어 알 하나를 낳으니, 크기가 닷 되만 했다. 왕은 그것을 개와 돼지에게 던져주었으나 모두 먹지 않았다. 다시 길에 내다버리니 소와 말이 그 알을 피해서 가고, 들에 내다버리니 새와 짐승들이 알을 덮어주었다. 왕이 이것을 쪼개보려고 했으나 아무리 해도 쪼개지지 않아 그 어머니 유화에게 돌려주었다.

유화는 이 알을 천으로 싸서 따뜻한 곳에 놓아두었다. 이윽고 한 아이가 껍질을 깨고 나왔는데, 골격과 외모가 영특하고 기이했다. 나이 겨우 일곱 살에 기골이 또래 아이들보다 뛰어났으며 스스로 활과 화살을 만들어 쏘았는데 백발백중이었다. 나라 풍속에 활을 가장 잘 쏘는 사람을 주몽이라고 불렀으므로 이를 이름으로 삼았다.

금와왕에게는 아들 일곱이 있었다. 그들은 항상 주몽과 함께 놀았으나 모두 주몽의 재주를 따르지 못했다. 이에 시샘이 난 맏아들 대소가 왕에게 말했다.

"주몽은 사람의 자식이 아닙니다. 일찍 없애지 않는다면 후환이 있을까 두렵습니다."

하지만 왕은 그 말을 듣지 않고 주몽을 시켜 말을 기르게 했다. 좋은 말을 알아본 주몽은 그 말을 적게 먹여 여위게 했고, 둔한 말을 잘 먹여 살찌게 했다. 그런 내막을 알지 못한 왕은 살찐 말을 자기가 타고, 여윈 말을 주몽에게 주었다. 얼마 후 왕의 여러 아들과 신하가 주몽을 죽일 계획을 세웠다. 이 사실을 알아챈 유화가 주몽에게 말했다.

"지금 나라 안 사람들이 너를 해치려고 하는데, 네 재주와 지략을 가지고 어디를 가면 못 살겠느냐! 빨리 이곳을 떠나도록 해라."

이에 주몽은 오이, 마리, 협보 등 세 사람을 벗으로 삼아 동부여를 떠났다. 곧 주몽을 죽이려는 자들이 어느새 뒤쫓아 왔다. 다급해진 주몽은 압록강 동북쪽에 있는 엄수까지 도피했는데, 건널 다리가 없자 물의 신에게 말했다.

"나는 천제의 아들이요, 하백의 손자다. 오늘 멀리 가려 하는데 추격자들이 거의 다 쫓아왔으니 어찌하면 좋겠는가?"

그러자 물속에서 물고기와 자라가 나타나 다리를 만들어 주몽 일행을 건너가게 해주고 곧 사라져버렸다. 그 때문에 추격자들은 물을

동명왕릉.
평양에 있으며,
북한의 국보문학유물
제36호이다.

건널 수 없었다.

도망에 성공한 주몽은 졸본에 이르러 도읍을 정했다. 그러나 미처 궁을 세울 겨를은 없었다. 그는 비류수 위에 집을 짓고 살면서 나라 이름을 고구려라 하고, 고를 성씨로 삼았다. 원래의 성은 해씨로, 지금 자신이 천제의 아들로서 햇빛을 받고 태어났다고 한 까닭에 고를 성으로 삼았다. 이때 주몽의 나이 12세로, 한나라 효원제 건소 2년 갑신(기원전 37)에 즉위하여 왕이라 일컬었다.

고구려가 제일 융성하던 때는 호수가 21만 508호나 되었다.

백제 시조 온조왕

백제의 시조는 온조로, 그의 아버지는 '추모왕'이라고도 불리는 주몽이다. 주몽은 북부여에서 난리를 피하여 졸본부여에 왔다. 그곳의 왕은 아들이 없고 딸 셋만 있었는데, 주몽을 보자 범상치 않은 인물임을 간파하고 그에게 둘째 딸을 아내로 주었다. 얼마 후, 졸본부여의 왕이 죽자 주몽이 그 왕위를 이어받았다.

주몽은 원래 북부여에서 낳은 큰 아들 유리가 있었다. 주몽은 졸본부여에서도 두 아들을 낳았는데, 그들이 바로 비류와 온조다. 훗날 비류와 온조는 태자가 된 유리 왕자가 자신들을 용납하지 않을까 걱정하여 오간, 마려 등 10여 명의 신하들을 데리고 남쪽으로 갔다. 백성들도 이 길을 따르는 자가 많았다.

그들은 드디어 한산에 이르러 북한산에 올라가 살 만한 곳을 찾아보았다. 비류는 바닷가에서 살자고 했으나 열 명의 신하들이 반대했다.

"저 땅은 북쪽으로는 한수가 흐르며 동쪽으로는 높은 산을 의지했고, 남쪽으로 비옥한 못을 바라보며, 서쪽으로는 큰 바다가 가로놓여 있어서 지세가 천연적으로 험하고 토지에서 생산물이 많을 것 같습니다. 그러니 여기에 도읍을 정하는 것이 어찌 좋지 않겠습니까?"

그러나 비류는 신하들의 말을 무시한 채 백성을 나누어 지금의 인천 부근인 미추홀에 정착했다. 한편, 온조는 한강 남쪽 부근인 하남 위례성에 도읍을 정했다. 열 명의 신하가 함께 한강을 건너와 보좌를 해주었기 때문에 나라 이름을 '십제'라고 했다. 이때가 기원전 18년이었다.

미추홀이라는 곳은 습기가 많고 물이 짜서 편안히 살 수 없었다. 그리하여 비류는 위례성으로 돌아왔다. 와서 보니 도읍이 안정되었고 백성들 또한 편안히 살고 있었다. 결국 비류는 부끄러워하고 후회하면서 죽었다. 이에 그의 신하와 백성 모두가 위례성으로 돌아왔다.

석촌동 백제고분

주몽

그 후 백성들이 한강을 건너올 때 기뻐했다고 하여 나라 이름을 백제로 고쳤다. 그 선대의 계보는 고구려와 마찬가지로 부여에서 나왔기 때문에 성씨를 해(혹은 부여)라고 했다. 훗날 성왕 때 도읍을 사비로 옮겼으니, 이게 바로 지금의 부여군이다.

《고전기》에 의하면, 동명왕의 셋째 아들 온조는 기원전 18년에 졸본부여에서 위례성으로 와 도읍을 정하고 왕이라 일컬었다. 기원전 5년에 도읍을 한산으로 옮겨 389년을 지냈으며, 13대 근초고왕 때인 371년에 고구려의 남평양을 빼앗아 도읍을 북한성(경기도 양주)으로 옮겨 105년을 지냈다. 22대 문주왕이 즉위하던 475년에는 도읍을 웅천(충청남도 공주)으로 옮겨 63년을 지냈다. 26대 성왕 때 도읍을 소부리로 옮기고 국호를 남부여로 칭했는데, 31대 의자왕에 이르기까지 120년을 지냈다. 백제에는 본래 다섯 부가 있어 37군 200성 76만 호로 나뉘었다.

온조왕은 몸이 장대하고 효도와 우애가 지극하며 말 타기와 활쏘기를 잘했다. 또 그의 아들인 다루왕은 너그럽고 후덕한 인물로, 그만큼 위엄과 인망이 있었다.

신라 시조 혁거세왕

기원전 69년 3월 초하루, 서라벌 일대의 육부촌 시조들이 저마다 자제를 거느린 채 알천 언덕 위에 모여 의논했다.

"위로 임금이 없어 백성들을 다스리지 못한 탓에 백성들은 모두 방자하여 제멋대로 하고 있다. 그러니 어서 덕이 있는 사람을 찾아 임금으로 삼고, 나라를 세우고, 도읍을 정합시다."

그들이 높은 곳에 올라 남쪽을 바라보니, 양산 아래 나정(경주시 탑동 일대)이라는 우물 주변에 이상한 기운이 번개처럼 드리워지며 백마 한 마리가 꿇어앉아 절을 하고 있었다. 곧 자줏빛 알을 깨고 어린 사내아이가 나왔는데, 그 모습이 단정하고 아름다웠다. 모두 놀라 이상히 여겨 그 아이를 동천에 목욕시켰더니 몸에서 광채가 나고 새, 짐승 들이 따라서 춤을 췄다. 또한 곧 천지가 진동하고 해와 달이 밝게 빛났다. 이 때문에 아이의 이름을 혁거세라고 지었다. 왕위에 올라 '거슬감(거서간)'이라고 했다. 이에 사람들은 앞다투어 칭찬하면서 말했다.

"이제 천자가 이미 하늘에서 내려왔으니 마땅히 덕 있는 왕후를 찾아 배필로 삼아야 합니다."

이날 사량리에 있는 알영정 가에 계룡이 나타나 왼쪽 갈비에서 어린 계집아이를 낳았다. 얼굴과 모습이 유달리 고왔으나 입술이 마치 닭부리 같았다. 그래서 월성 북쪽에 있는 냇물에 목욕을 시켰더니 그 부리가 떨어졌다. 이 일로 말미암아 그 개천은 '발천'이라 불리게 되었다.

사람들은 남산 서쪽 기슭(포석정 동쪽)에 궁을 짓고 두 성스러운 어린이를 받들어 길렀다. 사내아이는 알에서 태어났고 그 알의 모양이 표주박과 비슷했는데, 당시 시골 사람들은 표주박을 '박'이라고도 하기 때문에 성씨를 '박'으로 삼았다. 또 계집아이는 그가 나온 우물인

월성 석빙고(신라 시대 얼음을 넣어두던 창고)

알영정

나정 유적

'알영'으로 이름을 지었다.

기원전 57년은 두 성인이 13세가 되던 해였다. 그해 사내아이를 왕, 계집아이를 왕후로 정식 추대하였다. 그리고 나라 이름을 서라벌, 서벌 혹은 사라, 사로라고 했다. 처음에 왕후가 계정에서 탄생했으므로 나라 이름을 계림국이라고도 했다. 이것은 계룡이 상서로움을 보였기 때문이다.

일설에는 탈해왕 시절에 김알지를 얻을 때, 닭이 숲 속에서 울었다고 하여 국호를 계림이라 했다고도 한다. 후세에 와서 나라 이름을 '신라'로 정했다.

왕은 나라를 다스린 지 61년 되던 해 어느 날 하늘로 돌아갔다. 그런데 7일 후에 그의 몸뚱이가 땅에 흩어져 떨어졌고, 왕후도 역시 세상을 떠났다고 한다. 사람들은 이들을 합장하려 했으나 큰 뱀이 나타나더니 쫓아다니면서 이를 방해하므로 머리와 양팔과 양다리를 각각 장사 지내어 오릉을 만들었다. 또한 뱀으로 인하였기에 능의 이름을 사릉이라고도 했다. 바로 담엄사 북릉이 이것이다. 태자가 왕위를 계승하니 남해왕이었다.

가야 시조 김수로왕

천지가 처음 열린 이래, 김해 일대에는 아직 나라가 없었다. 당연히 임금과 신하의 명칭 또한 없었다. 단지 이곳에는 아도간, 여도간,

피도간, 오도간, 유수간, 유천간, 신천간, 오천간, 신귀간 등 아홉 부족장이 있었다.

이 부족장들이 백성들을 통솔했는데 모두 1만 호, 7만 5천 명이었다. 이들은 거의 산과 들에 모여 기거하였는데, 우물을 파 물을 마시고 밭을 갈아 곡식을 재배하며 먹고살았다.

서기 42년 3월 상사일은 액땜을 하기 위해 목욕하고 술을 마시는 날인데, 그들이 살고 있는 북쪽 구지봉(김해시 구산동)에서 무엇인가를 부르는 이상한 소리가 났다. 백성 2~300명이 여기에 모여 있는 가운데 그 모습은 드러나지 않은 채 사람 소리 같은 말소리만 들렸다.

"그곳에 사람이 있느냐?"

아홉 부족장 등이 말했다.

"저희가 있습니다."

"너희가 있는 곳이 어디인가?"

"구지봉입니다!"

그러자 또 이런 소리가 들렸다.

"하늘이 나에게 명하기를 이곳에 나라를 새로 세우고 임금이 되라 하여 일부러 여기에 내려왔다. 너희는 모름지기 산봉우리 꼭대기의 흙을 파면서 노래를 부르되, '거북아, 거북아, 머리를 내밀라. 만일 내밀지 않으면 구워먹겠다' 노래하고 뛰면서 춤을 추어라. 그러면 곧 대왕을 맞이하여 기뻐하게 될 것이다."

아홉 부족장 모두가 기뻐하며 이 말에 따라 노래하고 춤추었다. 얼마 후, 하늘을 우러러 쳐다보니 자줏빛 줄이 내려와 땅에 닿아 있었다. 그 노끈의 끝을 찾아보니 붉은 보자기에 금빛의 상자가 싸여 있었다. 열어보니 해처럼 둥근 황금알 여섯 개가 있었다.

여러 사람이 모두 놀라고 기뻐하여 함께 수없이 절하였다. 그러고는 싸안고 아도간의 집으로 돌아와 상 위에 놓아두고 각기 흩어졌다. 그렇게 12일이 지나고 그 다음 날 아침에 여러 사람이 다시 모여서 상자를 열었다. 여섯 알은 부화해서 어린아이가 되어 있는데 용모가 매우 훤칠했다.

그들을 평상 위에 앉히고 절하고 축하하면서 극진히 공경했다. 이들은 나날이 자라서 십수 일이 지나자 키가 9척이나 되었다. 이들은 마치 은나라 시조 왕인 천을 같고, 얼굴은 용과 같아 한나라 고조였던 유방과 비슷했다. 눈썹이 팔자로 채색이 나는 것은 전설적인 고대 중국의 성군이었던 당나라 요임금과 비슷했고, 겹눈동자는 역시 중국의 성군인 우나라의 순임금과 흡사했다.

그달 보름, 왕위에 오르니 세상에 처음 나타났다고 해서 이름을 수로, 혹은 수릉이라고 했다. 나라 이름을 대가락이라 하고 또 가야국이라고도 하니, 이는 곧 여섯 가야 중 하나다. 나머지 다섯 사람도 각각 다섯 가야의 임금이 되었다.

나라의 땅은 동쪽으로 황산강, 서남쪽으로 창해, 서북쪽으로 지리

구지봉

방패 꾸미개

가야 패총

산, 동북쪽으로 가야산이며 남쪽은 나라의 끝이었다. 수로왕은 임시로 대궐을 세우게 하고 거처하면서 질박하고 검소하게 살았는데, 지붕에 이은 이엉을 자르지 않았으며 흙으로 쌓은 계단은 겨우 석 자였다.

서기 43년 정월, 왕이 말했다.

"내가 서울을 정하려 한다."

곧이어 임시 궁궐의 남쪽 신답평에 나가 사방의 산악을 바라보다가 좌우 사람을 돌아보고 말했다.

"이 땅은 여직 잎같이 협소하지만 빼어나게 아름답고 기이하니 16나한이 살 만한 곳이다. 더구나 1에서 3을 이루고 그 3에서 7을 이루니 7성이 살 곳으로 가장 적합하다. 여기에 의탁하여 강토를 개척해서 마침내 좋은 곳을 만드는 것이 어떻겠느냐?"

이로써 그곳에 1,500보 둘레의 성, 궁궐, 전당, 여러 관청의 청사, 무기고, 곡식 창고를 지을 터를 마련한 뒤에 돌아왔다. 또 널리 나라 안의 건장한 인부와 기술자를 불러 모아 그달 정월 20일에 성 쌓는 일을 시작하여 3월 10일에 공사를 끝냈다. 그 궁궐과 집은 농사일에 바쁘지 않은 틈을 이용하니 그해 10월에 비로소 시작하여 다음 해 2월에 완성했다. 좋은 날을 가려서 새 궁으로 옮겨 모든 정사를 살피고 여러 일도 부지런히 보살폈다.

이 무렵, 완하국 함달왕의 부인이 아기를 배어 달이 차서 알을 낳았다. 그 알 속에서 사람이 나왔으니, 이름을 탈해라고 하였다. 그가 바다를 따라서 가락국으로 왔는데, 키가 5척이요 머리 둘레가 한 자나 되었다. 그는 수로왕이 있는 대궐로 찾아가 말했다.

“나는 왕의 자리를 빼앗으러 왔소.”

이에 수로왕이 대답했다.

“하늘이 과인에게 명해서 왕위에 오르게 한 것은 장차 나라를 안정시키고 백성들을 편안케 하려 함이었다. 따라서 과인은 감히 하늘의 명을 어겨 왕위를 남에게 줄 수도 없고, 또 우리 백성을 당신에게 맡길 수도 없다.”

탈해는 그렇다면 술법으로 승부를 겨뤄보자고 제의했고 수로왕도 수락했다. 잠깐 동안에 탈해가 변해서 매가 되니 왕은 변해서 독수리가 되고, 또 탈해가 변해서 참새가 되니 왕은 새매로 변하는데 그 변하는 시간이 조금도 걸리지 않았다. 잠시 후 탈해가 본 모양으로 돌아오자 왕도 역시 본래 모양이 되었다. 이에 탈해가 엎드려 항복했다.

“제가 술법을 겨루는 마당에 매가 독수리에게, 참새가 새매에게 잡히기를 면한 것은 대개 성인께서 죽이기를 미워하는 어진 마음을 가졌기 때문입니다. 제가 왕과 더불어 왕위를 다툰다고 해도 이기기는 참으로 어려울 것입니다.”

말을 마치자 탈해는 바로 왕께 하직하고 나갔다. 그는 교외의 나루터에 이르러 중국에서 온 배의 뱃길을 따라 떠났다. 왕은 그가 머물러 있으면서 반란을 일으킬까 염려하여 급히 수군 500척을 보내서 뒤쫓아 가니, 탈해가 계림의 땅 안으로 도망가는 것을 확인하고 돌아왔다. 그러나 이 기록은 신라의 것과 다소 차이가 난다.

서기 48년 7월 27일에 아홉 부족장 등이 조회할 때 말씀드렸다.

“대왕께서 강림하신 후로 좋은 배필을 구하지 못하였습니다. 신들의 집에 있는 처녀 중에서 가장 어여쁜 사람을 골라 궁중에 들여보내어 왕비로 삼으시길 바랍니다."

그러자 왕이 말했다.

"내가 여기에 내려온 것은 하늘의 명령이니, 나의 왕비도 역시 하늘의 계시가 있을 것이다. 경들은 염려하지 말라."

그리고 유천간에게 명하여 경쾌한 배와 날랜 말을 가지고 망산도에서 기다리게 하고, 신귀간에게 명하여 승점으로 가게 했다. 이때 갑자기 바다 서쪽에서 붉은 빛의 돛을 단 배가 붉은 기를 휘날리며 북쪽을 바라보고 다가왔다.

유천간 등이 먼저 망산도에서 횃불을 올리니 사람들이 앞다투어 육지로 내려 뛰어오므로 신귀간은 이것을 바라보다 대궐로 달려가 왕께 아뢰었다. 왕은 이 말을 듣고 무척 기뻐하여 곧 아홉 부족장 등을 보내어 목련으로 만든 키를 갖추고 계수나무로 만든 노를 저어 가 그들을 맞이하여 곧 대궐로 데려가려고 했다. 이에 배 안에 있던 왕비가 말했다.

"저는 본래 당신들을 모르는데, 어찌 감히 경솔하게 따라갈 수 있겠습니까?"

유천간 등이 돌아가서 왕비의 말을 전하니 왕은 옳게 여겨 관리를 데리고 직접 행차하기로 했다. 그리고 대궐 아래에서 서남쪽으로 60보쯤 되는 산기슭에 장막을 쳐 임시 궁전을 만들어놓고 기다렸다.

왕비는 별포 나루터에 배를 대고 육지에 올라 높은 언덕에서 쉬었다. 그러면서 입고 있던 비단 바지를 벗어 산신령에게 폐백으로 바쳤다. 당시 왕비를 시종했던 두 신하 이름은 신보와 조광이었고, 그들의 아내 이름은 모정과 모량이었다. 또 데리고 온 하인까지 합하여 모두 20여 명이었는데, 가지고 온 수놓은 비단과 의상, 필로 된 비단, 금은, 구슬과 옥, 패물 등은 이루 기록할 수 없을 만큼 많았다.

왕비가 점차 왕이 계신 곳에 다가왔다. 이에 왕은 나가 맞아서 함께 장막 궁전으로 들어갔다. 왕비를 시종하던 신하와 하인들은 뜰아래에서 왕을 뵙고 바로 물러갔다. 왕은 관리들에게 명하여 왕비를 시종했던 내외들을 안내하게 하고 말했다.

"신하마다 방 하나씩을 주어 편안히 머무르게 하고 그 이하 하인들은 한 방에 대여섯 명씩 두어 편안히 있게 하라."

그리고 난초로 만든 마실 것과 혜초로 만든 맛난 술을 주고, 무의와 채색이 있는 자리에서 자게하고, 옷과 비단과 보화까지도 주고 군인들로 하여금 지키게 했다. 왕이 왕비와 더불어 침전에 드니 왕비가 조용히 왕에게 말했다.

"저는 아유타국의 공주로, 성씨는 허이고 이름은 황옥이며 나이는 열여섯입니다. 본국에 있을 때 금년 오월에 부왕과 모후께서 저에게 말씀하시기를, '우리가 어젯밤 꿈에 함께 하늘나라에서 내려오신 상제를 뵈었다. 이때 상제께서는 가락국의 왕 수로를 하늘에서 내려 보내서 왕위에 오르게 하였으니 신령스럽고 성스러운 사람이라 말씀하시고, 또 나라를 새로 다스리는 데에서 아직 배필을 정하지 못했으니 당신들은 공주를 보내서 그의 배필을 삼게 하라, 하시고 하늘로 올라가셨다. 꿈을 깬 뒤에도 상제의 말이 아직도 귓가에 생생하게 남아 있으니, 너는 이 자리에서 작별하고 그곳으로 떠나라' 하셨습니다. 그래서 저는 배를 타고 멀리 신선들이 사는 곳에서 나온다는 증조와 삼천 년 만에 한 번씩 열매를 맺는다는 귀한 반도를 찾고, 삼가 몸가짐을 다듬어서 지금에야 임금을 대면하게 되었습니다."

왕이 대답하였다.

"과인은 나면서부터 성스러워서 공주가 멀리 올 것을 미리 알고 있었기에 신하들이 왕비를 맞으라는 청을 듣지 않았소. 그런데 이제 현숙한 공주가 스스로 오셨으니 나에게 매우 다행스런 일이오."

드디어 왕은 그녀와 혼인해서 함께 이틀 밤을 지내고 또 하루 낮을 지냈다. 그리고 그들이 타고 온 배를 돌려보냈는데, 뱃사공이 모두 15명이라 이들에게 각각 쌀 10섬과 베 30필씩을 주어 본국으로 돌아가게 했다. 어느 날 왕이 신하들에게 말했다.

"아홉 부족장들은 여러 관리의 수장인데, 그 지위와 명칭이 모두 소인이나 농부 들의 칭호와 비슷하다. 이것은 지체 높은 관리들의 명칭이 아니니, 외국 사람들이 듣는다면 반드시 웃음거리가 될 것이다."

그리하여 아도를 고쳐서 아궁이라 하고, 여도를 여해, 피도를 피장, 오도를 오상이라 고쳤다. 유수와 유천의 이름은 앞 글자는 그대로 두고 뒷글자만 고쳐서 유공, 유덕이라 하고, 신천을 신도, 오천을 오능이라고 했다. 신귀의 음은 바꾸지 않고 그 훈만 고쳐 신귀라고 했다.

또 신라의 직제를 취해서 각간 · 아질간 · 급간의 품계를 두고, 그 아래의 관리는 주나라 법과 한나라 제도를 가지고 나누어 정했다. 이것은 바로 옛것을 고쳐서 새것을 취하고, 관직을 나누어 설치하는 방법이었다.

이로써 나라와 집안을 잘 다스리고, 백성들을 자식처럼 사랑하여 그 교화는 엄하지도 성급하지 않으면서도 위엄이 서고, 그 정치 또한 혹독하지 않아서 태평성대를 이루었다. 더욱이 왕이 왕비와 함께 사는 것은 마치 하늘에게 땅이 있고, 해에게 달이 있으며, 양에게 음이 있는 것과 같았다.

또 그 공은 마치 중국 도산 씨의 딸이 우임금에게 시집가서 하나라를 돕고, 요임금의 딸 아황과 아영이 순임금에게 시집가서 순임금의 자손인 교씨의 시조가 된 것과 같았다. 그해 왕후는 곰을 얻는 길몽을 꾸고는 태자 거등공을 낳았다.

189년 3월 1일에 왕후가 세상을 떠나니 당시 나이가 157세였다. 온 나라 사람들은 땅이 꺼진 듯이 슬퍼하여 구지봉 동북 언덕에 장사지냈다. 왕비가 백성들을 자식처럼 사랑하던 은혜를 잊지 않으려 하여 처음 배에서 내리던 도두촌을 주포촌이라 하고, 비단 바지를 벗은 높은 언덕을 '능현'이라 하였으며, 붉은 기가 들어온 바닷가를 '기출변'이라고 했다.

왕비를 시종했던 천부경 신보와 종정감 조광 등은 가락국에 온 지 30년 만에 각각 두 딸을 낳았지만 그들 내외는 1, 2년이 지나 모두 죽었다. 그 밖의 하인들도 가락국에 온 지 7, 8년이 되는데도 자식을 낳지 못했으며, 오직 고향을 그리워하는 슬픔을 품고 모두 죽으니 그들이 거처하던 방은 텅 비게 되었다.

왕비가 죽자 왕은 몹시 슬퍼하다가 10년이 지난 199년 3월 23일에 세상을 떠나니, 그의 나이 158세였다. 백성들은 마치 부모를 잃은 듯 슬퍼하여 왕비가 죽던 때보다 더했다. 대궐 동북쪽 평지에 빈궁을 세우니 높이가 한 길이며 둘레가 300보인데, 거기에 장사 지내고 수로왕릉이라고 불렀다. 이를 다음과 같이 찬송했다.

태초에 천지가 생겨나 해와 달이 비로소 밝아지니,

자연스럽게 인류는 생겼지만 임금의 자리는 미처 만들지 못했다네.

중국은 여러 대를 거듭했지만 동국은 서울이 갈렸으니,

신라가 먼저 정해지고 가락국이 뒤에 만들어졌다네.

그러나 백성을 다스릴 자가 없어서

마침내 상제께서 저 만백성을 돌봐주기로 했다네.

상서로운 명령과 더불어 특별한 정령을,

산속에 알을 내려 보내고 안개 속에 모습을 감추었네.

속은 오히려 아득하고 겉도 역시 컴컴하며,

바라보면 형상이 없는 듯했으나 소리가 들렸다네.

무리는 노래 불러 아뢰고 대중은 춤을 추어 바치니,

이레가 지나 일시에 안정되었네.

바람이 불어 구름을 몰아내니 탁 트인 푸른 하늘에서,

여섯 개 둥근 알이 한 오리 자줏빛 끈에 매여 내려왔다네.

낯익은 지방에서 가옥이 서로 맞닿았고,

구경하는 사람이 담을 이루고 바라보는 사람들로 들썩였네.

다섯은 각 고을로 돌아가고 한 분은 이 성에 남았으니,

같은 때 같은 자취는 아우와 같고 형과 서로 같았다네.

실로 하늘의 덕으로 세상을 위해 질서를 만들고자,

처음 왕위에 오르게 하니 온 세상은 맑아지려 했네.

궁전은 옛 법을 따랐고 흙 계단은 소박하고 평평하지만,

왕은 정무에 힘쓰고 모든 정치를 잘 시행했다네.

기울지도 치우치지도 않으니 오직 일관되면서 광명정대하니,

길 가는 자는 길을 양보하고 농사짓는 자는 밭을 양보했다네.

사방은 모두 안정해지고 만백성은 태평을 맞이했으나,

왕은 갑자기 풀잎의 이슬처럼 길이 장수하지 못했다네.

천지의 기운이 변하고 조야가 모두 슬퍼하나니,

금과 같은 그의 발자취요, 옥 소리와 같이 떨친 명성일세.

후손이 끊어지지 않으니 사당의 제사가 오직 향기롭고,

세월은 비록 흘러갔지만 규범은 기울어지지 아니했다네.

발해 시조 고왕 대조영

발해는 본래 속말말갈이다. 그 부족장이었던 대조영에 이르러서 나라를 세우고 국호를 스스로 진단이라고 했다. 712년 무렵, 비로소 말갈이라는 명칭을 버리고 오로지 발해라고 일컬었다.

719년에 대조영이 세상을 떠나자 시호를 고왕이라고 했다.

세자가 대를 이어 왕위에 오르자 당나라 현종이 그를 책봉하여 왕위를 잇게 했다. 하지만 스스로 연호를 고치고 해동의 큰 나라가 되었다. 그 땅에는 5경 15부 62주가 있었다. 이는 중국의 역사서인 《통전》에 남아 있는 발해에 관한 기록이다. 《삼국사》에는 발해의 군사력을 다음과 같이 기록하고 있다.

'서기 678년에 고구려의 잔당이 남은 무리를 모아 북으로 태백산 밑에 웅거하여 국호를 발해라고 했다. 732년경에 당의 현종이 장수

를 보내서 발해를 공격했다. 그러자 발해는
734년에 바다를 건너 당나라 등주를 공략하자
놀란 현종은 급하게 방비하도록 명을 내렸다.'
　또《신라고기》에 이런 기록이 있다.
　'고구려의 옛 장수 조영의 성은 대씨이다.
그는 남은 군사를 모아 태백산(백두산) 남쪽에
나라를 세우고 국호를 발해라고 했다.'

　당나라 가탐이 쓴《군국지》에는 발해국의 압록, 남해, 부여, 추성
등 4부는 모두 고구려의 옛 땅이었고, 신라 천장군에서 추성부에 이
르기까지 도합 39역이 있다고 하였다.
　또《삼국사》에는 백제의 말년에 발해, 말갈, 신라가 백제의 땅을
나누어 가졌다고 기록되어 있다.

제2장

흥망성쇠와 관련한 왕들의 신비로운 이야기

석탈해, 용성국에서 바다를 건너오다

남해왕 때, 가락국 바다 가운데에 배 한 척이 와서 닿았다. 그 나라의 수로왕이 백성들과 함께 북을 치면서 그들을 맞아 머물게 하려고 했다. 그러나 그 배는 나는 듯이 계림 동쪽 하서지촌의 아진포로 가버렸다. 때마침 갯가에 '아진의선'이라 불리는 혁거세왕의 고기잡이 할멈이 그 광경을 먼 곳에서 바라보고 말했다.

"이 바다 한가운데에는 본래 바위가 없는데, 무슨 까닭으로 까치들이 모여 우는가?"

할멈은 이상하게 여기고 가까이 살펴보니 바위가 아니고 배였다. 그 배 안에는 궤 하나가 있었는데 길이는 스무 자요, 너비는 열석 자였다. 그 배를 끌어다가 나무숲 밑에 매어두고, 이것이 흉한 것인지 길한 것인지 몰라 하늘을 향해 고했다.

이윽고 궤를 열어보니 단정히 생긴 사내아이가 하나 있었는데, 아울러 칠보와 노비가 가득 차 있었다. 그들을 7일 동안 잘 대접했더니 사내아이는 그제야 말을 했다.

"저는 본래 용성국(완하국) 사람이오. 또 우리나라에는 원래 스물여덟 용왕이 있었는데, 그들은 모두 사람의 태에서 났으며 나이 5, 6세부터 왕위에 올라 만백성을 가르쳐 성명을 바르게 했소. 8품의 성골이 있는데 골고루 모두 왕위에 올랐소. 그때 저의 부왕 함달파가 적녀국의 왕녀를 맞아 왕비로 삼았소. 오래되어도 아들이 없자 기도를 드려 아들 낳기를 구하여 7년 만에 커다란 알 한 개를 낳았소. 이에 대왕은 모든 신하를 모아 묻기를 '사람으로서 알을 낳았으니 고금에 없는 일이다. 이것은 아마 좋은 일이 아닐 것이다' 하고 궤를 만들어 나를 그 속에 넣고 칠보와 노비들을 함께 배 안에 실은 뒤 바다에 띄우면서 빌기를, '아무쪼록 인연 있는 곳에 닿아 나라를 세우고 한 가문을 이루도록 해주시오'라고 했소. 빌기를 마치자 갑자기 붉은 용이 나타나더니 배를 호위해서 지금 여기에 도착한 것이오."

말을 끝내자 그 아이는 지팡이를 끌고 두 종을 데리고 토함산 위에 올라가더니 돌집을 지어 7일 동안을 머무르면서 성 안에 살 만한 곳을 찾아보았다. 이때 마치 초승달 모양으로 보이는 산 하나가 눈앞에 들어왔는데, 오래 살 만한 곳 같았다. 이내 그곳을 찾아가니 바로 호공의 집이었다.

이에 재치 발랄한 아이는 즉석에서 꾀를 냈다. 먼저 몰래 숫돌과 숯을 그 집 곁에 묻어놓고 다음 날 아침, 문 앞에 가서 말했다.

"이곳은 우리 조상들이 살던 집이오."

호공은 말도 안 된다며 다투었으나 해결이 되지 않자 관청에 고발하였다. 관청에서 동자에게 물었다.

"무엇으로 네 집이라는 것을 증명할 수 있느냐?"

"우리 조상은 본래 대장장이였소. 잠시 이웃 고을에 간 동안에 다른 사람이 빼앗아 살고 있으니, 그 집 땅을 파서 조사해보시오."

이 말에 따라 땅을 파니 과연 숫돌과 숯이 나왔다. 이리하여 그 집을 빼앗아 살게 되었다. 이때 남해왕은 그 동자, 즉 탈해가 지혜가 있음을 간파하고 맏이 공주를 그에게 시집보냈는데 이가 바로 아효부인이다.

어느 날 탈해가 동악(토함산)에 올라갔다가 내려오는 길에 하인을 시켜 물을 떠오게 했다. 하인은 물을 떠 가지고 오다가 중도에서 먼저 마시고는 탈해에게 올리려 했다. 그러나 물그릇 한쪽이 입에 붙어서 떨어지지 않았다. 탈해가 꾸짖자 하인은 맹세하였다.

"이후로는 가까운 곳이거나 먼 곳이거나 감히 먼저 마시지 않겠습니다."

그제야 물그릇이 입에서 떨어졌다. 이로부터 하인은 탈해를 더욱 두려워하고 감히 속이지 못했다. 지금 동악 속에 우물 하나가 있는데, 사람들이 이를 요내정이라고 부른다.

노례왕이 세상을 떠나자 탈해가 왕위에 올랐다. 서기 57년 6월이었다. 옛날에 남의 집을 내 집이라 하여 빼앗은 까닭으로 석씨, 혹은 까치가 궤를 열었기 때문에 까치 '작(鵲)'에서 '조(鳥)' 자를 떼고 '석(昔)'씨로 성을 삼았다. 궤를 열고 알을 벗기고 나왔다고 해서 이름을 '탈해'라고 했다고 한다.

그는 왕위에 오른 지 23년(79)만에 세상을 떠나서 소천구 속에 장사지냈다. 그런데 뒤에 신이 명령하기를 "조심해

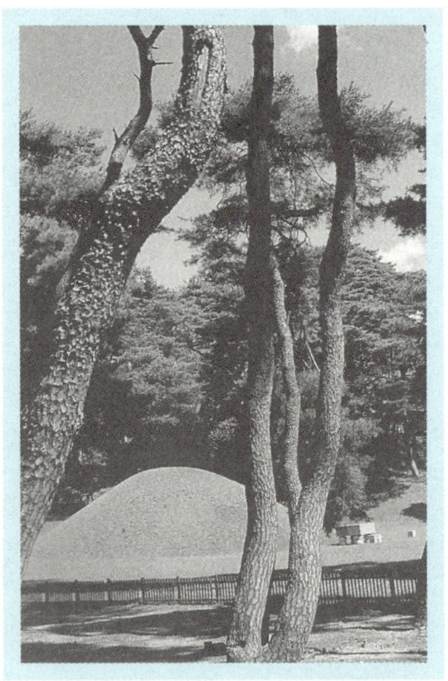

탈해왕릉

서 내 뼈를 묻으라"고 했다. 그래서 파내어 보니 그 머리뼈의 둘레는 석 자 두 치, 몸의 길이는 아홉 자 일곱 치나 되었다. 치아는 서로 엉기어 하나가 된 듯도 하고 뼈마디가 모두 연결되어 있었다. 이것은 이른바 천하에 짝이 없는 장사의 골격이었다. 후에 이것을 부수어 소상을 만들어 대궐 안에 모셔두었다. 그랬더니 신이 또 말하기를, "내 뼈를 동악에 안치해두어라"라고 했다. 그래서 거기에 묻었다.

김알지, 금궤에서 나온 신라 김씨의 시조

서기 60년 8월 4일, 호공이 밤에 월성의 서쪽 마을을 걸어가는데, 크고 밝은 빛이 시림(계림) 속에서 비쳤다. 자줏빛 구름이 하늘로부터 땅에 뻗쳤는데 그 구름 속에 황금의 궤가 나뭇가지에 걸려 있고, 그

반월성

빛은 궤 속에서 나오고 있었다. 또 흰 닭이 나무 밑에서 울고 있었다. 호공은 이 광경을 왕에게 아뢰었다. 왕이 그 숲에 가서 궤를 열어보니 사내아이가 있는데, 아이는 누웠다가 곧 일어났다. 이것은 마치 혁거세의 고사와도 같았으므로 그 말에 따라 아이에게 알지라는 이름을 지어주었다. 알지란 곧 어린아이를 의미한다. 그 아이를 안고 대궐로 돌아오니 새, 짐승 들이 서로 따르면서 기뻐하여 뛰놀고 춤을 추었다. 추왕은 좋은 날을 가려 그를 태자로 책봉했다. 그는 뒤에 태자의 자리를 파사왕에게 물려주고 왕위에 오르지 않았다. 금궤에서 나왔다 하여 성씨를 김이라고 했다.

알지는 열한을 낳고 열한은 아도를, 아도는 수류를, 수류는 욱부를, 욱부는 구도, 구도는 미추(알지의 7대 손)를 낳았는데, 미추가 왕위에 올랐다. 이렇듯 신라의 김씨는 알지에서 시작된 것이다.

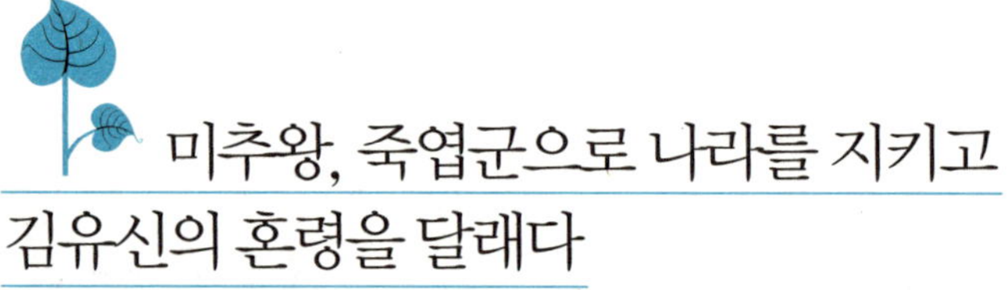

미추왕, 죽엽군으로 나라를 지키고 김유신의 혼령을 달래다

제13대 미추이질금(미추왕)은 김알지의 7대손이다. 대대로 벼슬이 높고 또 성스러운 덕이 있었다. 첨해왕의 뒤를 이어서 비로소 왕위에 올랐다. 왕위에 오른 지 23년 만에 세상을 떠났는데, 능은 흥륜사 동쪽에 있다.

제14대 유례왕 때 이서국(경상북도 청도에 있던 나라) 사람들이 금성에 쳐들어왔다. 신라에서도 크게 군사를 동원했으나 오랫동안 대항할 수가 없었다. 그때 갑자기 이상한 군사가 와서 신라군을 도왔는데 그들은 모두 댓잎을 귀에 꽂고 있었다. 이들은 신라 군사와 힘을 합하여 적을 쳐부수었다. 그러나 적군이 물러간 뒤에는 이들이 어디로 갔는지 알 수가 없었다. 다만, 댓잎만이 미추왕의 능 앞에 쌓여 있을 뿐이었다. 그제야 미추왕의 혼령이 뒤에서 도와 나라에 공을 세웠다는 것을 알았다. 이리하여 그 능을 죽현릉이라고 불렀다.

제36대 혜공왕 때인 779년 4월, 갑자기 회오리바람이 김유신의 무덤에서 일어났다. 그 가운데 한 사람이 준마를 탔는데 그 생김새가 마치 장군 같았다. 또 갑옷을 입고 무기를 든 40명가량의 군사가 그 뒤를 따라 죽현릉으로 들어갔다. 이윽고 능속에서 무엇인가 진동하고 우는 듯한 소리가 나고, 혹은 하소연하는 듯한 소리도 들려왔다.

"신은 평생 어려운 시국을 타계하고 삼국을 통일한 공이 있었습니다. 이제 혼백이 되어서도 나라를 보호하여 재앙을 제거하고 환난을 구제하는 마음은 잠시도 변함이 없습니다. 하온데 지난 경술년에 신의 자손이 아무런 죄도 없이 죽임을 당하였으니, 이는 임금이나 신하들이 저의 공적을 생각지 않기 때문입니다. 신은 차라리 먼 곳으로 옮겨서 다시는 나라를 위해서 힘쓰지 않을까 합니다. 바라옵건대 왕께서는 허락해주십시오."

이에 왕은 대답했다.

"과인과 공이 이 나라를 지키지 않는다면 저 백성들은 어떻게 할 것인가? 공은 전과 같이 힘쓰도록 하오."

김유신이 세 번이나 청해도 세 번 허락하지 않았다. 이에 회오리바람은 돌아가고 말았다.

혜공왕은 이 소식을 듣고 두려워하여 곧 대신 김경신을 보내어 김유신의 능에 가서 잘못을 사과하게 하였다. 또 김유신의 공덕을 보답하고자 전답 30결을 취선사에 하사, 김유신의 명복을 빌었다. 이 절은 김유신이 평양을 토벌한 뒤 그의 복을 빌고자 세웠던 절이다.

당시 미추왕이 아니었던들 김유신 장군의 노여움을 막지는 못했을 것이다. 그러니 미추왕의 혼령이 나라를 수호한 힘은 크다고 할 수 있다. 그 때문에 사람들이 그 덕을 생각하여 삼산과 함께 제사 지내어 조금도 소홀히 하지 않으며, 그 서열을 오릉의 위에 두어 대묘라고 불렀다.

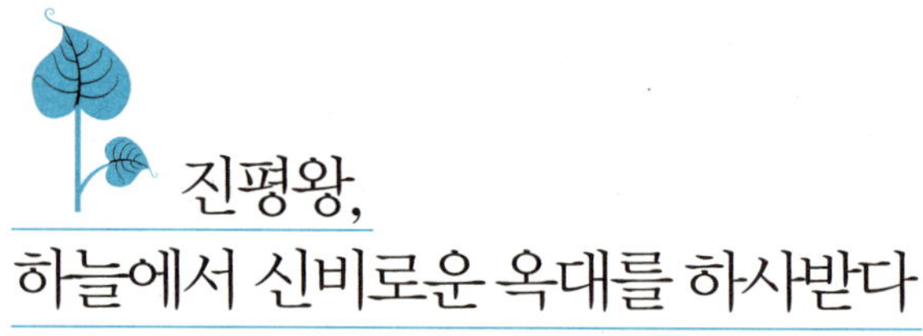

진평왕, 하늘에서 신비로운 옥대를 하사받다

제26대 백정왕의 시호는 진평왕, 성씨는 김이다. 579년 8월에 즉위했는데, 신장이 11척이나 되었다. 왕이 내제석궁(천주사)에 거동하여 섬돌을 밟자 돌 세 개가 한꺼번에 부서졌다. 왕이 좌우 사람을 돌아보면서 말했다.

"이 돌을 옮기지 말고 그대로 두어 후세 사람들이 보도록 하라."

이것이 바로 성 안에 있는 다섯 개의 움직이지 않는 돌 중 하나다.

왕이 즉위한 원년, 천사가 대궐 뜰에 내려와 왕에게 말했다.

“상제께서 내게 명하여 이 옥대를 전하라고 하셨습니다.”

왕이 꿇어앉아 친히 이것을 받으니 천사는 곧 하늘로 올라갔다. 하늘과 조상에 큰 제사를 지낼 때에는 언제나 옥대를 허리에 매었다.

그 후에 고구려 왕이 신라를 치려고 하며 물었다.

“신라에는 세 가지 보물이 있어서 침범하지 못한다고 하는데, 그게 무엇이냐?”

좌우의 신하가 대답했다.

“첫째는 황룡사의 장육존상이요, 둘째는 그 절에 있는 구층탑이요, 셋째는 진평왕 때에 하늘에서 내린 옥대입니다.”

이 말을 듣고 고구려 왕은 신라를 공격할 계획을 중지했다.

이에 시를 지어 칭송하였다.

구름 밖에 하늘에서 내려준 긴 옥대는

임금의 곤룡포에 알맞게 둘려 있네.

우리 임금 이로부터 더욱 육중하시니

다음엔 쇠로 섬돌을 만들까 보다.

선덕여왕, 세 가지 일을 예견하다

신라 제27대 덕만의 시호는 선덕여왕이고, 성씨는 김이며 아버지는 진평왕이다. 632년에 즉위하여 나라를 다스린 지 16년 동안에 세

가지 일을 예견했다.

첫째는 당나라 태종이 붉은빛, 자줏빛, 흰빛의 세 가지 물감으로 그린 모란꽃과 모란 씨 서 되를 보내왔다. 여왕은 그림의 꽃을 보더니 말했다.

"이 꽃은 분명 향기가 없을 것이다."

그리고 씨를 뜰에 심도록 하니 과연 꽃이 피어 떨어질 때까지 향기가 없었다.

둘째는 영묘사 옥문지에 겨울인데도 개구리들이 많이 모여들어 사나흘 동안 시끄럽게 울었다. 사람들이 괴상히 여겨 여왕께 아뢰었다. 그러자 여왕은 서둘러 각간 알천과 필란 등에게 명하여 정예병 2천 명을 뽑아 속히 서쪽 교외에 있는 여근곡(경상북도 경주시 건천읍 신평리에 있는 신라 때의 지명)을 찾아가면 반드시 적병이 있을 것이니 급습해서 모두 죽이라고 했다. 두 각간은 명을 받들어 각각 군사 1천 명을 거느리고 서쪽 교외로 진군했다. 부산 아래 과연 여근곡에 백제 군사 500명이 매복하고 있었으므로 단숨에 섬멸했다. 또 '우소'라는 백제의 장군이 남산 고개 바위 위에 매복하고 있었으므로 포위하고 활을 쏘아 죽였다. 그리고 후미에 뒤따라오던 군사 1,200명을 한 사람도 남기지 않고 모두 죽였다.

셋째는 왕이 아무 병도 없을 때 여

↑ 여근곡　　　　선덕여왕릉 ↓

러 신하에게 일렀다.

"과인은 아무 해 아무 날에 죽을 것이니 나를 도리천 속에 장사 지내도록 하라."

여러 신하가 그게 어느 곳인지 알지 못해서 되물으니 왕이 말했다.

"낭산 남쪽이니라."

시간이 흘러 왕이 예언한 날이 되고, 과연 그날에 왕은 세상을 떠났다. 신하들은 왕의 유언에 따라 낭산 양지바른 곳에 장사 지냈다. 10여 년 뒤 문무대왕이 왕의 무덤 아래에 사천왕사를 세웠는데 불경에 말하기를, '사천왕천 위에 도리천이 있다'고 했으니 그제야 여왕의 신령하고 성스러움을 알 수가 있었다.

왕이 세상을 떠나기 전에 여러 신하가 왕에게 아뢰었다.

"어떻게 해서 모란꽃에 향기가 없고, 개구리 우는 것으로 변이 있다는 것을 아셨습니까?"

"꽃을 그렸는데 나비가 없으므로 그 향기가 없는 것을 알 수가 있었다. 이것은 당나라 임금이 나에게 배우자가 없는 것을 희롱한 것이다. 또 개구리가 성난 모양을 하는 것은 병사의 형상이요, 옥문이란 곧 여자의 음부이다. 여자는 음이며 백색을 의미하고, 백색은 서쪽을 의미하기 때문에 군사가 서쪽에 매복하고 있음을 알았다.

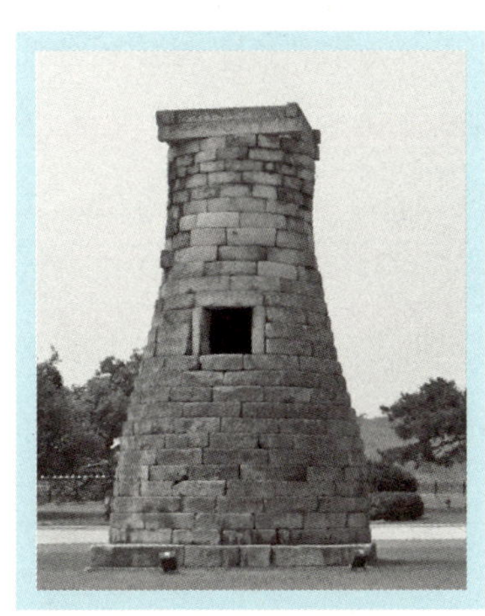

첨성대

또 남근은 여근에 들어가면 사그라지는 법이니 잡기가 쉽다는 것을
알 수 있었다.”

이에 여러 신하가 모두 여왕의 성스럽고 슬기로움에 감복했다. 꽃
을 세 빛으로 그려 보낸 것은, 신라에는 세 여왕이 있을 것을 알고 한
일이었던가. 세 여왕이란 선덕, 진덕, 진성이니 당나라 임금도 미리
짐작하여 아는 밝은 지혜가 있었던 것이다.

선덕여왕이 영묘사를 세운 일은 《양지사전》에 자세히 실려 있다.
《별기》에서는 '이 임금 때에 돌을 다듬어서 첨성대를 쌓았다'고 했다.

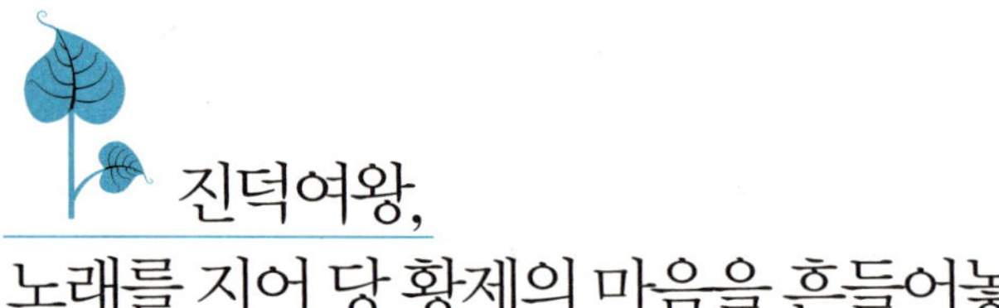

진덕여왕,
노래를 지어 당 황제의 마음을 흔들어놓다

제28대 진덕여왕은 왕위에 오르자, 친히 〈태평가〉를 지어 비단에
그 가사를 수놓아 사신을 시켜서 당나라에 바치게 했다. 이를 본 당
나라 황제는 크게 감동하여 진덕여왕을 칭찬하면서 계림국왕으로 고
쳐 봉했다. 태평가의 가사는 이렇다.

위대한 당나라가 대업을 일으키니
드높은 황제의 업적은 눈부셔라.
갑옷 입고 중국을 평정하고
문치를 닦으니 전왕의 뒤를 이었네.

하늘의 순리를 따르니 비가 골고루 내리고

만물을 다스리는 것이 모두 순조롭다네.

깊은 인자함은 해와 달에 견주고

태평성대는 요순 임금에 버금가네.

깃발은 휘황찬란하고

징소리 북소리 웅장도 하여라.

오랑캐로서 황제의 명령 거역하는 자는

칼 앞에 자빠져 천벌을 받으리.

순박하고 후한 풍속은 널리 퍼져나가니

멀고 가까운 곳에서 다투어 상서로운 조공을 바치네.

사시의 기후는 화창하여 일월이 환히 비치고

오성의 광명은 만방에 두루 비치네.

산악의 정기는 보필할 재상을 낳고

황제는 충량한 신하에게 일을 맡겼네.

삼황오제의 덕이 하나로 합해지니

우리 이웃 당나라의 황제를 밝게 해주리라.

진덕여왕릉

무열왕, 삼국을 통일하고 태평성대를 열다

제29대 무열왕의 이름은 춘추이고, 성씨는 김이다. 용수 각간으로 추봉된 문흥대왕의 아들이다. 어머니는 진평왕의 딸 천명부인이며 비는 문명황후 문희이니 곧 김유신의 막냇누이다.

왕이 태자로 있을 때 고구려를 치고자 군사를 청하려고 당나라에 간 일이 있었다. 이때 당나라 임금이 그의 풍채를 보고 칭찬하였다. 곧 신성한 사람이라 하고 당나라에 머물게 해두고 시위로 삼으려 했지만 굳이 청해서 돌아오고 말았다.

왕위에 오르고 얼마 되지 않아 어떤 사람이 돼지를 바쳤는데 머리 하나에 몸뚱이는 둘이요, 발은 여덟이었다. 의론하는 자가 이것을 보고 말했다.

"이것은 반드시 천지 사방을 통일할 상서로운 징조입니다."

이 왕 대에 비로소 중국의 의관과 아홀을 쓰게 되었는데 이것은 자장법사가 당나라 황제에게 청해서 가져온 것이었다. 왕은 유신과 함께 신비스러운 꾀와 힘을 다해 삼한을 통일하여 나라에 큰 공을 세웠다. 그 때문에 묘호를 태종이라고 했다.

《신라고전》에는 이런 기록이 남아 있다.

'소정방이 이미 고구려, 백제 두 나라를 토벌하고 또 신라마저 치려고 머물러 있었다. 이때 유신이 그 뜻을 알아채고 당나라 군사를 초대하여 독약을 먹여 죽이고는 모두 쓸어 묻었다. 지금 상주 땅에

당교가 있는데 이것이 그들을 묻은 곳이다.'

당나라 군사가 백제를 평정하고 돌아간 뒤에 신라 왕은 여러 장수에게 명하여 백제의 남은 적들을 쫓아 잡게 하고 한산성에 주둔하니 고구려, 말갈 군사들이 와서 포위하여 서로 전투를 벌였으나 끝이 나지 않았다. 5월 11일에 시작해서 6월 22일에 이르자 신라군은 몹시 위태로운 처지에 빠졌다. 이 소식을 들은 왕은 여러 신하에게 의논했지만 마땅한 해결책을 찾지 못했다. 이때 김유신이 달려와 아뢰었다.

"사태가 급박하여 사람의 힘으로 어찌할 수 없습니다. 오직 신통한 술법을 써야 수습할 수 있을 것 같습니다."

그리고 성부산에 단을 모으고 신통한 술법을 쓰자 갑자기 큰 항아리만 한 빛이 단 위에서 나와 별처럼 날아 북쪽으로 갔다.

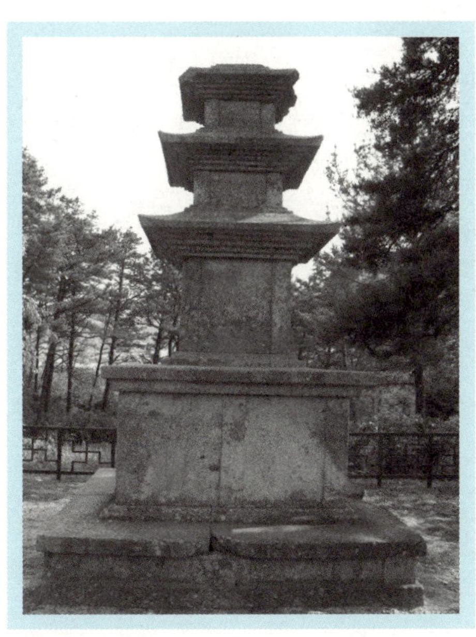

애공사지 석탑

이때 한산성 안의 신라군은 구원병이 오지 않는다며 서로 쳐다보고 울고만 있었는데, 적들이 급박하게 공격하려 하자 갑자기 광채가 남쪽 하늘 끝에서 오더니 벼락이 되어 적의 포석 30여 곳을 쳐부수었다. 적군의 활과 화살과 창이 모두 부서지고 군사들이 모두 땅에 쓰러졌다가 얼마 후에 비

로소 깨어나 모두 흩어져 도망갔다. 이
에 신라군은 무사히 돌아올 수 있었다.

나라를 다스린 지 8년 만인 661년에
세상을 떠나니 나이 59세였다. 애공사
동쪽에 장사 지내고 비석을 세웠다.

왕은 하루에 쌀 서 말의 밥과 꿩 아

태종무열왕릉비

홉 마리를 먹었다. 그러나 660년에 백제를 멸한 뒤로는 점심을 먹지
않고, 다만 아침과 저녁만 먹었다. 그래도 하루에 쌀 여섯 말, 술 여
섯 말, 꿩 열 마리를 먹었다. 성 안의 물건값은 포목 한 필에 벼가 서
른 섬 혹은 쉰 섬이어서 백성들은 태평성대라고 불렀다.

문무왕, 당군을 몰아내고 동해의 용이 되다

661년에 즉위한 문무왕은 8년 후 군사를 거느리고 김인문, 김흠순
등과 함께 평양에 이르러 당나라 군대와 합세하여 고구려를 멸망시
켰다. 당나라 장수 이적은 고구려의 보장왕을 잡아 당나라로 돌아갔
다. 이때 당나라의 유격병과 여러 장병이 그대로 머물러 있으면서 장
차 신라를 공격하려 했으므로 왕이 알고 군사를 내어 먼저 공격했다.

다음 해에 당나라 고종이 김인문 등을 불러들여 꾸짖었다.

"너희가 우리 군사를 청해 고구려를 멸망시키고 나서 이제 우리를
침해하는 것은 무슨 까닭이냐?"

그러고는 곧 김인문 등을 옥에 가두고 군사 50만 명을 훈련하여 설방으로 장수를 삼아 신라를 침공하려고 했다. 이때 의상법사가 유학하러 당나라에 갔다가 인문을 찾아보자 인문이 그 사실을 말했다. 이에 의상이 돌아와서 왕께 아뢰니 왕은 몹시 두려워하여 여러 신하를 모아놓고 대책을 강구했다. 이때 각간 김천존이 말했다.

"요즘 명랑법사가 용궁에 들어가서 대단한 비법을 배워 왔다고 하니 그를 불러 대책을 물어보십시오."

이에 명랑을 불러 대책을 물으니 그가 말했다.

"낭산 남쪽에 신유림이 있으니, 거기에 사천왕사를 세우고 도량을 열면 좋겠습니다."

그때 정주(경기도 개풍 지역의 옛 지명)에서 사람이 달려와 보고했다.

"수많은 당나라 군사가 우리 국경에 찾아와 바다 위를 돌고 있습니다."

왕은 명랑을 불러 물었다.

"일이 이미 급하게 되었으니 어찌하면 좋겠는가?"

그러자 명랑은 말했다.

"여러 채색의 비단으로 절을 임시로 만들면 해결될 것입니다."

이에 채색 비단으로 절을 만들고 풀로 다섯 방위마다 신상을 만들었다. 그리고 유가종의 승려 열두 명으로 하여금 명랑을 우두머리로 하여 문두루의 비밀스런 주문법을 쓰게 했다. 그때 당나라 군사와 신라 군사는 아직 교전하기 전인데, 바람과 물결이 사납게 일어나서 당나라 군사는 모두 물속에 침몰되었다. 그 후 절을 고쳐 짓고 사천왕사라 하여 지금까지 그 도량이 없어지지 않았다.

이후, 671년에 당나라는 다시 조헌을 장수로 하여 5만 명의 군사를 거느리고 쳐들어왔으므로 또 그전의 비법을 썼더니 배는 전처럼 침몰되었다. 이때 한림랑 박문준은 김인문을 따라 옥중에 있었는데, 고종이 박문준을 불러 물었다.

"그대 나라에는 무슨 비법이 있기에 두 번이나 대병을 내었는데도 한 명도 살아서 돌아오지 못하느냐?"

박문준이 대답했다.

"저희는 당나라에 온 지 이미 십여 년이 되었으므로 본국의 일은 알지 못합니다. 다만, 멀리서 한 가지 소문을 들었을 뿐입니다. 우리 나라가 당나라의 도움으로 삼국을 통일하였기에 그 은덕을 갚으려고 낭산 남쪽에 새로 천왕사를 짓고 황제의 만수무강을 빌면서 불법을 강의하는 도량을 열었다는 것뿐입니다."

고종은 이 말을 듣고 크게 기뻐하며 예부시랑 악붕귀를 신라에 사신으로 보내어 그 절을 살펴보게 했다. 신라 왕은 당나라 사신이 온

망덕사 옛터

다는 것을 미리 알고 이 절을 사신에게 보여서는 안 될 것이라고 하여 그 남쪽에 따로 새 절을 지어놓고 기다렸다. 사신이 와서 말했다.

"먼저 황제의 장수를 비는 천왕사에 가서 향을 피우겠습니다."

이에 새 절로 그를 안내하자 그 사신은 절 문 앞에 서서 말했다.

"이것은 사천왕사가 아니라 덕요산을 바라보는 절이군요."

그러고는 끝내 들어가지 않았다. 이에 신라 사람들이 그에게 금 1천 냥을 주었더니 본국에 돌아가서 이렇게 보고했다.

"신라에서는 천왕사를 지어놓고 황제의 장수를 축원할 뿐이었습니다."

이때 당나라 사신의 말에 의해 그 절을 망덕사라고 했다.

얼마 후 문무왕은 박문준이 말을 잘해서 황제도 그를 사면할 의사가 있다는 소식을 들었다. 이에 강수에게 명하여 김인문의 석방을 청하는 글을 지어 원우를 시켜 당나라에 아뢰게 했다. 그 글을 본 황제는 눈물을 흘리면서 김인문을 풀어주고 위로해 돌려보냈다.

김인문이 당나라 옥중에 있을 때 신라 사람은 그를 위하여 절을 지어 인용사라 하고 관음도량을 세웠는데, 인문이 돌아오다가 바다 위에서 죽었다. 이 때문에 미타도량으로 고쳤다.

대왕암

대왕이 나라를 다스린 지 21년 만인 681년에 세상을 떠나니 유언에 의해 동해 가운데의 큰 바위 위에 장사 지냈다. 왕은 평상시 항상 지의법사에게 말했다.

"나는 죽은 뒤에 나라를 지키는 용이 되어 불법을 우러러 받들어 나라를 수호하려 하오."

"용은 짐승의 응보인데 어찌 용이 되신단 말입니까?"

"나는 세상의 부귀영화를 싫어한 지가 오래요. 만일 추한 응보로 내가 짐승이 된다면 이 또한 내 뜻에 맞는 것이오."

신문왕, 천하를 평안케 하는 신통한 피리 만파식적을 얻다

제31대 신문왕의 이름은 정명이고, 성씨는 김이다. 681년 7월 7일에 왕위에 올랐다. 아버지 문무왕을 위하여 동해가에 감은사를 세웠다. 다음 해 5월 초하루, 해관 파진찬 박숙청이 아뢰었다.

"동해 속에 있는 작은 산 하나가 물에 떠서 감은사를 향해 오는데 물결에 따라 왔다 갔다 합니다."

왕이 이상히 여겨 일관 김춘질에게 명을 내려 점을 치게 했다.

"돌아가신 선왕께서 지금 바다의 용이 되어 삼한을 지키고 계십니다. 또 김유신공도 삼십삼천의 한 아들로서 지금 인간세계에 내려와 대신이 되었습니다. 이 두 성인이 덕을 함께하여 이 성을 지킬 보물을 주시려고 하십니다. 만일 폐하께서 바닷가로 나가시면 반드시 값으로 매길 수 없는 큰 보물을 얻으실 것입니다.”

이에 왕은 기뻐하여 그달 7일에 이견대로 나가 그 산을 바라보고 사람을 보내어 살피도록 했다. 산세는 마치 거북의 머리처럼 생겼는데 그 산 위에 한 개의 대나무가 있어 낮에는 둘이었다가 밤에는 합해서 하나가 되었다. 사자가 와서 사실대로 아뢰었다.

왕은 감은사에서 묵었는데 이튿날 점심 때 보니 과연 대나무가 합쳐져서 하나가 되자, 갑자기 천지가 진동하고 비바람이 몰아치며 7일 동안이나 어두웠다. 그러다가 그달 16일이 되어서야 바람이 잦아들고 파도가 잠잠해졌다. 이에 왕이 배를 타고 바다로 나가 그 산으로 올라가니 용 한 마리가 나타나 왕에게 검은 옥대를 받들어 바쳤다. 신문왕은 반갑게 용을 맞아 함께 앉아서 물었다.

“이 산이 대나무와 함께 혹은 갈라지고 혹은 합쳐지는 것은 무슨

감은사의 터와 탑

까닭이냐?"

용이 대답했다.

"비유컨대 한 손으로 치면 소리가 나지 않고 두 손으로 치면 소리가 나는 것과 같습니다. 이 대나무는 합쳐져야 소리가 나는 것이니, 성왕께서 소리로 천하를 다스리실 징조입니다. 왕께서 이 대나무를 가지고 피리를 만들어 부시면 온 천하가 화평해질 것입니다. 지금 대왕의 아버님께서는 큰 용이 되셨고, 유신공은 다시 천신이 되어 두 성인이 마음을 같이하여 이렇듯 값으로 매길 수 없는 큰 보물을 저로 하여금 바치게 한 것입니다."

신문왕은 대단히 놀라며 또 기뻐하며 오색 비단과 금, 옥으로 제사를 지냈다. 그리고 사자를 시켜 대나무를 베어 바다에서 나왔다. 그러자 산과 용이 갑자기 사라졌다.

왕이 감은사에서 묵고 이튿날인 17일에 지림사 서쪽 시냇가에 수레를 멈추고 점심을 먹었다. 태자 이공(훗날 효소왕)이 대궐을 지키고 있다가 이 소식에 말을 타고 달려와 옥대를 천천히 살펴보며 아뢰었다.

"이 옥대에 달린 장식들은 모두 진짜 용입니다."

"네가 어찌 그것을 아느냐?"

"장식 하나를 떼어 물에 넣어보십시오."

이에 옥대의 왼편 두 번째 장식을 떼어 시냇물에 넣으니 바로 용이 되어 하늘로 올라가고, 그 땅은 이내 못이 되었다. 그래서 그 못을 용연이라고 불렀다. 왕이 대궐로 돌아와 그 대나무로 피리를 만들어 월성의 천존고(왕실 창고)에 간직해두었는데, 이 피리를 불면 적병이 물러가고, 질병이 나으며, 가뭄에는 비가 오고, 장마가 지면 날이 개며, 바람이 멎고 물결이 가라앉았다. 이 피리를 만파식적이라 부르고 국보로 삼았다.

효소왕 때 이르러 계사년(695)에 적국의 포로로 끌려갔던 부례랑이 살아서 돌아온 기적이 일어나자 다시 이름을 고쳐 '만만파파식적'이라고 했다.

원성왕, 훔쳐간 호국용을 돌려받다

원성왕의 이름은 김경신이다. 그는 먼저 상재가 된 이찬 김주원의 그다음 자리인 각간으로 있었다. 얼마 후, 선덕왕이 세상을 떠나자 나라 사람들은 김주원을 왕으로 삼아 궁으로 맞아들이려 했다. 그런데 김주원의 집 앞에 있는 북쪽 냇물이 갑자기 불어서 도저히 건너갈 수가 없었다. 이에 경신이 먼저 궁에 들어가 왕위에 오르자 대신들이 모두 와 새 임금에게 축하를 드리니, 이 인물이 원성왕이다.

원성왕에게는 손자가 다섯 있었으니, 혜충태자, 헌평태자, 예영잡간, 대룡부인, 소룡부인 등이다. 대왕은 인생의 곤궁하고 영화로운 이치를 깨달았기 때문에 일찍이 〈신공사뇌가〉라는 노래를 지을 수 있었다. 왕의 아버지 대각간 효양은 조상이 남긴 만파식적을 잘 간직하여 왕에게 전했다. 왕이 만파식적을 얻게 되자 하늘의 은혜를 두텁게 입고 그 덕이 멀리까지 빛났다. 786년 10월 11일, 일본의 왕문경이 군사를 일으켜 신라를 치려다가 신라에 만파식적이 있다는 말을 듣고 군사를 되돌렸다. 그리고 금 50냥을 사신에게 주어 보내서 피리를 보여달라고 청하므로 왕이 사자에게 일렀다.

"과인은 만파식적이 진평왕 때에 있었다고 들었는데, 지금은 어디에 있는지 알 수가 없다."

다음 해 7월 7일, 일본 왕은 다시 사신으로 하여금 금 1천 냥을 가지고 와 요청했다.

"그 신비로운 만파식적을 보기만 하고 그대로 돌려드리겠습니다."

왕은 역시 같은 대답으로 이를 거절했다. 그리고 일본 사신이 가지고 온 금은 돌려주고, 은 3천 냥을 주었다. 그해 8월에 일본 사신이 돌아가자 만파식적을 내황전에 간수해두었다.

왕이 즉위한 지 11년(795), 당나라 사신이 서울에 와서 한 달을 머물러 있다가 돌아갔는데, 하루 뒤에 두 여자가 궁 안에 들어와 아뢰었다.

"저희는 동지와 청지(동천사의 샘)에 있는 두 용의 아내입니다. 그런데 당나라 사신이 하서국 사람 둘을 데리고 와 우리 남편들과 분황사 우물에 있는 용까지 모두 세 용을 작은 고기로 변하게 만들었고, 그걸 통 속에 넣어가지고 돌아갔습니다. 원컨대 폐하께서는 그 두 사람에게 명령하여 나라를 지키는 용인 우리 남편들을 구해주십시오."

왕은 하양관(지금의 영천 서쪽 부근)까지 쫓아가 친히 연회를 열고 하서국 사람들에게 명령했다.

"너희는 어찌하여 우리나라의 분황사 우물 세 용을 잡아 돌아가려 하는가? 만일 이실직고하지 않으면 사형에 처할지어다."

쾌릉의 사자상

쾌릉의 무인석

그제야 하서국 사람들이 고기 세 마리를 내어 바치므로 원래 있던 곳에 놓아주자, 각각 물속에서 한 길이나 뛰고 기뻐했다. 이에 당나라 사람들은 왕의 탁월한 식견에 감복했다.

경문왕, 뱀과 동침한 당나귀 귀의 임금님

경문왕에 관해서는 신기한 이야기가 많은데 이런 일도 있었다. 일찍이 왕의 침전에는 밤마다 수많은 뱀이 모여들었다. 궁인들이 놀라고 두려워하여 이를 쫓아내려 했지만 왕은 말했다.

"과인은 뱀이 없으면 편하게 잘 수가 없으니 쫓아내지 말라."

그리하여 왕이 잘 때에는 언제나 뱀이 혀를 날름거리며 온 가슴을 덮었다.

또 다른 이야기는 너무나 유명한 당나귀 귀에 관한 이야기이다. 경문왕이 왕위에 오르자 왕의 귀가 갑자기 길어져서 나귀의 귀처럼 되었다. 왕후와 궁인들은 모두 이를 알지 못했지만 오직 왕의 관을 만드는 장인 한 사람만은 이 사실을 알고 있었다. 그러나 그는 평생 이 사실을 남에게 말하지 않았는데, 죽을 때가 되어서 참지 못하고 경주 구황리에 있는 도림사 대나무 숲 속 아무도 없는 곳으로 들어가서 대나무 숲을 보고 외쳤다.

“우리 임금님 귀는 당나귀 귀다!”

이후 바람이 불면 대나무 숲 속에서 이와 똑같은 소리가 났다. 왕은 이 소리가 듣기 싫어서 대나무를 베어버리고 그 대신 산수유나무를 심었다. 그랬더니 바람이 불 때마다 “우리 임금의 귀는 길다!” 하는 소리가 났다.

또 다른 이야기로, 국선 요원랑, 예흔랑, 계원, 숙종랑 등이 금란(강원도 통천 지방)을 유람했다. 그런데 장차 임금을 위해서 나라를 잘 다스리라는 뜻으로 노래 세 수를 짓고 다시 사지 심필을 시켜 노래를 적은 책을 대구화상에게 보내어 노래 세 수를 짓게 했다. 그 첫째가 〈현금포곡〉, 둘째가 〈대도곡〉, 셋째가 〈문군곡〉이다. 궁궐에 들어가 왕께 아뢰니 왕이 기뻐하여 칭찬하고 상을 주었다. 그러나 노래의 가사는 알 수 없다.

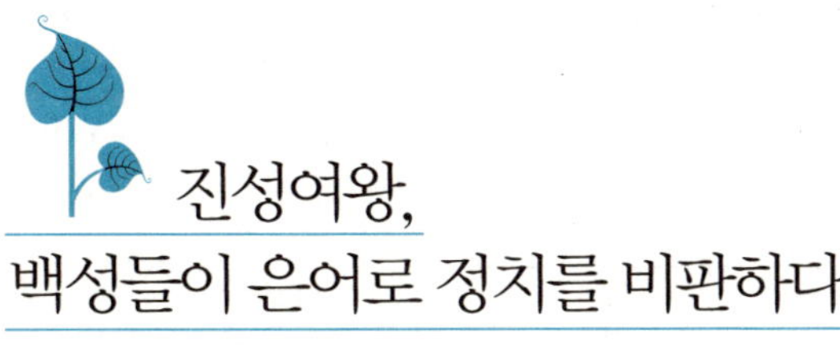

진성여왕,
백성들이 은어로 정치를 비판하다

　제51대 진성여왕이 임금이 된 지 몇 해 만에 유모 부호부인과 그의 남편 잡간 위홍 등 서너 명의 총애를 받는 신하들이 권력을 마음대로 휘둘러 정사를 어지럽히자 나라 안 도둑들이 벌떼처럼 일어났다.

　사람들이 근심하여 이에 신비한 힘을 가진 것으로 믿어지는 다라니로 왕실을 비판하는 글을 지어 길 위에 던졌다. 왕과 권세를 잡은 신하들은 이것을 보고 말했다.

　"이 글을 보니, 왕거인이 아니고는 지을 사람이 있겠느냐?"

　이내 거인을 옥에 가두자 거인은 시를 지어 하늘에 호소했다. 이에 하늘이 그 옥에 벼락을 쳐서 거인이 빠져나오게 했는데, 그 시는 다음과 같다.

　연나라 태자 단가의 울음소리는 무지개가 해를 뚫는 것 같고,
　억울하게 죽은 충신 추연의 슬픔은 여름에도 서리 내리네.
　지금 나의 불우함도 그들과 같거늘,
　하느님은 어찌하여 아무런 상서로운 징조를 내리지 않는가.

　또 다라니의 은어는 이러했다.

나무망국(南無亡國) 찰니나제(刹尼那帝) 판니판니소판니(判尼判尼蘇判尼) 우우삼아간(于于三阿干) 부이사파가(鳧伊娑訶)

해석하는 사람은 이렇게 말했다.

"찰니나제란 여왕을 가리키는 것이요, 판니판니소판니는 두 소판을 말한 것이다. 소판은 관작의 이름이요, 우우삼아간은 서너 명의 총신을 말한 것이며, 부이는 부호부인을 가리키는 것이다. 즉, 진성여왕과 두 놈의 소판과 세 놈의 아간과 부이 때문에 나라가 망한다는 뜻이다."

효공왕, 나라가 망할 징조가 보이다

제52대 효공왕 때인 912년에 봉성사 외문 동서쪽 21간에 까치가 집을 지었다. 또 신덕왕 즉위 4년(915)에 영묘사 안 행랑에 까치집이

효공왕릉비

34개나 되고, 까마귀집이 40개나 되었다. 또 3월에는 서리가 두 번이나 내렸고, 6월에는 참포의 물과 바닷물의 물결이 사흘 동안이나 서로 싸웠다.

경순왕, 나라를 고려에 바치다

제56대 김부왕의 시호는 경순이다. 927년 9월에 후백제 견훤이 신라를 침범해서 고울부(지금의 영천)에 이르니, 경애왕은 고려 태조에게 구원을 청하였다. 태조는 장수에게 명하여 강한 군사 1만 명을 거느리고 구원하게 했으나 미처 도착하기 전인 그해 11월에 견훤의 부대가 신라 서울로 쳐들어왔다. 이때 왕은 비빈, 종친, 외척 들과 포석정에서 연회를 열고 놀다가 적병이 오는 것도 알지 못한 채 창졸간에 변을 당했다. 왕과 왕비는 후원으로 달아났고 종친, 외척, 공경대부, 아녀자 들은 사방으로 흩어져 달아나다가 적에게 사로잡혔으며 귀천을 가릴 것 없이 모두 땅에 엎드려 노비가 되기를 애걸했다.

견훤은 군사를 놓아 사방의 재물을 약탈하고 왕궁에 들어가 거처했다. 또한 수하들을 풀어 경애왕을 찾게 하니 왕은 비첩 몇 사람과 후궁에 숨어 있었다가 잡혀 왔다. 견훤은 왕을 강제로 자결하게 만들고 그 왕비를 욕보였다. 그리고 부하들을 놓아 왕의 빈첩들을 모두 욕보였다.

그러고는 경애왕의 친척 아우인 김부를 세워 왕으로 삼으니, 경순왕은 견훤이 세운 셈이 되었다. 왕위에 오른 경순왕은 경애왕의 시체를 서당에 안치하고 여러 신하와 함께 통곡했다. 이때 고려 태조도 사신을 보내서 조문했다.

다음 해 봄 3월, 고려 태조는 50여 명의 기병을 친히 거느리고 서라벌에 이르니 경순왕은 백관과 함께 교외에서 맞아 대궐로 들어갔다. 서로 대하여 정리와 예의를 다하고 임해전에서 잔치를 열었다. 술이 취하자 경순왕이 말했다.

"과인이 하늘의 도움을 받지 못해서 화란을 불러일으켰고, 견훤으로 하여금 불의한 짓을 하게 해 나라를 망쳐놓았습니다. 이 얼마나 원통한 일입니까?"

그리고 곧 눈물을 흘리니 좌우 신하들 중 울지 않는 사람이 없었고 고려 태조 역시 눈물을 흘렸다. 고려 태조는 그곳에서 수십 일을 머물다가 돌아갔는데 부하 군사들은 엄숙하고 정제해서 조금도 신라 백성을 침범하지 않으니 서라벌의 백성들이 서로 칭송했다.

"전에 후백제의 견훤이 왔을 때는 마치 늑대와 범을 만난 것 같더니 지금 고려 왕건이 온 것은 부모를 만난 것 같다."

8월에 고려 태조는 사신을 보내서 경순왕에게 비단 적삼과 안장 없는 말을 주고 또 여러 관료와 군인에게 차등을 두어 예물을 주었다. 935년 10월에 나라의 땅이 점차 남의 소유가 되고, 나라는 약하고 형세가 외로우니 스스로 지탱할 수가 없었다. 이에 경순왕은 여러 신하와 함께 고려 태조에게 항복할 것을 의논했다. 여러 신하의 찬반 논의가 끝나지 않자 왕태자가 분연히 말했다.

"나라의 존망은 반드시 하늘의 명에 달려 있으니, 마땅히 충신이

나 의사들과 함께 민심을 수습해서 힘이 다한 뒤에야 그만둘 일이지, 어찌 일천 년의 사직을 경솔하게 남에게 내주겠습니까?"

왕이 대답했다.

"고립되고 위태롭기가 그지없어 형세는 온전히 보전될 수 없다. 이미 약해져서 더 이상 강해질 수도 없으니, 죄 없는 백성들로 하여금 전쟁터에서 죽게 하는 것을 과인은 차마 할 수 없구나!"

이에 시랑 김봉휴를 시켜 국서를 가지고 태조에게 가 항복하기를 청했다. 그러자 태자는 울면서 왕에게 하직하고 바로 개골산(금강산)으로 들어가 삼베옷을 입고 풀을 먹으면서 일생을 마쳤다. 막내아들은 머리를 깎고 화엄종에 들어가 중이 되었다. 그는 승명을 범공이라 했고, 뒤에 법수사와 해인사에 머물렀다고 한다.

고려 태조는 신라의 국서를 받자 태상 왕철을 보내서 맞이하게 했다. 경순왕은 여러 신하를 거느리고 고려 태조에게 귀순하니, 좋은 수레와 말의 행렬이 30여 리에 뻗치고 길은 사람으로 꽉 찼으며 구경꾼들이 담처럼 늘어섰다. 고려 태조는 교외에 나가서 직접 영접하여 위로하고 대궐 동쪽의 한 구역(지금의 정승원)을 주고, 장녀 낙랑공주를 그의 아내로 삼도록 하였다.

후에 경순왕이 자기 나라를 버리고 타국에 와 살았다 해서 자기를 난조에 비유하여 공주의 칭호를 신란공주라고 고쳤으며, 시호를 효목이라고 했다. 고려 태조가 경순왕을 정승에 봉하니 지위는 태자보다 위요, 녹봉은 1천 석이었다. 시종, 관원, 장수 들도 모두 직접 채용하도록 했고, 신라를 고쳐 경주라 하여 이를 경순왕의 식읍으로 삼도록 했다. 978년에 왕이 세상을 떠나자 시호를 경순이라고 했다.

의자왕, 충신을 배척하여 망하다

백제의 마지막 왕 의자는 곧 호왕(무왕)의 장남이다. 천성적으로 용맹하고 담력이 있었으며, 부모를 효성스럽게 섬기고 형제간에 우애가 있어 당시 사람들은 그를 해동증자라고 칭송했다.

그러나 641년에 왕위에 오르자 그는 주색에 빠졌다. 그 탓에 정사는 어지러워졌고 나라 또한 위태로워졌다. 이에 좌평 성충이 간곡히 충언을 올렸지만 듣지 않고 도리어 옥에 가두니, 그는 여위고 지쳐서 거의 죽을 지경이 되었는데도 상소를 올렸다.

"충신은 죽어서도 임금을 잊지 않습니다. 원컨대 한마디만 올리고 죽고 싶습니다. 신이 일찍이 시세를 살펴보니 반드시 병란이 일어날 것입니다. 대개 병사를 쓸 적에는 그 지세를 잘 가려야 합니다. 반드시 상류에 진을 치고 적을 맞아 싸우면 나라를 보전할 수가 있을 것입니다. 또 만일 타국의 군사가 육로로 공격하면 탄현을 넘지 말게 하옵고, 수군은 기벌포에 들어오지 못하게 해야 합니다. 그리고 험한 곳에 의지하여 적을 막아야 할 것입니다."

그러나 왕은 그 말을 받아주지 않았다.

659년에 백제 오회사에 크고 붉은 말 한 마리가 나타나 여섯 시간이나 절을 돌아다녔다. 2월에는 여우 여러 마리가 의자왕의 궁중으로 들어왔는데 그중 흰여우 한 마리가 좌평의 책상 위에 올라앉았다. 4월에는 태자궁 안에서 암탉과 작은 참새가 교미했다. 5월에는 부여에 있는 사비수 언덕 위에 큰 물고기가 나와서 죽어 있었는데, 그 길이가 세 길이나 되었으며 이것을 먹은 사람은 모두 죽었다. 9월에는 궁중에 있는 홰나무가 마치 사람이 우는 것처럼 울었으며, 밤에는 귀신이 대궐 남쪽 길에서 울었다.

경신년(660) 봄 2월에는 서울의 우물물이 핏빛이 되었다. 서쪽 바닷가에 작은 물고기가 나와 죽었는데, 이것을 백성들이 다 먹을 수가 없었다. 또 사비수의 물이 핏빛이 되었다. 4월에는 청개구리 수만 마리가 나무 위에 모였다. 그리고 부여 백성들이 까닭 없이 놀라 달아나는 것이 마치 누가 잡으러 오는 것 같았다. 이때 놀라 자빠져 죽은 자가 1백여 명이나 되었다. 또한 재물을 잃은 자는 이루 헤아릴 수가 없었다. 6월에는 왕흥사의 승려들이 배가 큰 물결을 따라 절문으로 들어오는 광경을 보았다. 또 마치 들사슴 같은 큰 개가 서쪽에서 사비수 언덕에 와서 대궐을 바라보고 짖더니 한참 만에 어디로 갔는지 알 수가 없었다. 성 안에 있는 개들도 길 위에 모여들어 혹은 짖기도 하고 울기도 하다가 흩어졌다. 또 귀신 하나가 궁중으로 들어오더니 큰 소리로 부르짖었다.

"백제는 망한다! 백제는 망한다!"

그리고는 곧 땅속으로 사라졌다. 왕이 이상히 여겨 사람을 시켜 땅을 파게 하니 석 자 깊이에 거북 한 마리가 있는데 그 등에 이런 글이 씌어 있었다.

"백제는 보름달 같고, 신라는 초승달과 같네."

이 글 뜻을 무당에게 물으니 무당이 대답했다.

"보름달이라는 것은 가득 찬 것이니 차면 기우는 것입니다. 초승달은 차지 않은 것이니 점점 둥글게 된다는 뜻입니다."

그의 말을 듣고 노한 왕은 무당을 죽여버리니, 어떤 자가 아부하여 다시 해석했다

"보름달은 성한 것이고 초승달은 미약한 것이니, 생각하건대 백제는 점점 성하고 신라는 점점 약해진다는 뜻이 아니겠습니까."

왕은 이 말을 듣고 기뻐했다.

신라의 태종은 백제에 괴상한 변고가 많다는 소식을 듣고, 660년에 김인문을 사신으로 당나라에 보내어 군사를 청했다. 당나라 고종은 좌호위장군 형국공 소정방으로 신구도행군총관을 삼아 좌위장군 유백영과 좌호위장군 풍사귀, 좌효위장군 방효공 등을 거느리고 13만의 군사를 이끌어 백제를 공격하게 했다. 또 신라 왕 김춘추를 우이도행군총관으로 삼아 신라 군사와 합세하도록 했다.

소정방이 군사를 이끌고 성산에서 바다를 건너 신라 서쪽 덕물도에 이르자, 신라왕은 장군 김유신을 보내서 정예병 5만을 거느리고 전투에 임하게 했다. 의자왕은 이 소식을 듣고 여러 신하를 모아 대책을 물으니 좌평 의직이 나와 직언했다.

부여 부소산성. 백제의 마지막 왕성으로, 당시에는 사비성이라 불렀다

"당나라 군사는 멀리 큰 바다를 건너왔고 또 수전에 익숙하지 못하며, 또 신라 군사는 큰 나라가 원조해주는 것만 믿고 우리를 경시하는 마음이 있습니다. 만일 당나라 군사가 전투에서 이기지 못하는 것을 보면 반드시 두려워하여 감히 진격해 오지 못할 것입니다. 그러므로 우리는 먼저 당나라 군사와 결전하는 것이 좋을 것입니다."

그러나 달솔 상영 등은 반대했다.

"그렇지 않습니다. 당나라 군사는 먼 길을 왔기 때문에 속전속결을 원할 것이고, 그 예봉(날카롭게 공격하는 기세)을 당할 수가 없을 것입니다. 한편 신라 군사는 여러 번 우리에게 패전했기 때문에 백제 군사의 기세를 바라만 보아도 두려워합니다. 그러니 지금은 마땅히 당나라 군사의 길을 차단하고 그 군사들이 피로해지기를 기다려야 합니다. 그리고 일부 군사로 신라를 쳐서 그 날카로운 기세를 꺾은 연후에 상황을 보면서 싸운다면 군사를 하나도 죽이지 않고서도 나라를 보전할 것입니다."

왕은 누구의 말을 따를지 고민하면서 고마미지현(지금의 전라남도 장흥)에 귀양 보낸 좌평 흥수를 떠올리고 사람을 보내어 물어보았다.

"사태가 다급하니 어쩌면 좋겠소?"

흥수가 말했다.

"소신의 의견은 좌평 성충의 말과 같습니다."

대신들은 흥수의 말을 반박하면서 말했다.

"흥수는 죄인의 몸으로 귀양 중에 있으므로 속으로 임금을 원망하고 나라를 사랑하지 않는 것이오니, 그의 의견은 들을 것이 못됩니다. 당나라 군사가 백강에 들어오면 그 전함을 나란히 내려오지 못하게 만들어야 합니다. 또한 신라군이 탄현에 들어오면 작은 길로 유도하여 군마가 나란히 들어오지 못하게 만들어야 할 것입니다. 그런 다음에 군사를 매복하여 급습한다면 이들은 마치 닭장에 든 닭과 그물에 걸린 물고기와 같은 신세가 될 것입니다."

이에 왕은 대신들의 말을 따랐다. 그리고 당나라 군사와 신라 군사가 이미 백강과 탄현을 지났다는 소식을 듣고는 계백 장군을 보내 5천여 명의 결사대를 거느리고 황산으로 나가 신라 군사와 싸우게 했다. 계백은 네 번 싸워 네 번 다 이겼지만 끝내는 역부족으로 패전하고 결국 전사했다. 이에 당나라 군사와 신라 군사는 합세해서 도성 부근까지 진격하여 공격했다. 이를 본 의자왕은 자신이 죽음을 면치 못할 것을 알고 탄식했다.

"내가 성충의 말을 듣지 않고 있다가 이 지경에 이르렀구나!"

마침내 의자왕은 성문을 열고 항복을 청했다. 그리하여 의자왕과 태자 응, 왕자 태, 왕자 연 및 대신과 장사 88명과 백성 1만 2천 807명이 당나라 장안으로 보내졌다. 백제에는 원래 5부 37군 200여 성 76만 호가 있었는데, 이때 당나라에서는 이곳에 웅진, 마한, 동명, 금련, 덕안 등 다섯 도독부를 두고 우두머리를 뽑아 도독·자사를 삼아 다스리게 했다.

낭장 유인원에게 명하여 사비성을 지키게 하고, 또 좌위낭장 왕문도로 하여금 웅진 도독을 삼아 백제에 남아 있는 백성들을 무마토록 했다. 당나라 임금은 백제의 포로들을 점잖게 꾸짖고 용서해주었다. 의자왕이 당나라에서 병으로 죽자 금자광록대부 위위경의 직책을 주어 그의 옛 신하들이 가서 조상하는 것을 허락했다. 또 명하여 손호와 신숙보의 무덤 옆에 장사 지내게 하고 모두 비를 세워주었다.

《백제고기》에는 이런 기록이 남아 있다.

부여성 북쪽 모퉁이에 큰 바위가 있는데 아래로 강물을 내려다보고 있다. 옛날부터 전해오는 말에 의하면 의자왕의 여러 후궁은 죽음을 면하지 못할 것을 알고 서로 이르기를, '차라리 자살해 죽을지언정 남의 손에 죽지 않겠다' 하고 서로 이끌어 여기에 와 강에 몸을 던져 죽었다.

이 때문에 이 바위를 타사암(낙화암)이라고 했다.

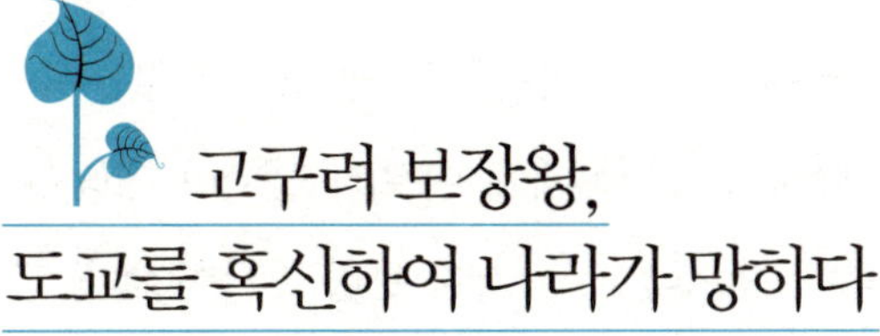

고구려 보장왕, 도교를 혹신하여 나라가 망하다

고구려 말기, 사람들은 다투어 도교의 일종인 오두미교를 신봉했다. 당나라 고조가 이 말을 듣고 도사를 시켜 천존상을 보내고, 또 도덕경을 가르치게 하였다. 왕이 백성들과 함께 들으니 이때가 곧 제27대 영류왕 즉위 7년(624)이었다.

다음 해, 고구려에서는 당나라에 사신을 보내 불교와 도교를 배울 것을 청하자 당나라 황제는 이를 허락했다.

보장왕이 즉위한 642년에 유·불·도의 삼교를 모두 일으키려 했다. 이때 왕의 총애를 받던 재상 개소문이 왕에게 아뢰었다.

"솥에는 세 발이 있고, 나라에는 세 가지 종교가 있는 법입니다. 신이 보기에 이 나라 안에는 오직 유교와 불교만 있고 도교가 없으므로 나라가 위태로운 것입니다."

왕은 옳게 여겨 당나라에 아뢰어 도교를 청하니, 이에 태종이 서달 등 도사 여덟 명을 보내주었다. 왕이 기뻐하여 사찰을 도관으로 만들고 도사를 존경하여 유생 위에 앉게 했다. 도사들은 국내의 이름난 산천을 돌아다니며 정기를 어지럽혔다. 또한 평양성의 지세가 신월성(앞으로도 발전할 수 있는 초승달)이어서 만월성(보름달) 모양으로 성을 더 쌓게 해서 기를 막았다. 게다가 예언서를 지어 용언도 또는 천년보장도라고 했고, 고구려의 영험한 돌을 파 깨뜨리기도 했다.

연개소문은 또 왕에게 아뢰어 동북과 서남쪽에 천리장성을 쌓게 했다. 이때 남자들은 부역에 나가고 여자들이 농사를 지었는데, 그 역사는 16년 만에 끝이 났다. 보장왕 때에 이르러 당나라 태종이 친히 육군을 거느리고 쳐들어 왔으나 또 이기지 못하고 돌아갔다. 당나라 고종 때인 668년에 우상 유인궤, 대장군 이적과 신라 김인문 등이 고구려를 쳐서 나라를 멸망시켜 왕을 사로잡아 당나라로 돌아가니 보장왕의 서자 안승은 4천여 가구를 거느리고 신라에 항복했다.

고구려를 망하게 했다는 연개소문에 관한 일화 중 《고구려고기》에 이런 글이 남아 있다.

수나라 양제가 612년에 30만 명의 군사를 거느리고 바다를 건너 쳐들어 왔으며, 614년 10월에 고구려 왕이 표문을 올려 거짓 항복을 청할 때 한 사람이 비밀리에 작은 강궁을 품속에 감추고, 표문을 가진 사신을 따라 양제가 탄 배 안에 들어갔다. 양제가 표문을 들고 읽는데 작은 강궁을 쏘아 양제의 가슴을 맞추었다. 양제가 좌우 사람들에게 말했다.

"내가 천하의 군주가 되어 작은 나라를 친히 정벌하였으나 이기지 못했으니 만대의 웃음거리가 되었다."

이때 우상 양명이 아뢰었다.

"신이 죽으면 고구려의 대신이 되어 반드시 그 나라를 멸망시켜 제왕의 원수를 갚겠습니다."

양제가 죽은 뒤, 그는 과연 고구려의 연개소문으로 태어났다. 그의 나이 15세에 무예에 뛰어나고 용감하며 총명했다. 그때 무양왕이 그가 어질다는 말을 듣고 불러들여 신하로 삼았다. 그는 스스로 성을 개라 하고 이름을 금이라 했으며 지위가 소문에까지 이르니 바로 시중의 벼슬이다.

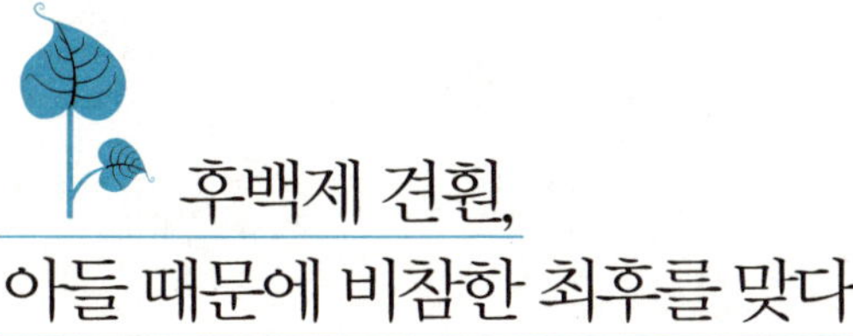

후백제 견훤, 아들 때문에 비참한 최후를 맞다

견훤은 상주 가은현 사람으로, 867년에 태어났다. 본래는 이씨였는데, 훗날 견으로 성씨를 고쳤다. 아버지 아자개는 농사를 지어 생활했는데, 광계 연간(885~887)에 지금의 상주 일대인 사불성에 웅거하여 스스로 장군이라 했다. 아들이 넷이 있어 모두 세상에 이름이 알려졌으며, 그중 견훤은 남보다 뛰어나고 지략이 많았다. 이는 《삼국사》 본전의 기록이며 《이제가기》에는 이렇게 소개되어 있다.

진흥왕의 비, 사도의 시호는 백융부인이다. 그 셋째 아들 구륜공의 아들 파진간 선품의 아들 각간 작진이 왕교파리를 아내로 맞아 각간 원선을 낳으니 이가 바로 아자개이다. 아자개의 첫째 부인은 상원부인이요, 둘째 부인은 남원부인으로 아들 다섯과 딸 하나를 낳았으니 그 맏아들이 상보 훤이요, 둘째 아들이 장군 능애요, 셋째 아들이 장군 용개요, 넷째 아들이 보개요, 다섯째 아들이 장군 소개이며, 딸이 대주도금이다.

또 《고기》에는 이런 기록이 남아 있다.

옛날에 부자 한 사람이 광주 북촌에 살고 있었는데 그 딸의 용모가 아주 단정했다. 어느 날 딸이 아버지께 말했다.
"밤마다 지줏빛 옷을 입은 남자가 침실에 와서 자고 갑니다."
궁금해진 아버지는 딸에게 일렀다.
"너는 긴 실을 바늘에 꿰어 그 남자의 옷에 꽂아두어라."
딸은 아버지가 시키는 대로 했다. 날이 밝아 그 실이 간 곳을 찾아보니 북

금산사 대적광전

쪽 담 밑에 있는 큰 지렁이 허리에 꽂혀 있었다. 이로부터 태기가 있어 사내아이를 낳았는데 나이 15세가 되자 스스로 견훤이라 일컬었다.

견훤이 젖먹이일 때 아버지는 들에서 밭을 갈고 어머니는 아버지에게 새참을 가져다주려고 아이를 수풀 아래 놓아두었는데, 호랑이가 와서 젖을 먹이니 마을 사람들은 이 말을 듣고 모두 신기하게 생각했다.

아이가 장성하자 몸과 모양이 웅장하고 기이했으며 뜻이 커 남에게 얽매이지 않고 비범했다. 군인이 되어 서울로 들어갔다가 서남의 해변으로 가 변경을 지키는데, 창을 베개 삼아 적군을 지켰다. 그의 기상은 항상 보통 병사에 앞섰으며 그 공로를 인정받아 군관이 되었다.

신라 진성여왕 재위 6년(892)에 왕의 총애를 받는 측근 신하가 국권을 농간하니 기강이 어지럽고 해이해졌다. 또 기근이 더해지니 백성들은 떠돌아다니고 도둑들이 벌떼처럼 일어났다. 이에 견훤은 남몰래 반역할 마음을 품고 무리를 모아 신라의 서남 주현들을 공격하니 가는 곳마다 백성들이 호응하여 한 달 동안 무리는 5천여 명이나 되었다.

드디어 무진주를 습격하여 스스로 왕이 되었으나 감히 공공연하게 왕이라 일컫지는 못하고 스스로 신라서남도통 행전주자사 겸 어사중승상주국 한남국개국공이라 했으니 이때가 889년이었다. 이 해를 혹 892년의 일이라고도 한다.

이때 북원의 도둑 양길의 세력이 몹시 웅대하여 궁예는 자진해서 그 부하가 되었다. 견훤이 이 소식을 듣고 멀리 양길에게 직책을 주어 자신의 군관으로 삼았다. 견훤이 서쪽으로 순행하여 완산주에 이르니 백성들이 영접하면서 위로했다. 견훤은 민심을 얻은 것이 기뻐서 좌우 사람들에게 말했다.

"백제가 개국한 지 600여 년 만에 당나라 고종은 신라의 요청으로 소정방을 보내서 수군 13만 명이 바다를 건너오고, 신라의 김유신은 전 군사를 거느리고 황산을 거쳐 당나라 군사와 합세하여 백제를 멸망시켰다. 내 이제 도읍을 세워 옛날의 분함을 씻겠다."

드디어 892년에 이르러 왕이라 일컫고 완산군에 도읍을 정했다. 나라를 다스린 지 43년이 지난 934년에 견훤의 세 아들 즉, 신검·용검·양검이 반역하고 신검이 스스로 왕위에 올랐다. 936년에 고려 군사와 일선군에서 싸워 패하니 후백제는 멸망했다.

견훤이 고려에 망명하기 직전, 신검은 견훤을 금산사 불당에 유폐시키고, 파달 등 30명의 장사를 시켜 지키게 했다. 당시 이런 동요가 퍼졌다.

가엾은 완산 아이
아비를 잃어 울고 있네.

국난을 이겨낸
충신 · 명장 · 고승 이야기

목숨을 바쳐 왕자를 구한 충신, 박제상

제17대 나밀왕(내물왕)이 즉위한 36년(390)에 일본 왕이 사신을 보냈다.

"저희 임금이 대왕이 신성하다는 말을 듣고 신 등으로 하여금 백제가 지은 죄를 대왕에게 아룁니다. 바라옵건대 대왕께서는 왕자 한 분을 보내서 저희 임금에게 신의를 표하면 감사하겠습니다."

이에 왕은 셋째 아들 미해를 일본으로 보냈는데, 당시 미해의 나이는 열 살이었다. 말이나 행동거지가 아직 미숙하므로 내신 박사람을 부사로 삼아 보냈다. 일본 왕은 이들을 30년 동안이나 억류하여 돌려보내지 않았다.

또 눌지왕이 즉위한 3년(419)에 고구려 장수왕이 사신을 보냈다.

"저희 임금은 대왕의 아우 보해가 지혜와 재주가 뛰어나다는 말을 듣고 서로 친하게 지내기를 원하여 특별히 소신을 보내어 간청하는 바입니다."

왕은 이 말을 듣고 매우 다행스럽게 여겨 결국 화친하기로 결정하였다. 왕은 내신 김무알에게 보좌하도록 하여 아우 보해를 고구려로 보냈다. 그런데 장수왕 역시 그들을 억류한 채 돌려보내지 않았다.

눌지왕 10년(425)에 왕은 신하들과 나라 안의 호탕하고 의협심이 많은 사람들을 모아놓고 친히 연회를 베풀었다. 술이 세 차례 돌고 음악이 울려 퍼지자 왕은 눈물을 흘리면서 사람들에게 말했다.

"과거 선왕께서 백성의 앞날을 생각하여 사랑하는 아들을 동쪽의 일본까지 보내셨다가 마침내 다시 만나보지 못하고 돌아가셨다. 또 과인이 왕위에 오른 뒤, 이웃 나라들의 군사가 몹시 강성하여 전쟁이 그칠 사이가 없었다. 그런데 유독 고구려만이 화친하자는 말이 있어서 과인은 그 말을 믿고 아우를 고구려에 보냈다. 그런데 고구려에서도 아우를 억류하고는 돌려보내지 않았다. 과인이 아무리 부귀영화를 누린다 해도 일찍이 하루라도 이 일을 잊고 울지 않는 날이 없었다. 만일 이 두 아우를 만나보고 함께 선왕의 사당에서 제사를 지낼 수 있다면 나라 사람에게 그 은혜를 갚겠다. 누가 계책을 내서 이들을 구할 수 있겠는가?"

이 말을 듣고 모든 벼슬아치가 입을 모아 아뢰었다.

"이 일을 성사시키기는 쉬운 일이 아닙니다. 반드시 지혜와 용맹을 겸한 사람만이 할 수 있을 것입니다. 신들의 생각으로는 삽라군(지금의 경상남도 양산군) 태수 박제상이 적합한 인물입니다."

이에 왕은 박제상을 불러 물었고, 박제상은 두 번 절한 뒤 대답했다.

"신은 임금에게 근심이 생기면 신하가 욕을 당하고, 임금이 욕을 당하면 신하는 죽어야 한다고 들었습니다. 만일 일의 어렵고 쉬운 것을 따져서 행한다면 이는 충성스럽지 못한 것이고, 또 죽고 사는 것을 생각한 뒤에 움직인다면 이는 용기가 없는 것입니다. 신은 비록 재주가 없으나 왕명을 따르겠습니다."

왕은 매우 가상히 여겨 술잔을 나누어 마시고 손을 잡아 작별해 보냈다. 왕명을 받은 박제상은 바로 북쪽 바닷길로 가 변장을 하고 보해가 있는 고구려로 갔다. 박제상은 몰래 보해를 만나 함께 도망할 날짜를 약속해놓았고, 미리 5월 15일에 와서 고성 항구에 배를 대놓았다.

약속한 날짜가 가까워지자 보해는 병을 핑계로 며칠 동안 조정에 나가지 않다가 야밤에 어둠을 타고 도망하여 고성 바닷가에 이르렀다. 뒤늦게 이 사실은 안 고구려 왕은 수십 명의 군사를 동원해 추격하게 했다. 그러나 보해는 고구려에 있을 때 늘 주변 사람들에게 은혜를 베풀었으므로 추격한 군사들은 오히려 그를 불쌍히 여겼다. 그래서 모두가 화살촉을 뽑고 쏘았다. 그 덕분에 몸이 상하지 않고 무사히 돌아갈 수가 있었다.

마침내 보해와 상봉한 눌지왕은 더욱 미해를 생각하는 마음이 간절해졌다. 한편으로는 기쁘고 한편으로는 슬픈 탓에 눌지왕은 눈물을 흘리면서 측근들에게 말했다.

"마치 한 몸에 팔뚝이 하나만 있고, 한 얼굴에 한쪽 눈만 있는 것 같구나. 비록 하나는 얻었으나 하나는 잃은 대로이니 어찌 마음이 슬프지 않겠는가?"

이 말을 들은 박제상은 임금에게 두 번 절하여 하직하고 집에도 들르지 않은 채 말을 타고 즉시 율포 항구로 갔다. 이 소식을 들은 그의 아내가 말을 타고 율포 항구까지 뒤쫓아 갔으나 남편은 이미 승선한 뒤였다. 아내는 항구에서 간곡하게 남편을 불렀지만 다만 멀리서 손을 흔들어 보일 뿐 배는 멈추지 않았다. 박제상은 일본에 도착해서 거짓말을 했다.

"신라의 왕이 아무 죄도 없는 우리 아버지와 형을 죽였기에 망명했습니다."

이 말을 들은 일본 왕은 박제상에게 거처를 마련해주고 편히 있게 했다. 이때부터 박제상은 늘 미해를 모시고 해변에 나가 놀았다. 그러면서 물고기와 새를 잡아다 일본 왕에게 바쳤다. 이에 일본 왕은 매우 기뻐하며 박제상을 의심하지 않았다.

그러던 어느 날 새벽, 마침 안개가 자욱하게 끼어 있었다. 박제상이 미해에게 말했다.

"지금 빨리 탈출하십시오!"

"같이 탈출합시다!"

"만일 신이 같이 탈출한다면 일본인들이 알고 추격할 것입니다. 그러니 신은 여기에 남아 추격을 막겠습니다."

"나는 그대를 부형처럼 여기고 있는데, 어찌 혼자서 살려고 그대를 버려두고 돌아간단 말이오?"

"신은 공의 목숨을 구하는 것으로 대왕의 마음을 위로해드리면 그것으로 만족할 뿐입니다. 어찌 살기를 바라겠습니까?"

그러고는 작별의 술을 부어 미해에게 건네고, 때마침 신라에서 일본에 파견한 강구려 일행에게 몰래 호위하도록 했다.

미해가 떠나자 박제상은 짐짓 미해의 방에 들어가서 다음 날 아침까지 있었다. 미해를 감시하는 일본인들이 방에 들어가려 하므로 박제상이 나와서 말리며 말했다.

"미해공은 어제 사냥 갔다 오느라 몹시 피로해서 아직 일어나지 않았습니다."

그러나 저녁때가 되어도 그 모습을 보이지 않자 감시하는 자들이 수상히 여겨 다시 물었다. 이때 박제상은 대답했다.

"미해공은 이미 일본을 떠난 지 오래되었소."

감시하는 자들이 급히 달려가 일본 왕에게 고했다. 일본 왕은 기병을 시켜 추격하도록 했으나 잡을 수가 없었다. 이에 성난 일본 왕이 박제상을 가두고 물었다.

"너는 어찌하여 왕자를 몰래 돌려보냈느냐?"

"나는 신라 신하이지, 일본의 신하가 아니오. 이제 우리 임금의 소원을 이루어드렸을 뿐인데, 어찌 이 일을 그대에게 말하겠소?"

일본 왕은 노발대발하며 말했다.

"너는 이미 내 신하가 되었는데도 아직도 신라의 신하라고 말하느냐? 그렇다면 다섯 가지 형벌을 갖추어 너에게 벌을 내릴 것이다. 그러나 만일 나의 신하라고 말한다면 후한 상을 내리리라."

"차라리 신라의 개나 돼지가 될지언정 일본의 신하는 되지 않겠다. 차라리 신라에서 형벌을 받을지언정 일본에서 작록을 받지 않겠다."

더욱 성이 난 일본 왕은 박제상의 발 가죽을 벗기고 갈대를 베어 그 위를 걸어가도록 했다. 그러고는 다시 물었다.

"너는 어느 나라 신하냐?"

"신라의 신하이다!"

쇠를 달구어 그 위에 세워놓은 채 일본 왕이 다시 물었지만 역시나 같은 대답만 돌아올 뿐이었다. 일본 왕은 그를 굴복시키지 못할 것을 알고 목도라는 섬 안에서 불태워 죽였다.

미해는 박제상 덕분에 무사히 바다를 건너 고국으로 돌아왔다. 그는 먼저 강구려를 시켜 나라 안에 귀국 사실을 알렸다. 이 소식을 접한 눌지왕은 매우 기뻐하며 여러 신하에게 명하여 미해를 굴헐역까지 나가 맞이하도록 하고, 친히 아우 보해와 함께 남쪽 교외에서 맞이하여 함께 대궐로 돌아왔다. 또 잔치를 베풀고 나라에 대사령을 내려 죄수를 풀어주었다. 그리고 박제상의 아내를 국대부인에 봉하고, 그의 딸은 미해공의 부인으로 삼도록 했다.

이때 논자들은 말했다.

"옛날에 한나라 신하 주가가 형양 땅에 있다가 초나라 군사에게 포로로 잡힌 일이 있었다. 이때 항우는 주가를 보고 말하기를, '네가 만일 내 신하 노릇을 한다면 만호후를 주겠다'고 회유했다. 그러나 주가는 항우를 꾸짖고 굴복하지 않았으므로 그에게 죽임을 당했다. 그러니 이번 박제상의 행동은 주가와 견줄 만하다."

처음 박제상이 신라를 떠날 때 부인은 그 소식을 듣고 남편을 뒤쫓아 갔으나 만나지 못했다. 이에 망덕사(경주시 배반동에 있던 절) 문 남쪽 백사장 위에 이르러 주저앉아 길게 울부짖었고, 그 백사장을 장사라고 불렀다.

장사 벌지지

이때 친척 두 사람이 부인을 부축하여 돌아오려고 하였으나 부인은 다리에 힘이 풀려서 다리를 뻗은 채 일어나지도 못했다. 그래서 그곳에 '벌지지'라는 이름을 붙였다. 그 후에도 부인은 남편을 그리워하는 마음을 견디지 못했다. 그녀는 세 딸을 데리고 치술령(경주와 울산 경계에 있는 고개)에 올라가 일본을 바라보며 통곡하다가 죽고 말았다. 그래서 사람들은 그녀를 치술산모라고 하며 제사하는 사당을 지었는데, 아직 남아 있다.

기발한 꾀로 우산국을 정복한 박이종

아슬라주(지금의 강릉) 동쪽 바다에 순풍으로 이틀 걸리는 곳에 우릉도(울릉도)가 있다. 이 섬은 둘레 2만 7천 130보이다. 이 섬에 사는 원주민들은 그 주변의 바닷물이 깊은 것을 믿고 몹시 교만하여 신라에 조공을 바치지 않았다. 이에 지증왕은 아찬 박이종에게 명하여 군사를 거느리고 가 치게 했다. 박이종은 나무로 사자를 만들어 큰 배에 싣고 그들을 위협했다.

"너희가 만일 항복하지 않으면 이 사자를 놓아버리겠다."

이에 원주민들은 두려워하여 항복했다. 왕은 박이종을 포상하고 그곳을 다스리는 수령으로 삼았다.

울릉도

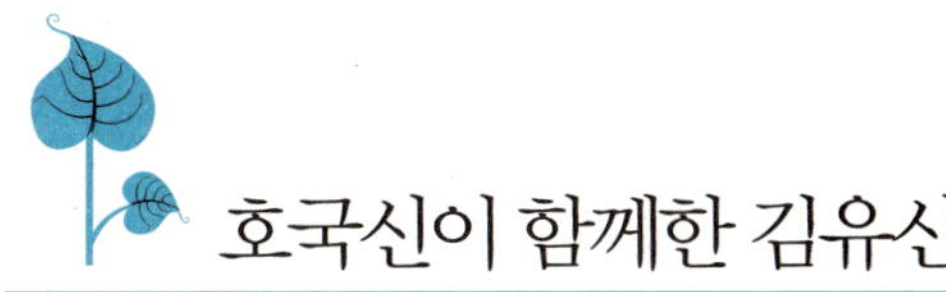

호국신이 함께한 김유신

무력 이간의 아들인 서현 각간 김씨의 맏아들은 유신이고, 그 동생은 흠순이다. 맏누이는 보희이고 어릴 적 이름은 아해이며, 작은 누이는 문희이고 어릴 적 이름은 아지이다.

유신은 진평왕 17년 을묘년(595)에 출생했다. 북두칠성의 정기를 타고 났기 때문에 등에 북두칠성의 무늬가 있었고, 또 신기하고 이상한 일이 많았다.

나이 열여덟이 되던 임신년에 검술을 익혀 국선이 되었다. 이때 백석이라는 자가 있었는데, 어디서 왔는지는 알 수 없었지만 몇 해 동안 화랑 무리에 속해 있었다. 고구려와 백제를 치려고 밤낮으로 깊은 계획을 세우고 있었는데, 백석이 그 일을 알아채고 유신에게 말했다.

"제가 공과 함께 먼저 적국에 가서 실정을 정탐한 뒤에 일을 도모하는 것이 어떻겠습니까?"

유신은 기뻐하여 친히 백석을 데리고 밤에 출발했다. 고개 위에서 쉬고 있노라니 두 아낙이 그들을 따라와서 골화천(영천 부근)에 이르러 유숙하게 되었는데, 또 다른 한 아낙이 갑자기 찾아왔다. 유신이 세 아낙과 함께 기쁘게 이야기하고 있노라니 아낙들은 맛있는 과실을 그에게 주었다. 유신은 그것을 받아먹으면서 자연스럽게 그녀들을 믿게 되어 자기 실정을 털어놓았다. 아낙들이 말했다.

"공의 말씀은 알겠습니다. 원컨대 백석을 떼어놓고 우리와 함께

저 숲 속으로 들어가면 자세한 사정을 다시 말씀드리겠습니다.”

이에 그녀들과 함께 들어가니 아낙들은 문득 신으로 변하며 말했다.

“우리는 내림, 혈례, 골화 등 세 곳을 지키는 호국신이오. 지금 적국 사람이 공을 유인해 가는데도 공은 알지 못하고 따라가므로, 우리가 공을 말리려고 여기까지 온 것이었소.”

그녀들은 말을 마치고 자취를 감추었다. 공은 말을 듣고 놀라 두 번 절하고 나와서는 골화관에 묵으면서 백석에게 말했다.

“나는 지금 다른 나라에 가면서 중요한 문서를 잊고 왔다. 너와 함께 집으로 돌아가서 가지고 오도록 하자.”

마침내 집에 돌아오자 백석을 결박해놓고 그 전후 사정을 물으니 백석이 말했다.

“나는 본래 고구려 사람이오. 본국의 여러 신하가 말하기를, 신라의 유신은 본래 우리나라 점쟁이 추남이었소. 한 번은 국경 지방에 역류하는 물이 있어서 추남에게 점을 치게 했소. 이때 추남은 ‘대왕의 부인이 음양의 도를 역행했기 때문에 이러한 징조가 나타난 것입니다’라고 점괘를 말했소. 이에 대왕은 놀라며 괴이하게 여겼고, 왕비는 노발대발하면서 추남의 점괘는 반드시 요망한 여우 같은 말이라고 했소. 그래서 왕에게 다른 일을 가지고 시험해서 물어보아 맞지 않으면 중형을 내리라고 했소. 그리하여 쥐 한 마리를 함 속에 감추어두고 이것이 무슨 물건이냐 물었더니 추남은 ‘이것이 반드시 쥐일 것인데 그 수가 여덟입니다’라고 했소. 사람들은 그의 말이 맞지 않는다고 해서 죽이려 하자, 추남은 자신이 죽은 뒤에는 꼭 다른 나라의 대장이 되어 반드시 고구려를 멸망시킬 것이라 맹세했소. 곧 그를 죽이고서 나중에 쥐의 배를 갈라보니 새끼 일곱 마리가 있는 것을 알았소. 그제야 추남의 말이 맞는 것을 알았는데, 그날 밤 대왕의 꿈에 추남이 신라 서현공 부인의 품속으로 들어가는 것을 보았소. 이에 여러 신하에게 물었더니 모두 '추남이 맹세하고 죽더니 과연 맞는 것 같습니다'라고 했소. 이 때문에 고구려에서는 나를 보내어 공을 유인하게 한 것이오."

유신은 곧 백석을 죽이고 음식을 갖추어 삼신에게 제사 지내니 그녀들은 모두 모습을 드러내어 제물을 흠향했다.

유신 집안의 재매부인이 세상을 떠나자 청연 상곡에 장사 지내고 이를 재매곡이라 불렀다. 해마다 봄이 되면 온 집안의 남녀가 그 골짜기 남쪽 시냇가에 모여 잔치를 열었다. 이때에는 백 가지 꽃이 화려하게 피고 송화가 골짜기 안 숲 속에 가득했다. 골짜기 어귀에 암자를 짓고 이름을 송화방이라 하여 전해 오다가 원찰로 삼았다. 54대 경명왕 때 김유신공을 흥무왕으로 봉했다. 능은 서산 모지사 북쪽 동으로 향해 뻗은 봉우리에 있다.

태종의 칭호를 지켜준 천지의 영웅, 김유신

신문왕 때 당나라 고종이 신라에 사신을 보내어 그를 통해 말했다.
"짐의 성스러운 부친이었던 당태종은 어진 신하 위징과 이순풍 등을 얻어 마음을 합하고 덕을 같이하여 중국 천하를 통일했다. 이 때문에 태종황제라고 했다. 그런데 신라는 해동의 소국으로 김춘추에게 '태종무열왕'이라는 칭호를 쓰니, 이는 중국 천자의 이름을 참람하게 하는 것으로 충성스럽지 못하다. 속히 그 칭호를 고치도록 하라.”

이에 신라 왕은 글을 올려 말했다.

“신라는 비록 작은 나라이지만 성스러운 신하 김유신을 얻어 삼국을 통일했으므로 태종이라 한 것입니다.”

당나라 황제는 그 글을 보고, 자신이 태자로 있을 때 하늘에서 '삼십삼천의 한 사람이 신라에 태어나서 김유신이 되었느니라'라고 하여 책에 기록해둔 일이 떠올랐다. 당나라 황제는 그 책을 꺼내보고는 놀라며 두려움을 참지 못했다. 그리하여 다시 사신을 보내어 태종의 칭호를 고치지 말도록 했다.

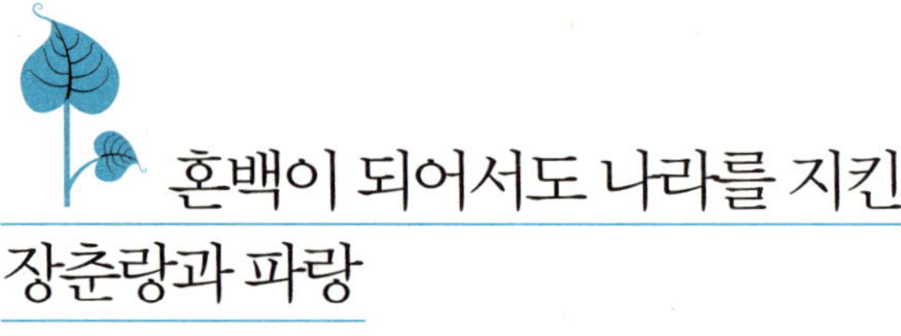

혼백이 되어서도 나라를 지킨 장춘랑과 파랑

신라군과 백제군이 황산에서 싸울 때 장춘랑과 파랑이 진중에서 전사했다. 그 후 신라가 백제를 칠 때 그들은 태종의 꿈에 나타나 말했다.

“신 등이 옛날에 나라를 위해 몸을 바쳤고, 이제 백골이 되어서도 나라를 완전히 지키려고 종군하여 게으르지 않았습니다. 그러나 지금 신라군이 당나라 장수 소정방의 위엄에 눌려서 그들의 뒤만 쫓아다니고 있습니다. 원하옵건대 왕께서는 우리에게 적은 군사라도 내어주시면 앞장서서 적을 물리치겠습니다.”

태종대왕은 놀라고 괴이하게 여겨 두 혼을 위해 하루 동안 모산정에서 불경을 외고 또 한산주를 세워 그들의 명복을 빌게 했다.

화랑을 중시한 죽지랑

제32대 효소왕 때, 죽지랑의 무리 중에 급간 득오실이 있었다. 그는 화랑도 명부에 이름을 올려놓고 날마다 나왔다. 그런데 어느 날부터 열흘이 넘도록 보이지 않았다. 죽지랑은 그의 어머니를 불러 아들이 어디 갔는지를 물으니 어머니가 말했다.

“모량부의 당전 아간 익선이 내 아들을 부산성 창직(곡식 창고지기)으로 보냈으므로 빨리 가느라고 미처 그대에게 작별 인사도 드리지 못했습니다.”

이에 죽지랑이 말했다.

“당신의 아들이 만일 개인적인 일로 떠난 것이라면 찾아볼 필요가 없겠지만 이제 공적인 일로 갔으니 내가 가서 마땅히 대접해야겠소.”

이에 떡 한 그릇과 술 한 병을 가지고 하인들을 거느리어 찾아가니 낭의 무리 137명도 위의를 갖추고 따라갔다.

부산성에 이르러 문지기에게 "득오실이 어디 있는가?" 하고 물으니 문지기가 대답했다.

"지금 익선의 밭에서 관례에 따라 부역하고 있습니다."

낭은 밭으로 찾아가 가지고 간 술과 떡을 대접하고, 익선에게 휴가를 청하여 잠시 돌아오려 했으나 익선이 반대하고 허락하지 않았다. 이때 사리 간진이 추화군 능절의 조 30석을 거두어 싣고 성안으로 가고 있었다. 그는 죽지랑이 화랑을 소중히 여기고 기풍을 아름답게 여기는 반면 익선의 고집불통을 비루하게 여겨, 가지고 가던 조 30석을 익선에게 주면서 휴가를 주도록 함께 청했으나 그래도 허락하지 않았다. 이번엔 진절 사지의 말안장을 주니 그제야 허락했다.

조정에서 화랑을 관장하는 관리가 이 말을 듣고 사자를 보내서 익선을 잡아다가 그 고약한 버릇을 고쳐주려 하니, 익선은 도망하여 숨어버렸다. 이에 그의 맏아들을 잡아갔는데, 이때가 몹시 추운 겨울날이었다. 그럼에도 그를 성안에 있는 연못에서 목욕을 시켜 얼어 죽게 만들었다.

효소왕도 그 말을 듣고 명령하여 모량리 출신으로 벼슬에 오른 자는 모조리 쫓아내어 다시는 관청에 발을 붙이지 못하게 하고, 또 승려의 옷도 입지 못하게 하며, 만일 이미 승려가 된 자라면 종을 치고 북을 울려 절에서 쫓아내게 하였다. 그리고 칙사가 간진의 자손을 공적이 있는 장부에 올려서 남달리 표창했다. 이때 원측법사는 해동의 고승이었지만 모량리 출신이라 승직도 주지 않았다.

처음에 술종공이 삭주 도독사가 되어 임지로 가는데, 마침 삼한에 전쟁이 벌어지고 있어 기병 3천 명으로 그를 호송하게 했다. 일행이 죽지령에 이르니 한 거사가 그 고갯길을 닦고 있었다. 공이 이것을 보고 탄복하여 칭찬하니 거사도 공의 뛰어난 위세를 보고 감복하고 서로 마음속에 흠모했다.

술종공이 고을의 임지로 부임한 지 한 달이 지나서 꿈에 죽지령에서 본 거사가 방으로 들어오는 것을 보았는데 아내 또한 같은 꿈을 꾸었다. 더욱 놀라고 괴상히 여겨 이튿날 사람을 시켜 그 거사의 안부를 물으니 사람들이 거사가 며칠 전에 죽었다고 전했다. 사자가 돌아와 그 사실을 고하니 그가 죽은 날이 꿈을 꾸던 날과 같았다. 이에 술종공이 말했다.

"거사는 반드시 우리 집에 태어날 것이다."

술종공은 다시 군사를 보내어 고개 위 북쪽 봉우리에 장사 지내고, 돌로 미륵 하나 만들어 무덤 앞에 세워놓았다. 공의 아내는 그 꿈을 꾸던 날로부터 태기가 있어 아이를 낳으니, 이름을 죽지라고 했다. 이 죽지랑이 커서 부원수가 되어 김유신과 더불어 삼국을 통일했다. 진덕여왕, 태종, 문무, 신문왕의 4대에 걸쳐 재상으로서 이 나라를 안정시켰다. 일찍이 득오실이 죽지랑을 사모하여 노래를 지었는데, 이를 〈모죽지랑가〉라고 한다.

지나간 봄을 그리워하니 모든 것이 서러워 시름하네.

아름답던 얼굴에 주름살 지시려 하니,

눈 돌릴 사이에나마 이승에서 만나 뵙도록 기회 만들리라.

낭이여! 그리운 마음에 가고 오는 길,

다북쑥 우거진 마을에 잘 밤 있으리오.

왕에게 배신당한 비운의 장군, 궁파

제45대 신무왕이 왕위에 오르기 전 협객 궁파(장보고)에게 말했다.

"나에게는 같은 하늘 아래에 더불어 살아갈 수 없는 원수가 있다. 그대가 만일 나를 위해 그를 없애준다면 내가 왕위에 오른 뒤 그대의 딸을 맞아 왕비로 삼겠다."

궁파는 이를 허락하고 마음과 힘을 같이하여 군사를 일으켜 서라벌로 쳐들어가 결국 그 일을 성취하였다. 이후 그가 왕위에 오르자 약속대로 궁파의 딸을 왕비로 삼으려 했다. 그러자 여러 신하가 힘써 반대했다.

"궁파는 그 출신이 아주 미천한 자입니다. 대왕께서 그의 딸을 왕비로 삼는 것은 바람직하지 못합니다."

왕은 대신들의 말을 따랐다. 그때 궁파는 청해진을 지키고 있었는데 왕이 약속을 지키지 않은 것을 원망하여 반란을 일으키려고 했다. 이 말을 들은 장군 염장이 왕에게 아뢰었다.

"궁파가 장차 반란을 일으키려고 하니 소신이 가서 그를 제거하겠습니다."

왕은 기뻐하여 허락했다. 염장은 왕의 명을 받아 청해진으로 가 안내자를 통해 말했다.

"저는 지금 왕에게 원망이 있어서 장군께 의탁하여 몸과 목숨을 보전하려 하오."

처음에 궁파는 이 말을 듣고 크게 노했다.

"너희가 왕에게 간해서 내 딸을 왕비가 되지 못하게 하고 무슨 염치로 나를 보려 하느냐?"

염장이 다시 사람을 통해 말했다.

"그것은 여러 신하가 간한 것이고 저는 그 일에 간여하지 않았으니 저를 의심하지 마시오."

이 말을 듣고 궁파는 그를 청사로 불러들여 다시 물었다.

"그대는 정말로 무슨 일 때문에 여기까지 왔는가?"

"왕의 뜻을 거스른 일이 있기에 장군의 막하에 의탁해서 해를 면할까 하는 것이오."

"그렇다면 정말 다행한 일이오."

궁파는 무척 기뻐하며 술자리를 마련했다. 이에 기회를 엿보던 염장이 마침내 궁파의 긴 칼을 빼어 그를 순식간에 죽여버렸다. 궁파의 휘하에 있던 군사들은 놀라서 모두 땅에 엎드려 복종하였다. 이에 염

신무왕릉

장은 그들을 이끌고 서라벌로 와 왕에게 복명했다.

"이미 궁파를 베어 죽였습니다."

왕은 기뻐하며 그에게 상을 내리고 아간 벼슬을 주었다.

기파랑을 기리고
백성을 평안하게 할 노래를 만든 충담사

당나라에서 《도덕경》 등을 보내오자 경덕왕은 예를 갖추어 이를 받았다. 왕이 나라를 다스린 지 24년에 오악과 삼산신들이 나타나 대궐 뜰에서 왕을 모셨다. 3월 3일, 왕이 귀정문 누각 위에 나가 측근 신하들에게 말했다.

"누가 길에서 위엄이 있는 몸가짐을 갖춘 승려를 모셔올 수 있느냐?"

이때 마침 위엄 있고 몸가짐이 깨끗한 고승 한 사람이 길에서 배회하고 있었다. 측근 신하들이 이 승려를 모셔 오니 왕이 말했다.

"내가 말하는 위엄 있는 승려가 아니다."

그를 돌려보낸 뒤, 이내 또 다른 승려 한 사람이 나타났다. 그는 낡은 장삼에 삼태기를 걸치고 남쪽에서 오고 있었다. 왕이 기뻐하며 그를 누각 위로 영접했다. 삼태기 속을 보니 다기가 들어 있었다. 왕이 물었다.

"그대는 대체 누구요?"

“소승은 충담이라고 합니다.”

“어디서 오는 길이오?”

“소승은 해마다 삼월 삼일과 구월 구일에 차를 달여 남산 삼화령의 미륵 세존께 올리는데, 지금도 차를 올리고 돌아오는 길입니다.”

“과인에게도 그 차를 한 잔 나누어주겠소?”

승려가 이내 차를 달여 드리니 차 맛이 특이하고 찻잔 속에서 오묘한 향기가 풍겼다. 왕이 다시 물었다.

“과인이 일찍이 들으니 스님이 지은 기파랑을 찬미하는 사뇌가(신라 향가의 또 다른 이름)가 그 뜻이 무척 고상하다고 하니 과연 그 말이 사실이오?”

“남들이 과찬하여 그리들 말한 것입니다.”

“겸손의 말씀이오. 과인을 위해서도 안민가를 지어주시오.”

충담은 이내 왕명을 받들어 노래를 지어 바치니, 왕은 아름답게 여기고 그를 왕사로 봉했으나 그는 두 번 절하고 굳이 사양하여 받지 않았다. 〈안민가〉는 이렇다.

임금은 아버지요,

신하는 사랑스런 어머니와 같다네.

백성을 가엾은 아이라 여기시니,

백성들이 그 깊은 은혜를 알리라.

꿈틀거리면서 사는 물생에게

먹거리를 주어 다스리네.

이 땅을 버리고 어디로 갈거나,

나라 안이 잘 유지됨을 알리라.
임금답게 신하답게 백성답게 하면,
나라 안은 길이 태평하리라.

기파랑을 찬미한 〈찬기파랑가〉는 이렇다.

흐느끼며 바라보매 나타난 달이
흰 구름을 쫓아 떠가는 것 아닌가.
여기 새파란 냇가에
기파랑의 모습이 있더라.
일오천 조약돌에서
낭이 지니시던
마음을 따르고자 하네.
아이 잣나무 가지 드높아,
서리 모를 그 씩씩한 모습이여!

태양의 괴변을 사라지게 한 월명사

경덕왕 19년(760) 4월 초하루, 두 개의 해가 나란히 나타나서 열흘 동안 없어지지 않자 일관이 아뢰었다.

"인연 있는 승려를 청하여 꽃 뿌리는 공덕을 지으면 재앙을 물리

칠 수 있을 것입니다."

이에 조원전에 단을 정결히 모으고 왕이 청양루에 거동하여 인연 있는 승려가 오기를 기다렸다. 이때 월명사가 긴 밭두둑 길을 가고 있었다. 왕이 사람을 보내 그를 불러들였다. 그리고 단을 열고 기도문을 짓게 하니 그가 아뢰었다.

"저는 다만 국선의 무리에 속해 있기 때문에 겨우 향가만 알 뿐이고 범성(범패)에는 서투릅니다."

"이미 인연 있는 승려로 뽑혔으니 향가라도 좋소."

이에 월명사가 〈도솔가〉를 지어 바쳤는데, 가사는 이렇다.

금일차의산화창량파보백호은화량여은
(今日此矣散花唱良巴寶白乎隱花良汝隱)
직등은심음의명질사이악지(直等隱心音矣命叱使以惡只)
미늑좌주배립나량(彌勒座主陪立羅良)

이를 풀이하면 이렇다.

대궐에서 지금 산화가를 부르나니,
청운에 한 송이 꽃을 뿌려 보내네.
은근하고 정중한 곧은 마음의 발로이니,
멀리 도솔천의 부처님을 맞이하라.

지금 세간에서는 이것을 〈산화가〉라고 하지만 잘못 안 것이다. 마땅히 〈도솔가〉라고 해야 할 것이다. 〈산화가〉는 따로 있는데, 그 글이 번잡하여 다 실을 수 없다. 그 후에 이내 해의 변괴가 사라졌다.

왕이 이를 가상히 여겨 좋은 차 한 봉과 수정으로 만든 염주 108개를 하사했다. 이때 갑자기 동자 하나가 나타났는데 용모가 곱고 깨끗했다. 그는 공손히 차와 염주를 받들고 대궐 서쪽 작은 문으로 나갔다. 월명사는 그를 내궁의 사자로 알고, 왕은 스님의 종자로 알았다. 그러나 자세히 알고 보니 모두 틀린 추측이었다. 왕은 몹시 이상히 여겨 사람을 시켜 쫓게 하니, 동자는 내원 탑 속으로 숨고 차와 염주는 남쪽의 벽화 미륵상 앞에 있었다. 월명사의 지극한 덕과 정성이 미륵보살을 감응시켰던 것이다. 이 사실을 조정이나 민간에서 모르는 이가 없게 되었다. 왕은 더욱 공경하여 다시 비단 100필을 주어 큰 정성을 표시했다. 월명사는 또 일찍이 죽은 누이동생을 위해 재를 올렸는데 향가를 지어 제사 지냈다. 이때 갑자기 회오리바람이 일어나더니 종이돈을 서쪽으로 날렸다. 그 향가는 이렇다.

죽고 사는 길이 여기 있으니 두려워지고,

나 간다는 말도 다 못하고 너 떠나는구나.

바람에 떨어지는 추풍낙엽과 같이,

한 가지에서 났지만 어디로 갈지 모르겠구나.

아, 극락세계에서 너를 만나볼 수 있으니

나는 부지런히 도를 닦아 그날을 기다리련다.

월명사는 항상 사천왕사에 있으면서 피리를 잘 불었다. 어느 날 달

밤에 피리를 불면서 문 앞 큰길을 지나가니 달이 그를 위해 움직이지 않고 서 있었다. 이 때문에 그곳을 월명리라고 했다. 월명사도 또한 이 일 때문에 이름이 널리 알려졌다.

월명사는 능준대사의 제자인데, 신라 사람들도 향가를 숭상한 자가 많았으니 이는 대개 시가와 송가 같은 것이다. 그 때문에 이따금 천지와 귀신을 감동시킨 것이 한두 가지가 아니었다. 이를 찬양하나니,

바람은 종이돈 날려 죽은 누이동생의 노자로 보내주고,
피리는 밝은 달을 일깨워 달 속의 항아도 그 자리에 멈추었네.
도솔천이 하늘처럼 멀다고 말하지 말라,
만덕화, 그 한 곡조로 즐겨 맞았네.

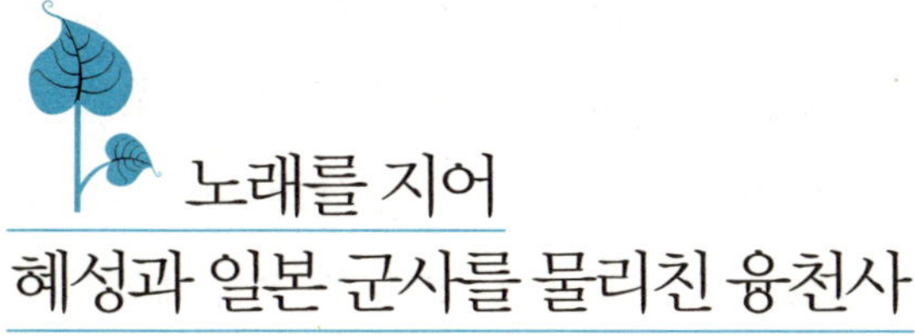

노래를 지어
혜성과 일본 군사를 물리친 융천사

거열랑, 설처랑, 보동랑 등 세 화랑의 무리가 풍악(금강산)에 노닐려고 했는데, 혜성이 심대성을 범하였다. 낭도들은 이를 의아스럽게 생각하고 그 여행을 중지하려고 했다. 이때에 융천이 노래를 지어 부르자 혜성의 괴변은 즉시 사라지고 일본 군사가 제 나라로 돌아가니 도리어 경사가 되었다. 임금이 기뻐하여 낭도들을 보내어 풍악산에서 놀게 했으니, 노래는 이렇다.

옛날 동해가에 건달파가 노닐던 성을 갔다가,

왜군이 침입했다고 봉화를 든 변방의 성이 보이더라.

세 화랑이 산 구경 오심을 듣고 달님도 부지런히 등불을 켜는데,

갑자기 하늘을 바라보고 "혜성이여" 하고 말한 사람 있구나.

아아, 달은 저 아래로 떠갔거니 보아라, 무슨 혜성이 있으랴.

# 세속오계를 가르친 원광법사

원광법사가 중국에서 유학한 뒤 귀국하니, 신라 임금과 신하들이 그를 매우 존경하여 스승으로 삼았다. 원광법사는 항상 《대승경전》을 강의했다. 이때 고구려와 백제가 늘 변방을 침범하니, 왕은 이를 몹시 걱정하여 당나라에 군사를 청하고자 법사를 불러 《걸병표》를 짓게 했다. 이 글을 보고 당나라 황제가 30만 군사를 내어 친히 고구려를 쳤다. 이로부터 법사가 유교에도 두루 통달한 것을 세상 사람은 알았다. 나이 여든넷에 세상을 떠나니 명활성 서쪽에 장사 지냈다.

이는 《수이전》 〈원광 법사전〉에 기재된 내용이다.

《속고승전》에는 원광법사가 640년에 황룡사 안에서 좌선한 채로 열반했는데, 그때 나이가 아흔아홉이었다고 한다. 또 《삼국사》 열전에 이런 기록이 남아 있다.

어진 선비로 알려진 귀산은 사량부 사람이었다. 마을의 추항과 친구가 되어 두 사람은 서로 말했다.

운문사 대광보전

화랑오계비

운문사의 처진 소나무

"우리가 사대부, 군자 들과 함께 교유하려면 먼저 마음을 바르게 하고 조신하게 처신하지 않는다면 반드시 욕을 당하는 것이다. 그러니 마땅히 어진 사람을 찾아가서 도를 물어보자!"

이때 원광법사가 수나라에 갔다가 돌아와서 가슬갑(지금의 운문사 동쪽 가서현 골짜기에 있던 절터)에 잠시 살고 있다는 말을 듣고 두 사람은 그에게 가 가르침을 청했다.

"저희는 세속의 선비라 어리석어 아는 것이 별로 없습니다. 원컨대 좋은 말씀을 주시어 평생의 경계로 삼게 해주십시오."

원광법사가 다음과 같이 세속오계를 일러주었다.

"불교에는 보살계가 있으니, 첫째는 임금을 충성으로 섬기는 일이요, 둘째는 부모를 효도로 섬기는 일이요, 셋째는 벗을 신의로 사귀는 일이요, 넷째는 싸움에 임해서는 물러서지 않는 일이요, 다섯째는 살아 있는 생물을 죽이는 데 가려서 한다는 일이다. 너희는 이 일을 실행하여 소홀히 하지 말라."

귀산 등이 말했다.

"다른 일은 모두 알겠지만 살아 있는 생물을 죽이는 데 가려서 한다는 것은 잘 이해가 되지 않습니다."

"육재일과 봄, 여름에는 죽이지 않는 것이니 이것은 시기를 가리는 것이다. 말, 소, 개 등 가축을 죽이지 않고 고기가 한 점도 되지 못하는 작은 생물을 죽이지 않는 것이니 이것은 생물을 가려 죽이라는 것이다. 또한 죽일 때도 쓸 만큼만 하고 많이 죽이지 말라는 것이다. 이것이 바로 세속의 좋은 경계인 것이다."

"지금부터 이 말을 받들어 실천하여 감히 어기지 않겠습니다."

그 후 두 사람은 전쟁에 나가서 모두 국가에 큰 공을 세웠다.

중국의 진, 수나라 때에 해동 사람으로서 바다를 건너가 도를 배운 자는 드물었으며, 혹시 있다고 해도 그 이름을 크게 떨치지는 못했다. 그러나 원광법사 이후로 계속 중국으로 배우러 간 사람이 끊이지 않았으니, 그가 선구자로서 길을 열었다고 하겠다. 그를 찬양하나니,

바다 건너 중국 땅의 구름을 헤쳐나가서
몇 사람이나 밝은 덕을 배웠던가.
옛날의 자취는 오직 푸른 산만이 남았지만,
금곡사와 원광법사의 지난 행적은 들을 수 있네.

제4장

아름답고 슬픈
사랑의 연가와 전설 이야기

해와 달의 정기를 머금은
금슬 좋은 연오랑과 세오녀

아달라왕이 즉위한 4년(157), 동해 바닷가에는 연오랑과 세오녀 부부가 살고 있었다. 어느 날 연오랑이 바다에 나가 해조를 따고 있는데 갑자기 바위 하나가 나타나더니 연오랑을 등에 싣고 일본으로 가버렸다. 이 광경을 본 일본 사람들은 비범한 사람으로 여겨서 왕으로 내세웠다.

세오녀는 남편이 집으로 돌아오지 않는 것을 이상히 여겨 바닷가에 나갔다. 세오녀는 한 바위 위에서 남편이 벗어놓은 신을 발견했다. 세오녀가 그 위에 올라갔더니 그 바위가 또 그녀를 싣고 남편이 있는 일본으로 데려갔다. 일본 사람들은 놀라고 이상히 여겨 왕에게 이 사실을 말하니, 부부가 서로 극적으로 상봉하였다. 그리고 그녀는 왕비가 되었다.

이때 신라에서는 해와 달의 광채가 사라졌다. 천문을 관측하는 관리가 왕께 아뢰었다.

"해와 달의 정기가 우리나라에서 일본으로 가버렸기 때문에 이러한 괴변이 생기는 것입니다."

왕이 일본으로 사신을 보냈다. 사신은 두 사람을 찾아 그 사정을 말하니 연오랑이 답했다.

"제가 이 나라에 온 것은 하늘이 시킨 일이라 다시 돌아갈 수가 없

연오랑과 세오녀

습니다. 그러나 여기에 왕비가 짠 고운 비단이 있으니 이것으로 하늘에 제사를 드리면 정상으로 돌아올 것입니다.”

비단을 주니, 사신이 받아서 돌아와 신라 왕께 사실대로 보고하고 하늘에 제사를 드렸다. 이후부터 해와 달의 정기가 전과 같아졌다. 이에 그 비단을 임금의 창고에 간수하고 국보로 삼으니 그 창고를 귀비고라 한다. 또 하늘에 제사 지낸 곳을 영일현, 또는 도기야라고 한다.

노래로 선화공주를 얻은 서동

백제 제30대 무왕의 이름은 장이다. 그 어머니는 일찍이 과부가 되어 서울 남쪽 연못가에 집을 짓고 살았는데, 연못 속의 용과 관계를 맺어 장을 낳았다. 어릴 때 이름은 서동으로 재주와 도량이 커서 헤아리기 어려웠다. 항상 서(마)를 캐다가 파는 것으로 생업을 삼았기 때문에 사람들은 서동이라고 불렀다.

신라 진평왕의 셋째 공주 선화가 뛰어나게 아름답다는 말을 듣고, 서동은 머리를 깎고 서울로 갔다. 마을 아이들에게 마를 주니, 친해진 아이들이 그를 따랐다. 이에 다음과 같은 동요를 지은 후 아이들을 꾀어 부르게 했다.

선화공주님은 남몰래 정을 통하고
서동 서방을 밤에 몰래 안고 간다.

이 동요가 서울에 널리 퍼져서 급기야 대궐 안에까지 들리자, 모든 벼슬아치가 임금에게 망측한 일이라고 상소를 올려 공주를 먼 곳으로 귀양 보내게 했다. 공주가 귀양지로 떠나려 할 때, 왕후는 공주를 걱정하여 순금 한 말을 주어 노자로 삼게 했다.

공주가 귀양지로 가는 도중 서동이 짐짓 나와 공주에게 절하면서 모시고 가겠다고 했다. 공주는 그의 내력을 잘 알지 못했지만 믿음이 가고 서서히 좋아하는 마음에 생겨서 그와 몰래 정분을 나누었다.

나중에 서동의 이름을 듣고 동요가 맞았음을 알았다. 그리하여

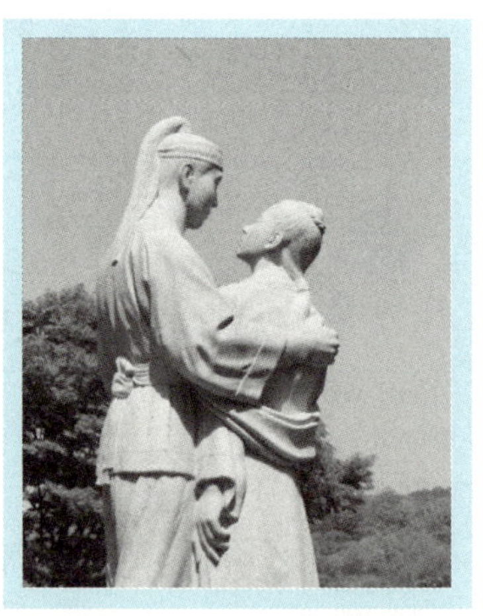

선화공주와 서동의 조각상

백제로 와서 왕후가 준 금을 꺼내놓고 앞으로 살 계획을 말하자 서동이 크게 웃고 말했다.

"이게 무엇이오?"

"이것은 황금이라는 것인데, 한 백 년 동안 부를 누리기에 충분할 것입니다."

"내가 어릴 때부터 마를 캐던 곳에 이런 덩어리를 흙더미처럼 쌓아두었소."

이 말을 들은 공주는 크게 놀라면서 말했다.

"그것은 천하에 가장 진귀한 보배이니, 그대는 지금 그 금이 있는 곳을 아시면 우리 부모님이 계신 대궐로 보내는 것이 어떻겠습니까?"

"좋소이다."

이에 금을 모아 산더미처럼 쌓아놓고, 용화산 사자사의 지명법사에게 가 이것을 보낼 방법을 물었다. 법사가 말했다.

"소승이 신통한 방법으로 보낼 터이니 금을 이리로 가져오시오."

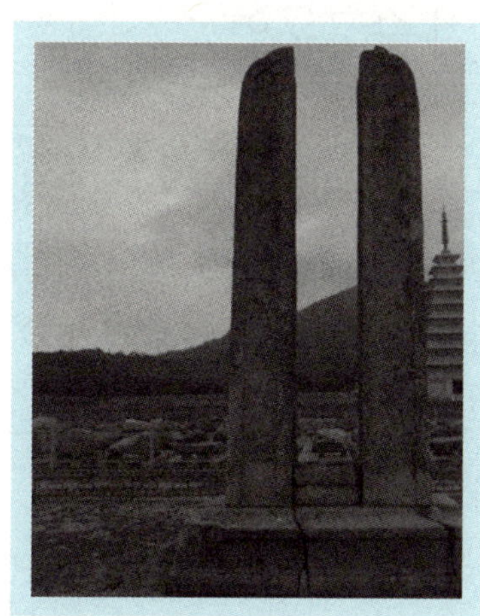

익산 미륵사지

그리하여 공주는 부모에게 보내는 편지와 함께 금을 사자사 앞에 갖다놓았다. 법사는 신통한 힘으로 하룻밤 동안에 그 금을 신라 궁중으로 보냈다. 이에 진평왕은 그 신비스러운 변화를 이상히 여겨 서동을 다시 보게 되었고, 항상 편지를 보내어 안부를 물었다. 이로부터 서동은 인심을 얻어 마침내 왕위에 올랐다.

어느 날 무왕이 부인과 함께 사자사에 가려는데, 용화산 밑 큰 연못가에 이르러 미륵 삼존이 연못 가운데서 출현하므로 수레를 멈추고 절을 올렸다. 부인이 왕에게 말했다.

"여기에 큰 사찰을 하나 지어주십시오, 제 소원입니다."

왕은 흔쾌하게 승낙했다. 지명법사에게 가 연못을 메울 방법을 물으니, 법사는 다시 신비스러운 술법을 써 하룻밤 사이에 산을 헐어 연못을 메워 평지를 만들었다. 여기에 미륵 삼존의 상을 만들고 전과 동서에 붙여 지은 건물, 탑을 각각 세 곳에 세우고 절 이름을 미륵사(혹은 왕흥사)라 했다. 이 소식을 들은 진평왕은 여러 장인을 보내서 절 짓는 것을 도왔는데, 지금까지 보존되어 있다.

용왕도 탐낸 절세미인 수로부인

성덕왕 때 순정공이 강릉 태수로 부임하는 도중 바닷가에서 점심을 먹었다. 곁에는 돌 바위로 이루어진 산봉우리가 병풍처럼 바다를 두르고 있어 그 높이가 천 길이나 되었다. 그 위에 철쭉꽃이 활짝 피어 있는데, 이것을 보고 공의 부인 수로가 사람들에게 말했다.

"내게 저 꽃을 꺾어줄 사람은 없는가?"

그러나 따르던 시종들이 말했다.

"저곳은 너무 험하여 보통 사람은 올라갈 수 없는 곳입니다."

강원도 삼척시 중산동 해가사 터에 있는 임해정

아무도 선뜻 나서지 못하고 있을 때, 한 늙은이가 암소를 끌고 길을 지나가던 중 부인의 말을 듣고는 곧바로 올라가 꽃을 꺾어 가사까지 지어서 바쳤다. 그러나 그 늙은이가 어떤 사람인지는 알 수 없었다.

그 뒤에 이틀 동안 아무 일없이 계속 길을 가던 중 임해정에서 점심을 먹는데 갑자기 바다에서 용이 나타나더니 부인을 납치하여 순식간에 바닷속으로 들어갔다. 공이 발을 구르면서 찾으려고 쫓아갔으나 그만 땅에 넘어져 구할 수가 없었다. 이때 갑자기 한 노인이 나타나더니 말했다.

"옛사람의 말에 의하면 여러 사람의 말은 쇠도 녹인다 했으니, 바닷속의 용이라 한들 여러 사람의 입을 두려워하지 않겠습니까? 마땅히 경내의 백성들을 모아 함께 노래를 지어 부르면서 지팡이로 언덕을 치면 반드시 부인을 돌려줄 것입니다."

공이 그대로 하였더니 용이 부인을 데리고 나와 도로 바쳤다. 공이 바닷속에 들어갔던 일을 물으니 부인이 말했다.

"일곱 가지 보물로 장식한 궁전에 맛난 음식과 향기롭고 깨끗한 것이 세속과는 비교할 바가 아닙니다."

부인의 옷에서 나는 야릇한 향기는 이 세상의 것이 아니었다.

수로부인은 아름다운 용모가 세상에 뛰어나 깊은 산이나 큰 연못을 지날 때마다 번번이 토착 신과 괴물에게 붙들려갔다.

당시 여러 사람이 바다를 향해 불렀던 노래의 가사는 이러했다.

거북아! 거북아! 수로부인을 내놓아라!
남의 부인 빼앗아 가면 그 죄가 얼마나 크냐.
네가 만일 거역하고 내놓지 않는다면,
그물로 잡아서 구워먹겠다.

노인의 〈헌화가〉는 이러했다.

자줏빛 바위에
끌고 가는 암소 놓고
나 부끄러워하지 않으신다면
저 꽃 꺾어 바치오리다.

분노를 춤으로 승화시킨 처용

제49대 헌강왕 때에는 신라 서라벌에서부터 지방에 이르기까지 집과 담이 이어져 있고, 초가집이 하나도 없었다. 풍악과 노랫소리가 길거리에 끊이지 않았고, 바람과 비는 사시사철 순조로웠다.

어느 날 대왕이 개운포(지금의 울산 황성동 세죽마을 일대)에서 놀다가 돌아가려고 잠시 물가에서 쉬고 있었다. 이때는 대낮인데도 갑자

기 구름과 안개가 자욱해서 길을 잃고 헤매게 되었다. 이를 괴상히 여긴 왕이 좌우 신하들에게 물으니, 일관이 아뢰었다.

"이것은 동해 용의 조화이오니 마땅히 좋은 일을 해서 풀어야 할 것입니다."

이에 왕은 일을 맡은 관원에게 명하여 용을 위해 인근에 절을 세우게 했다. 왕이 명령을 내리자 곧 구름과 안개가 걷혔으므로 그곳을 개운포라 불렀다. 동해의 용은 기뻐하며 자신의 아들 일곱을 거느리고 나타나 왕의 덕을 찬양하며 춤을 추고 음악을 연주했다. 그중 한 아들이 왕을 따라 서라벌로 들어가서 왕의 정사를 도우니 그의 이름을 처용이라 했다. 왕은 아리따운 여자를 처용의 아내로 삼아 머물도록 하고 급간이라는 관직까지 주었다.

처용의 아내는 무척 아름다웠다. 그래서 그녀를 흠모한 역신이 사람으로 변신하여 밤에 그 집에 가 남몰래 동침했다. 처용이 밖에서 돌아왔을 때 두 사람이 누워 있었다. 이 모습에 처용은 노래를 부르고 춤추면서 물러 나왔다. 이 노래 〈처용가〉는 이렇다.

서라벌 밝은 달에 밤늦게까지 노닐다가

집 들어와 누울 자리를 보니 가랑이가 넷일세.

둘은 내 아내 것이고 나머지 둘은 뉘 것인고.

본디 내 아내지만 이제 빼앗겼으니 어찌할꼬.

그때 본모습을 드러낸 역신이 처용 앞에 꿇어앉아 말했다.

"제가 공의 아내를 사모하여 큰 잘못을 저질렀으나 공은 노여워하지 않으니 감동하여 아름답게 여기는 바입니다. 맹세코 이제부터는 공의 모습을 그린 것만 보아도 그 문 안에 들어가지 않겠습니다."

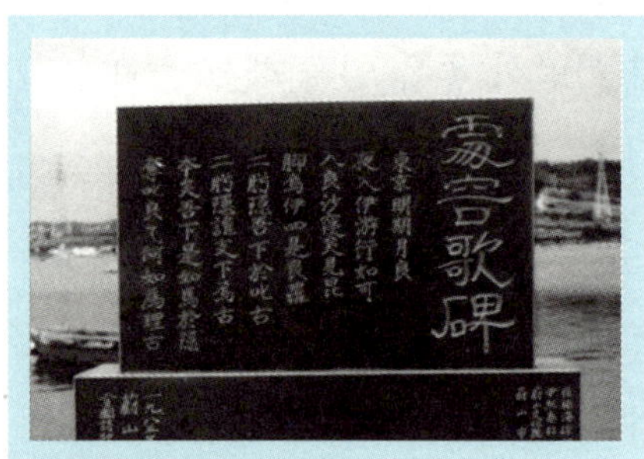

처용가비

망해사

이 일을 계기로 사람들은 처용의 형상을 문에 그려 붙여 사악한 귀신을 물리치고 경사스러운 일을 맞아들이게 되었다.

왕은 서라벌로 돌아와 이내 영취산 동쪽 기슭의 경치 좋은 곳을 골라 절을 세우고 이름을 망해사(울주 청량면 율리에 있는 절)라 했다. 또는 이 절을 신방사라고 했으니, 이는 용을 위해서 세운 것이다.

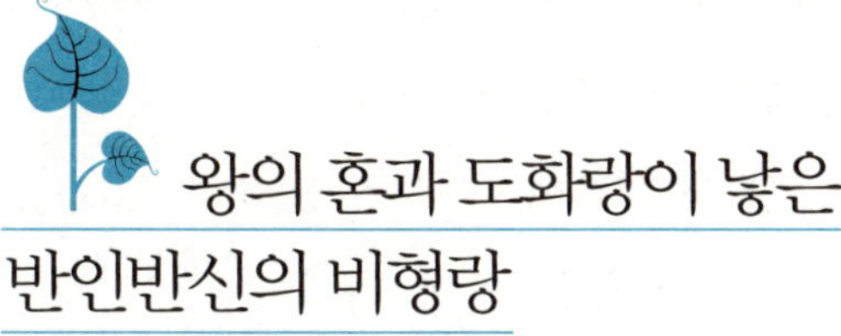

왕의 혼과 도화랑이 낳은 반인반신의 비형랑

사륜왕의 시호는 진지왕으로, 성은 김씨이다. 그는 576년에 왕위에 올랐다. 왕비는 기오공의 딸 지도부인이다. 나라를 다스린 지 4년에 주색에 빠져 음란하고 정사가 어지러워지자 나라 사람들은 그를 폐위시켰다.

폐위되기 전, 사량부 어떤 민가의 여인 하나가 얼굴이 곱상하고 아름다웠는데, 당시 사람들은 그녀를 가리켜 도화랑이라고 불렀다. 왕이 이 소문을 듣고 궁중으로 불러들여 강제로 관계를 맺으려고 하니 여인이 말했다.

"여자는 두 남편을 섬기지 않는 법입니다. 지금 저에게 남편이 있으니 비록 지엄한 제왕의 위엄을 가지고도 마음대로 안 될 것입니다."

"너를 처형시킨다면 어찌할 것이냐?"

"차라리 저잣거리에서 처형을 당할지언정 원치 않습니다."

아쉬운 마음이 든 왕이 이렇게 말했다.

"그러면 남편이 없으면 허락하겠는가?"

"네, 그때 가서 생각해보겠습니다."

왕은 그녀를 놓아 보내주었는데, 이 해에 왕은 폐위되고 죽었다. 그 후 2년 만에 도화랑의 남편 또한 죽었다.

남편이 죽은 지 10일이 지난 어느 날, 밤중에 갑자기 왕이 살아생전의 모습으로 여인의 방에 나타나 말했다.

"네가 예전에 남편이 없으면 생각해본다고 말한 적이 있지 않느냐? 이제 네 남편이 없으니 어떠하냐?"

여인이 쉽게 결정하지 않고 부모에게 먼저 아뢰니 그 부모가 대답했다.

"지엄하신 임금의 말씀인데 어찌 마냥 피할 수만 있겠느냐?"

그리하여 딸이 왕과의 동침을 허락했다. 왕은 일곱 날 동안 그 집에서 머물렀는데 오색구름이 집을 덮었고 향기는 방 안에 가득하였다. 일곱 날 후에 왕이 갑자기 사라졌는데, 여인은 이내 태기가 있었다. 달이 차서 해산할 때에 천지가 진동했고, 곧 한 사내아이를 낳으니 이름은 비형이었다.

진평왕이 그 이상한 소문을 듣고 아이를 궁중에 데려다 길렀고, 열다섯이 되던 해에 집사라는 벼슬을 주었다. 그런데 비형은 밤마다 멀리 달아나서 놀곤 하였다. 왕은 용감한 병사 50명을 시켜서 지키도록 했으나, 그는 언제나 월성을 날아 넘어가 서쪽 황천 언덕 위에 가서는 귀신들을 데리고 노는 것이었다. 병사들이 숲 속에 엎드려 엿보았더니 귀신의 무리가 주변 절에서 들려오는 새벽 종소리를 듣고 각각 흩어져 가버리면 그제야 비형도 궁전으로 돌아왔다. 병사들이 이 사실을 왕께 보고했고, 왕은 비형을 불러 말했다.

"네가 밤마다 귀신들을 데리고 노닌다는데 그게 사실인가?"

"그렇습니다."

"그러면 너는 그 귀신들을 데리고 신원사 북쪽 개천에 다리를 놓도록 해라."

비형은 왕명을 받들어 귀신들을 시켜서 하룻밤 사이에 큰 다리를 놓았다. 그래서 다리 이름을 귀신다리라고 했다. 왕이 또 물었다.

"귀신들 중 사람으로 모습을 드러내서 조정의 정사를 도울 만한 자가 있는가?"

"네, 길달이라는 자가 있는데 정사를 도울 만합니다."

"그러면 한번 데리고 오도록 하라."

이튿날 그를 데리고 와 왕께 인사를 올리니 왕은 그에게 집사 벼슬을 주었다. 그는 과연 충성스럽고 정직하기가 비할 데 없었다. 이때 각간 임종이 아들이 없었으므로 왕은 명령하여 길달을 그 아들로 삼게 했다.

임종은 길달을 시켜 흥륜사 남쪽에 문루를 세우게 하고, 밤마다 그 문루 위에 가서 자도록 했다. 그러자 사람들은 그 문루를 길달문이라고 불렀다. 어느 날 길달이 갑자기 여우로 변하여 도망갔다. 이에 비형은 귀신들로 하여금 그를 잡아 죽이게 만들었다. 이 일을 계기로 귀신들은 비형의 이름만 들어도 두려워하여 달아났다. 당시 사람들은 글을 지어 말했다.

성스러운 왕의 넋이 강림하여 아들을 낳았으니,

비형랑이 바로 그 증거일세.

천방지축으로 날뛰는 귀신들은,

이곳에는 아예 얼씬거리지 말라.

시골 풍속에 이 글을 써 붙이면 귀신을 물리친다고 믿었다.

까마귀와 쥐 덕에
간통을 발견하고 목숨을 부지한 소지왕

제21대 비처왕(소지왕)이 즉위한 지 10년(488) 되던 해, 그는 천천정에 행차했다. 이때 까마귀와 쥐가 와서 울더니 쥐가 사람처럼 말했다.

"이 까마귀가 가는 곳을 따라가 찾아보시오."

왕은 병사에게 명하여 까마귀를 뒤쫓게 하였는데, 남산 동쪽 기슭의 피촌 마을에 이르니 돼지 두 마리가 싸우고 있었다. 병사는 그 광경을 바라보다가 문득 까마귀가 날아간 곳을 잃어버리고 길에서 헤매었다. 이때 한 노인이 연못 속에서 나와 글을 올렸는데, 그 글 겉봉에는 이렇게 쓰여 있었다.

'이 글을 떼어보면 두 사람이 죽을 것이요, 떼어보지 않으면 한 사람이 죽을 것입니다.'

"두 사람을 죽게 하느니보다는 차라리 떼어보지 않아 한 사람만 죽게 하는 것이 낫겠다."

이때 일관이 아뢰었다.

"두 사람이라 한 것은 서민이요, 한 사람이란 바로 왕을 지칭하는 것입니다."

왕이 그 말을 듣고 놀라서 글을 떼어보니 거문고 갑을 쏘라는 글이 적혀 있었다. 이에 왕은 곧 궁중으로 들어가 거문고 갑을 쏘니, 그 속에는 궁궐 내전에서 향불을 피우고 수도하는 승려가 궁주와 은밀히 간통하고 있었다. 결국 두 사람을 사형에 처했다. 이로부터 나라 풍속에 해마다 정월 첫째 돼지, 쥐, 말날에는 모든 일을 조심스레 하고 함부로 움직이지 않았다. 그리고 보름을 오기일이라 하여 찰밥을 지어 제사 지냈는데 이런 일은 지금까지도 계속 행해지고 있다. 항간에서는 이것을 '달도'라고 하는데, 슬퍼하고 조심하며 모든 일을 삼간다는 뜻이다. 또 노인이 나온 연못을 서출지라고 했다.

꿈속에서 허무한 사랑의 진실을 깨달은 조신

옛날 서라벌 세규사(흥교사)의 장원이 멀리 명주 날리군(영월)에 있었다. 그런데 본사에서 승려 조신을 보내 장원을 맡아 관리하게 했다.

조신이 장원에 와 태수 김흔공의 딸을 짝사랑하게 되었다. 그리하여 자주 낙산사 관음보살 앞에 가서 몰래 그 여인과 살게 해달라고 빌었다. 그러나 몇 해가 지난 사이, 그 여인에게는 이미 배필이 생겼다. 그는 또 관음보살을 모신 불당에서 자기의 소원을 들어주지 않는다고 원망하며 날이 저물도록 슬피 울다가, 그리워하는 마음을 이기지 못한 채 잠깐 잠이 들었다.

꿈속에 갑자기 김흔공의 딸이 아주 기쁜 낯빛을 한 채 문으로 들어와 활짝 웃으면서 말했다.

"저도 일찍이 스님을 잠깐 뵙고 마음속으로 사모하여 잠시도 잊지 못했습니다. 그러나 부모님의 분부에 못 이겨 억지로 딴 사람에게 시집갔습니다. 하지만 뒤늦게 후회스러워 이렇게 찾아왔는데, 당신의 아내가 되고 싶습니다."

이에 조신은 매우 기뻐하여 그녀와 함께 고향으로 돌아와 40여 년간 같이 살았다. 그 사이에 자녀 다섯을 두었는데 매우 가난하여 집에는 오직 네 벽만 있고, 간단한 음식마저도 제때에 먹을 수가 없어 몰골이 말이 아니었다. 이에 식구들을 이끌고 사방으로 다니며 걸식하며 지냈다.

이렇게 10년 동안 초야로 돌아다니니, 누더기 옷을 걸치고 찢어져 제대로 몸도 가릴 수 없는 처량한 신세가 되었다. 때마침 명주 해현령을 지나는데 열다섯 되는 큰아이가 여러 날 음식을 먹지 못해 굶어 죽자 대성통곡하면서 길가에 묻어주었다.

남은 네 식구를 데리고 그들 내외는 우곡현에 이르러 길가에 임시로 띳집을 짓고 살았다. 이때 내외는 늙고 병들었다. 게다가 굶주려서 제대로 일어나지 못하니 열 살 된 계집아이가 밥을 걸식하여 연명하였다.

어느 날, 딸아이가 이웃 마을에 걸식 다니다가 개에게 물려서 돌아왔다. 참을 수없이 아파하면서 집 앞에 와 누워버리니 부모도 목이 메어 흐느끼고 눈물만 줄줄 흘렸다. 도저히 참지 못한 부인이 눈물을 씻더니 갑자기 말했다.

"제가 처음 그대를 만났을 때는 용모도 늠름하고 젊었으며 옷도 깨끗했었습니다. 단지 한 가지 음식만 있어도 그대와 맛있게 나누어 먹고, 옷 한 가지도 그대와 나누어 입으면서 집 나온 오십 년 동안에 후회하지 않았습니다. 그러니 그 친밀한 정과 굳건한 사랑은 참으로 전생부터 맺어온 두터운 인연의 결과라고 할 수 있습니다. 그러나 지금은 날로 쇠약해져 병이 깊어지고 굶주림과 추위도 날로 더해지는데, 남의 집 곁방살이에 하찮은 음식조차도 빌려 얻을 수가 없게 되었습니다. 또 이젠 문전걸식하는 부끄러움이 산처럼 무거워 견딜 수가 없습니다. 게다가 아이들이 추워하고 배고파해도 미처 돌봐주지 못하는데 어느 겨를에 부부간의 애정을 계속 유지할 수가 있겠습니까? 붉은 얼굴과 예쁜 웃음도 풀 위의 이슬이요, 지초와 난초 같은 약속도 바람에 나부끼는 버들가지입니다. 이제 그대는 나 때문에 더욱 괴롭고 나는 그대 때문에 더 근심이 됩니다. 가만히 지난 일을 돌이켜 생각해보니, 그것이 바로 우환의 시작이었습니다. 어찌하여 그대와 나의 신세가 이렇게 처량하게 되었습니까? 뭇 새가 다 함께 굶어 죽는 것보다는 차라리 짝 잃은 난새가 거울을 향하여 짝을 부르는 것만 못할 것입니다. 추우면 버리고 더우면 친한 것은 사람의 의리로 차마 할 수 없는 일이지만, 나아가고 그치는 것은 사람의 힘으로 되는 것이 아닙니다. 헤어지고 만나는 것도 운수가 있으니, 우리 그 말을 따라 헤어지기로 합시다.”

조신이 이 말을 듣고 크게 공감하고, 각각 아이 둘씩 데리고 장차 떠나려 하는데 여인이 말했다.

“나는 고향으로 갈 테니, 당신은 남쪽으로 가십시오.”

그리하여 서로 작별하고 길을 떠나려 하는데 꿈에서 깨었다. 곁에 타다 남은 등잔불이 깜박거리고 밤도 이제 새려고 했다. 아침이 되니 수염과 머리털은 모두 희어졌고 망연자실하여 세상일에 전혀 뜻이 없어졌다. 고해 속에 살아가는 것도 싫어졌고 마치 한평생의 고생을 다 겪고 난 것과 같아 재물을 탐하는 마음도 얼음 녹듯 깨끗이 사라졌다.

또한 관음보살의 상을 대하기가 부끄러워지고 잘못을 뉘우치는 마음을 참을 길이 없었다. 이에 그는 돌아와 꿈속 해현에 묻은 아이를 파보니 그곳에는 바로 돌미륵이 있었다. 물로 깨끗이 씻어 근처에 있는 절에 모시었다. 그러고는 서울로 돌아가 장원을 맡은 책임을 내놓고 사재를 내 정토사를 세워 부지런히 착한 일을 했다. 그 후에 어디서 세상을 마쳤는지 알 수가 없다. 논평하는 자가 말했다.

“이 전기를 읽고 나서 책을 덮고 지나간 일을 돌이켜 생각해보니 어찌 조신의 꿈만이 그렇겠느냐. 지금 모두가 속세의 즐거움만 알아 기뻐하고, 이를 천년만년 누릴 욕심에 발버둥치지만 이는 다 부질없는 욕심임을 깨달아야 한다.”

이에 시를 지어 경계하노라.

잠시 유쾌한 마음으로 즐거웠는데,

어느새 근심 속에 늙어버렸네.

모름지기 좁쌀밥이 다 익기를 기다리지 말고,

인생이 덧없는 꿈같음을 깨달을 것을.

몸 다스리는 여부는 성의에 달려 있는데,

홀아비는 미인을 꿈꾸고 도둑은 재물 엿보네.

가을날 하룻밤 꿈만으로

어찌 한순간 청량한 세상에 이르리오.

여의주를 얻어 사랑받던 사미승 묘정

원성왕은 황룡사의 승려 지해를 대궐 안으로 청하여 《화엄경》을 50일 동안 강의하게 했다. 이때 지해는 심부름할 사미승 묘정을 데리고 입궐했다. 그런데 묘정이 매번 금광정가에서 바리때(승려가 쓰는 밥그릇)를 씻을 때 자라 한 마리가 우물 속에서 떴다가는 다시 가라앉곤 하므로 늘 먹다 남은 밥을 자라에게 주면서 장난을 쳤다. 왕과 약속한 50일이 다 되어갈 무렵 사미승 묘정은 자라에게 말했다.

"내가 너에게 오랫동안 은덕을 베풀었는데 무엇으로 보답하려는가?"

며칠 후 그 자라는 조그만 구슬 한 개를 입에서 토하더니 묘정에게 주었다. 묘정은 그 구슬을 허리띠 끝에 달았다. 그 후부터 대왕이 묘정을 보고는 사랑하고 소중히 여겼는데, 대왕은 자기 곁에서 묘정이 떠나지 못하게 했다.

그러던 어느 날, 잡간 한 사람이 당나라에 사신으로 가게 되었다. 그도 묘정을 어여삐 여겼기에 같이 가기를 청하였고, 왕이 허락했다. 이들이 함께 당나라에 들어가니 황제 역시 묘정을 보자 매우 사랑하게 되고 승상과 좌우 신하들도 모두 그를 존경하고 신뢰했다. 이때 관상 보는 사람 하나가 황제에게 아뢰었다.

"사미승을 살펴보니 하나도 길한 상이 없는데 남에게 신뢰와 존경을 받으니 틀림없이 신비한 물건을 가졌을 것입니다."

황제가 사람을 시켜 몸을 뒤져보니 허리띠 끝에 조그만 구슬이 매달려 있었다. 황제가 말했다.

"과인에게 여의주 네 개가 있었는데 지난해에 한 개를 잃어버렸다. 이 구슬을 보니 과인이 잃은 그 구슬이 맞다."

황제가 묘정에게 구슬을 얻게 된 연유를 물었기에 묘정은 사실대로 고백했다. 황제가 생각하니 구슬을 잃어버렸던 날짜가 묘정이 구

여의주를 물고 있는
은하사 범종루 장식

126

슬을 얻은 날과 똑같았다. 황제가 그 구슬을 도로 빼앗아 두고 묘정을 돌려보냈다. 그 이후로는 아무도 묘정을 사랑하지도 않고 신뢰하지도 않았다.

짝 잃은 앵무새에게 거울을 준 흥덕왕

제42대 흥덕왕이 826년에 즉위한 지 얼마 되지 않았을 때, 어떤 사람이 당나라에 사신으로 갔다가 앵무새 한 쌍을 가지고 와 바쳤다. 머지않아 암놈이 죽자 홀로 남은 수놈은 슬피 울기를 그치지 않았다. 왕은 사람을 시켜 앵무새 앞에 거울을 걸어놓게 했다. 앵무새는 거울 속의 그림자를 보고는 제 짝을 얻은 줄 알고 그 거울을 쪼았다. 그러나 곧 제 그림자인 것을 알고는 서글피 울다 죽었다. 이에 왕은 그 새를 기리는 노래를 지었다고 하나 가사는 알 수 없다.

흥덕왕릉

못생긴 공주와 결혼하여 왕이 된 응렴

경문왕의 이름은 응렴으로, 그는 나이 열여덟에 국선이 되었다. 스무 살이 되자 헌안왕이 낭을 불러 궁중에서 잔치를 베풀며 물었다.

"국선인 낭은 사방을 돌아다니면서 특별한 일을 본 적이 있는가?"

"신은 아름다운 행실이 있는 사람 셋을 보았습니다."

"그 이야기를 나에게 들려주게."

"첫째는 남의 윗자리에 있을 만한 사람이면서도 겸손하여 남의 밑에 있는 사람이고, 둘째는 세력 있고 부자이면서도 옷차림을 검소하게 한 사람이고, 셋째는 본래부터 귀하고 세력이 있으면서도 그 위력을 부리지 않는 사람이었습니다."

왕은 낭이 어질다는 것을 알고는 눈물을 흘리며 말했다.

"과인에게 두 딸이 있는데, 낭의 배필로 삼게 하리라."

낭은 자리에서 일어나 다른 곳으로 피하면서 절하고는 머리를 굽히며 물러갔다. 이 사실을 부모에게 말하니, 부모는 놀라고 기뻐하여 그 자제들을 모아 의논하였다.

"왕의 맏이 공주는 얼굴이 매우 초라하고 둘째 공주는 매우 아름다우니, 둘째 공주에게 장가가는 것이 좋겠다."

낭의 무리 중 으뜸인 범교사가 이 말을 듣고 응렴에게 물었다.

"대왕께서 공주를 공의 아내로 주고자 한다는데 사실입니까?"

"부모님께서 나에게 둘째 공주가 좋다고 하십니다."

128

"낭이 만약 둘째 공주에게 장가든다면 나는 반드시 낭의 면전에서 죽을 것이며, 맏이 공주에게 장가든다면 반드시 세 가지 좋은 일이 있을 것이니 살피십시오."

"그 말대로 하겠습니다."

얼마 후, 왕은 날을 가려서 낭에게 사신을 보내어 말했다.

"두 딸을 공의 의사대로 결정하게."

사신이 돌아와서 낭의 의사대로 임금께 아뢰었다.

"맏이 공주를 받들겠다고 합니다."

3개월 뒤, 왕은 병이 위독하여 여러 신하를 불렀다.

"내게 남손이 없으니 죽은 후의 일은 마땅히 맏딸의 남편 응렴이 이를 계승해야 할 것이다."

그 이튿날, 왕이 세상을 떠나니 낭은 유언을 받들어 왕위에 올랐다. 이에 범교사는 경문왕에게 나가 아뢰었다.

"제가 아뢰었던 세 가지 좋은 일이 모두 이루어졌습니다. 맏이 공주에게 장가들어 이제 왕위에 오른 것이 그 첫째이고, 전에 흠모하던 둘째 공주에게 이제 쉽게 장가들 수 있음이 그 둘째이고, 맏이 공주에게 장가들어 왕과 부인께서 매우 기뻐하게 됨이 그 셋째입니다."

왕은 그 말을 고맙게 여겨 대덕이라는 벼슬과 함께 금 130냥을 주었다. 왕이 세상을 떠난 뒤, 시호를 경문이라고 했다.

호랑이 처녀를 사랑한 김현

신라 풍속에 해마다 2월이 되면, 초파일에서 보름까지 서울의 남녀가 다투어 흥륜사의 전탑을 돌면서 복을 비는 모임을 가졌다.

원성왕 때, 김현이라는 사람이 밤이 깊도록 혼자서 탑을 돌기를 쉬지 않았다. 그때 한 처녀가 염불을 하면서 따라 돌다가 서로 마음이 맞아 눈빛을 주고받더니 탑돌이를 마치자마자 으슥한 곳을 찾아 정을 통하였다. 일을 마치고 처녀가 돌아가려 하자 김현이 따르니 처녀는 극구 사양하고 거절했다. 그러나 김현은 억지로 따라갔다. 처녀는 서산 기슭에 이르러서 한 초가집으로 들어가니 늙은 할머니가 처녀를 맞이하며 물었다.

"더불어 온 낭군은 누구시냐?"

처녀가 사실대로 말하자 늙은 할머니는 말했다.

"아무리 좋은 일이라도 없는 것만 못하다. 그러나 이미 저지른 일이어서 나무랄 수도 없으니 은밀한 곳에 숨겨라. 네 오빠들이 알면 무슨 나쁜 짓을 할지 두렵다."

그러고는 김현을 이끌어 구석진 곳에 숨겼다. 조금 뒤에 세 마리 범이 으르렁거리며 들어와 사람처럼 말했다.

"집에서 비린내가 나네. 요깃거리가 있는 것 같으니 다행이다."

늙은 할머니와 처녀가 꾸짖었다.

"무슨 헛소리를 하느냐? 너희가 잘못 냄새를 맡은 것이다!"

이때 하늘에서 쩌렁쩌렁 외치는 소리가 들렸다.

"너희가 즐겨 생명을 해치는 것이 헤아릴 수 없으니, 마땅히 한 놈을 죽여 악을 징계하겠다."

세 호랑이가 이 소리를 듣자마자 모두 근심에 빠졌다. 이에 처녀 호랑이가 말했다.

"세 분 오빠께서 만약 멀리 피해 가 스스로 자숙하신다면 내가 대신 벌을 받겠습니다."

이 말을 들은 세 호랑이는 모두 기뻐하여 고개를 숙이고 꼬리를 치며 달아났다. 처녀 호랑이가 들어와 김현에게 말했다.

"처음에 저는 낭군이 우리 집에 오시는 것이 부끄러워 짐짓 사양하고 거절했습니다. 그러나 이제는 숨김없이 감히 진심을 말씀드리겠습니다. 또 저와 낭군은 비록 종족은 다르지만 하루 저녁의 즐거움을 얻어 깊은 부부의 인연을 맺었습니다. 세 오빠의 악함은 하늘이 이미 미워하시니 한 집안의 재앙을 제가 당하려 하오나, 생판 모르는 사람의 손에 죽는 것보다는 낭군의 칼날에 죽어서 은덕을 갖고자 합니다. 제가 내일 시가지로 들어가 사람들을 해치면 백성들은 저를 어찌할지 모르고 당황할 것입니다. 그러면 반드시 임금께서 높은 벼슬을 걸고 용사를 모집하여 저를 잡게 할 것입니다. 그때 낭군은 겁내지 말고 저를 쫓아 성 북쪽의 숲 속까지 오시면 제가 기다리고 있겠습니다."

"대개 사람끼리 사귐은 인륜의 도리이고, 다른 종족과의 사귐은 떳떳하게 내세울 만한 일이 아니오. 그러나 일이 기왕 이렇게 되었으니 진실로 하늘이 정해준 인연이라 할 수 있소. 그런데 어찌 나만을 위해 배필의 죽음을 팔아 한 세상의 벼슬을 바라겠소.”

“낭군은 그런 말씀을 하지 마십시오. 이제 제가 일찍 죽는 것은 하늘의 명령이며, 또한 저의 소원이요, 낭군의 경사이며, 우리 일족의 복이요, 백성들의 기쁨입니다. 한 번 죽어 다섯 가지 이로움을 얻을 수 있는 터에 어찌 그것을 마다하겠습니까? 단지 저를 위해 절을 짓고 불경을 강론하여 좋은 과보를 얻는 데 도움이 되게 해주십시오. 그러면 낭군의 은혜는 이보다 더 큰 것이 없겠습니까?”

그들은 마침내 서로 울면서 작별했다.

다음 날, 과연 사나운 호랑이가 성 안에 들어와서 사람들을 해치니 감히 당해낼 수 없었다. 원성왕이 듣고 명을 내렸다.

“범을 잡는 사람에게 이등급의 벼슬을 내리겠다.”

김현이 대궐에 나아가 아뢰었다.

“소신이 잡겠습니다.”

왕은 먼저 벼슬을 주고 격려하였다. 김현이 칼을 쥐고 숲 속으로 들어가니, 호랑이는 이미 낭자의 모습으로 변한 채 반갑게 웃으면서 맞이했다.

“어젯밤에 낭군과 마음속 깊이 이야기했던 것을 잊지 마십시오. 오늘 내 발톱에 상처를 입은 사람들은 모두 흥륜사의 간장을 바르고 그 절의 나발 소리를 들으면 나을 것입니다.”

그러고는 김현의 칼을 뽑아 스스로 목을 찔러 죽었다. 이에 김현이 숲 속에서 나와 사람들에게 말했다.

“내가 호랑이를 잡아 죽였다.”

하지만 자세한 연유를 숨긴 채 호랑이에게 다친 사람들의 상처를 시킨 대로 치료해주었다. 당시 민가에서는 호랑이에게 상처를 입으면 역시 그 방법을 썼다.

김현은 벼슬에 오르자 서천가에 절을 지어 호원사라 하고 항상 《범망경》을 강론하여 호랑이 처녀의 저승길을 인도했다. 또한 호랑이가 제 몸을 죽여 자기를 성공하게 해준 은혜에 보답했다.

김현은 죽을 때에 지나간 일의 기이함에 깊이 감동하여, 이를 붓으로 적어 세상에 알리고 그 글을 《논호림》이라 했는데 지금까지도 그렇게 불린다. 호랑이 처녀를 기려서 찬양하나니,

산가의 세 호랑이 오라비 죄악이 많아,
누이가 대신 벌 받기로 승낙했네.
다섯 가지 의로움에 초개와 같이 죽음을 선택하고,
숲 속에서 떨어지는 꽃잎처럼 사라졌도다.

서해 용왕의 딸과 결혼한 거타지

진성여왕 때의 아찬 양패는 왕의 막내아들이었다. 당나라에 사신으로 갈 때, 후백제의 해적들이 진도에서 길을 막는다는 말을 듣고 활 쏘는 궁수 50명을 뽑아 따르게 했다. 배가 곡도(지금의 백령도)에 이르니 풍랑이 크게 일어나 열흘가량 묵게 되었다. 양패공은 이런 상황을 근심하여 사람을 시켜 점을 치게 했다.

"섬에 신비스러운 못이 있으니 그곳에서 제사를 지내면 좋겠습니다."

이에 못 위에 제물을 차려놓자 못의 물이 한 길이나 넘게 치솟았다. 그날 밤, 양패공의 꿈에 노인이 나타나 말했다.

"활을 잘 쏘는 궁수 하나를 이 섬 안에 남겨두면 순풍을 얻을 것이오."

양패공이 깨어 그 일을 좌우에게 물었다.

"어떤 궁수를 남겨두는 것이 좋겠소?"

여러 사람이 말했다.

"나무 조각 오십 개에다 궁수들의 이름을 각각 써서 가장 먼저 물에 가라앉는 사람을 남게 하면 될 것입니다."

공은 이 말에 따라 제비를 뽑았다. 이때 군사 중 거타지의 이름이 가장 먼저 물에 잠겼으므로 그를 남겨두었더니 드디어 순풍이 불어서 배는 거침없이 잘 나아갔다. 거타지는 조신하게 섬 위에 서 있는데 갑자기 노인 하나가 못 속에서 나와 말했다.

"나는 서해바다의 신인 서해약이오. 승려 하나가 해가 뜰 때면 늘 하늘로부터 내려와 다라니의 주문을 외면서 이 연못가를 세 번 돌면 우리 부부와 자손들이 물 위에 뜨게 되오. 그러면 승려가 내 자손들의 간을 빼어 먹었소. 이제는 오직 우리 부부와 딸 하나만이 남아 있는데, 내일 아침에 그 승려가 오면 그대는 활로 쏘아주시오."

거타지가 말했다.

"활 쏘는 일이라면 제 장기이니 명령대로 하겠습니다."

노인은 고맙다는 인사를 하고 물속으로 들어갔다. 그리고 거타지는 몰래 숨어 기다렸다.

다음 날, 동쪽에서 해가 뜨자 과연 승려 하나가 오더니 노인이 말한 대로 주문을 외면서 늙은 용의 간을 빼어 먹으려 했다. 이때 거타지가 활을 쏘아 맞히니 승려는 이내 늙은 여우로 변하여 땅에 쓰러져 죽었다. 이에 노인이 나와 그 공을 치사하였다.

"공의 은덕으로 내 생명을 보전하게 되었으니 내 딸을 공의 아내로 드리겠소."

"따님을 저에게 주시고 저를 저버리지 않는다면 참으로 황송할 따름입니다."

노인은 그 딸을 한 가지의 꽃으로 변하게 해서 거타지의 품속에 넣어주고, 두 용에게 명하여 거타지를 모시고 사신의 배를 따라 그 배를 호위하여 당나라에 들어가도록 했다. 당나라 사람이 신라 사신의 배를 용 두 마리가 호위하고 있는 것을 보고 이 사실을 황제에게 아뢰니, 황제가 말했다.

"신라의 사신은 필경 비범한 인물일 것이다."

이에 잔치를 베풀어 여러 신하의 윗자리에 앉히고 금과 비단을 후하게 주었다. 본국으로 돌아오자 거타지는 꽃가지를 내어 여자로 변하게 하여 함께 행복하게 살았다.

용머리

언니가 꾼 꿈을 사 왕비가 된 문희

문희와 보희는 김유신의 누이들이다. 어느 날 언니 보희가 꿈에 서쪽 산에 올라가서 오줌을 누는데 오줌이 서라벌 안에 가득했다. 다음 날 아침, 동생에게 꿈 이야기를 하자 문희가 보희에게 말했다.

"그 꿈을 내게 파시오."

"무엇으로 사려 하느냐?"

"비단 치마를 주면 되겠지요."

동생이 옷깃을 벌리고 받으려 하자 언니가 말했다.

"어젯밤 꿈을 네게 준다."

이에 동생은 비단 치마로 값을 치렀다.

열흘이 지나 정월 보름날, 김춘추는 유신의 집 앞에서 공을 찼다. 이때 유신은 일부러 춘추의 옷을 밟아서 옷고름을 떨어뜨리게 하고 말했다.

"저희 집에 들어가서 옷고름을 달도록 합시다."

춘추공은 그 말을 따랐다. 유신이 보희를 보고 옷을 꿰매드리라 하니 보희는 사양하면서 말했다.

"어찌 그런 사소한 일로 가벼이 귀공자와 가까이한단 말입니까?"

이에 유신은 문희에게 대신 시켰다. 춘추공은 유신의 뜻을 알고 드디어 문희와 정을 통하였다. 그러고는 이로부터 자주 왕래했다. 유신은 그 누이가 임신한 것을 알고 짐짓 꾸짖었다.

"너는 부모님도 모르게 임신을 하였으니, 이 무슨 해괴망측한 일이냐?"

그러고는 온 나라 안에 누이를 불태워 죽인다고 소문을 냈다. 어느 날 선덕여왕이 남산에 행차한 틈을 타서 유신은 마당 가운데 나무를 쌓아 놓고 불을 질렀다. 연기가 일어나자 여왕이 바라보고 무슨 연기냐고 물으니 좌우의 신하들이 말했다.

"유신이 누이동생을 불태워 죽이려고 하나 봅니다."

여왕이 그 까닭을 물으니, 그의 누이동생이 남편도 없이 임신했기 때문이라고 했다. 여왕은 그게 누구 소행이냐고 물었다. 이때 춘추공은 여왕을 모시고 앞에 있다가 얼굴빛이 몹시 변했다. 그 모습을 본 여왕은 알아채고 말했다.

"자네의 소행인 듯하니 서둘러 구하도록 하라."

춘추공은 말을 달려 문희를 죽이지 말라는 왕명을 전하고, 얼마 후에 정식으로 허락을 받아 혼례를 올렸다. 654년에 진덕여왕이 세상을 떠나자 춘추공이 왕위에 올랐다. 태자 법민과 각간 벼슬을 지냈던 인문, 문왕, 노단, 지경, 개원 등은 모두 문희 소생의 아들들이었으니, 과거에 꿈을 샀던 징조가 여기에 나타난 것이다. 서자로는 벼슬이 급벌찬이었던 개지문과 국상을 지냈던 거득, 아찬을 지냈던 마득이 있고 딸까지 합치면 모두 다섯 명이다.

원효대사와 요석공주의 아들 설총

일찍이 원효대사는 미치광이처럼 거리에서 이런 노래를 불렀다.

누가 자루 없는 도끼를 내게 빌려주겠는가.
나는 하늘 떠받칠 기둥을 찍으련다.

하지만 사람들은 아무도 그 노래의 뜻을 알지 못했다. 이때 태종이
이 노래를 듣고 말했다.

"이 스님은 필경 귀부인을 얻어서 훌륭한 아들을 낳고 싶어 하는
구나. 이 나라에 큰 현인이 태어난다
면 이보다 더 큰 경사는 없을 것이다."

이때 요석궁에 과부 공주가 있었는
데 왕이 궁리에게 명하여 원효를 찾아
데려가라 했다. 궁리가 명을 받들어
원효를 찾으니, 그는 이미 남산에서
내려와 문천교를 지나다가 만났다. 이
때 원효는 일부러 물속에 빠져서 옷을
적셨다. 궁리가 원효를 요석궁에 데리
고 가 옷을 말리고 그곳에 쉬면서 머
물게 했다.

일본 교토 고산사의 원효대사

　얼마 후, 공주는 과연 태기가 있더니 설총을 낳았다. 설총은 나면서부터 지혜롭고 민첩하여 경서와 역사에 널리 통달하니, 신라 10현 중 한 사람이 되었다. 그리고 이두문자를 만들어 중국 말로만 표현되던 중국, 오랑캐의 풍속과 물건 이름 등을 우리 식으로 전할 수 있게 하였다. 또한 육경과 문학을 가르치고 해석했으니, 과거시험을 보고 경서를 연구하여 가르치는 자들이 전수받아서 그 맥이 끊이지 않았다.

제5장

불법을 일으킨 고승 이야기

순도, 고구려의 불법을 전파하다

《고구려본기》에는 이런 기록이 있다.

'소수림왕이 즉위한 2년(372)은 곧 동진 함안 2년이니, 효무제가 즉위한 해이다. 전진의 부견이 사신과 승려 순도를 시켜 불상과 경문을 보내고, 또 374년에는 아도가 동진에서 왔다. 다음 해 2월, 초문사를 세워 순도를 거기에 두고 또 이불난사를 세워 아도가 있게 하니, 이것이 고구려에서 불법이 일어난 시초이다.'

순도 화상을 찬양하나니,

압록강에 봄 깊어 물빛은 새롭고,
백사장 갈매기 한가로이 졸고 있네.
문득 멀리서 노 젓는 소리에 놀라니,
어느 곳의 어선인지 길손을 태우고 도착했네.

마라난타, 백제에서 처음으로 불법을 펴다

《백제본기》에 이런 기록이 있다.

'제15대 침류왕이 즉위한 384년에 서역 승려 마라난타가 동진에

백제 불교 최초 도래지인 영암 법성포

마라난타가 세운 사찰, 영암 불갑사

서 오자 그를 맞아서 궁중에 두고 예로 공경했다.'

다음 해, 새 도읍인 한산주에 절을 세우고 승려 열 사람을 두었으니 이것이 백제 불법의 시초이다.

또 아신왕이 즉위한 392년 2월에 영을 내려 불법을 숭상하고 믿어서 복을 구하라고 했다. 마라난타를 찬양하나니,

하늘이 처음 조화를 부릴 때에,
대개 그 솜씨 보기가 어렵다네.
늙은이들이 스스로 노래 부르고 춤을 추니,
곁사람은 이끌려서 안목이 트였다네.

아도, 신라 불교의 기초를 마련하다

아도는 고구려 사람이다. 어머니의 이름은 고도령, 정시 연간(240~248)에 위나라 사람 아굴마가 고구려에 사신으로 왔다가 고도령과 정을 통하고 돌아갔는데, 이로 인하여 아기를 가지게 되었다.

아도가 다섯 살 되던 해, 어머니는 그를 출가시켰다. 그의 나이 열여섯에 위나라에 가서 아굴마를 뵙고, 현창화상에게 불법을 배우고, 열아홉 살에 돌아왔다. 그러고는 어머니를 뵙자 그녀가 말했다.

"지금 고구려는 불법을 모르지만 장래에 3천여 달이 지나면 신라에서 성왕이 출현하여 불교를 크게 일으킬 것이다. 그 나라 서울 안에 일곱 곳의 절터가 있으니, 하나는 금교 동쪽의 천경림(흥륜사)이요, 둘은 삼천의 갈래(영흥사 일대)요, 셋은 용궁의 남쪽(황룡사)이요, 넷은 용궁의 북쪽(분황사)이요, 다섯은 사천의 끝(영묘사)이요, 여섯은 신유림(천왕사)이요, 일곱은 서청전(담엄사)이다. 이곳은 모두 석가모니 이전 때의 절터이니 불법이 장래에 길이 전해질 곳이다. 네가 그곳으로 가 불교를 전파하면 너는 그 땅 불교의 첫 조사가 될 것이다."

아도는 어머니의 가르침대로 신라의 왕성 서쪽 마을에 살았는데 곧 지금의 엄장사이며, 그 시기는 미추왕 즉위 2년(263)이었다. 아도가 대궐로 들어가 불법 전하기를 청하니, 그때 그곳에선 한 번도 들어보지 못하던 것임으로 꺼리고 심지어 죽이려는 자까지 생겼다. 이에 속림(일선현, 지금의 선산군) 모록의 집으로 도피하여 숨어 지냈다.

미추왕 3년에 성국공주가 병이 났는데, 무당과 의원의 효험도 없으므로 사람을 사방으로 보내 백방으로 용한 의원을 구했다. 이때 법사가 갑자기 대궐로 들어가 드디어 그 병을 고쳐주었다. 왕은 크게 기뻐하여 그의 소원을 묻자 법사는 대답했다.

"빈도는 다른 것은 없고, 단지 천경림에 절을 세워서 크게 불교를 일으켜 국가의 복을 빌기를 바랄 뿐입니다."

이에 왕은 허락하여 공사하도록 명했다. 그때의 풍속은 질박하고 검소하여 법사는 띳집을 짓고 그곳에 살면서 강연하니, 이때 하늘에서 꽃이 땅에 떨어졌다. 그곳을 흥륜사라고 했다. 모록의 누이동생은 사씨인데 법사를 따라 승려가 되어, 삼천지에 절을 세우고 살았다. 그 절 이름은 영흥사이다.

얼마 후 미추왕이 세상을 떠나자 나라 사람들이 그를 해치려 하므로, 모록의 집으로 돌아가서 스스로 무덤을 만들고 그 속에 살면서 세속과의 인연을 끊고 다시는 나타나지 않았다. 이 때문에 불교 또한 황폐해졌다.

제23대 법흥왕이 514년에 왕위에 올라 다시 불교를 일으키니, 미추왕 계미년(263)에서 252년이나 시간이 지난 뒤였다. 고도령이 예언

도리사에 건립된 아도화상의 동상

옛 황룡사 터

한 3천여 달이 맞았다 할 것이다.

이에 아도화상을 찬양하나니,

금교에 눈이 소복이 쌓이고 얼은 냇물은 녹지 않았으니,
계림의 봄은 아직 찾아오지 않았네.
그러나 사랑스런 봄의 신은 재주도 많아서,
먼저 모랑의 집 매화나무에 꽃이 피게 했네.

법흥왕 불법을 일으키고, 이차돈 순교하다

법흥왕이 즉위한 14년(527)에 신하 이차돈이 불법을 위해서 살신성인하니, 그때 서천축의 달마대사가 중국의 금릉(남경)으로 불법을 전하러 온 해였다. 이 해에 낭지법사가 또한 영취산에 살면서 불법을 설법하는 도량을 열었다. 이를 살펴보면 불교의 흥하고 쇠하는 것도 반드시 서로 감응했기 때문에 중국과 신라에서 같은 시기에 불법이 일어난 것을 알 수 있다.

원화 연간(806~820)에 남간사의 승려 일렴이 《촉향분례불결사문》을 지어 그 안에 이런 사실이 자세히 적어놓았는데, 그 개략적 내용은 이렇다.

법흥왕이 자극전에서 왕위에 올랐을 때, 동쪽 지역을 살펴보고 말했다.

146

"과거 한나라 명제가 꿈에 감응되어 불법이 동쪽으로 전해졌다. 과인도 왕위에 오른 뒤로 백성들을 위해 복을 닦고 죄를 없앨 사찰을 마련하려 한다."

그러나 신하들은 왕의 뜻을 따르지 않았다. 이때 사인의 직책을 맡고 있었던 스물둘의 젊은 신하 이차돈이 왕의 얼굴을 쳐다보고는 그 심정을 헤아려 이렇게 말했다.

"나라를 위해 몸을 희생하는 것은 신하로서의 큰 절개이고, 임금을 위해 목숨을 바치는 것은 백성의 곧은 의리입니다. 소신이 왕명을 따르지 않았다고 그 죄를 물어 일벌백계의 처벌을 내리시면 모든 신하가 왕명의 지엄함에 굴복하여 왕의 말씀을 거스르지 못할 것입니다."

"과인의 뜻은 사람들을 이롭게 하는 것인데, 어찌 아무런 죄가 없는 너를 죽이겠느냐?"

"세상에서 가장 버리기 어려운 것 중 목숨보다 더한 것은 없습니다. 그러나 소신이 저녁에 죽어서 다음 날 아침에 불교가 행해져 태양처럼 밝은 부처님의 법이 다시 우리나라에 비추고, 대왕께서 평안하신다면 기꺼이 목숨을 바칠 수 있습니다."

"봉황과 난새의 새끼는 어려서부터 하늘을 솟아오를 마음을 가지고, 큰 기러기나 고니의 새끼는 나면서부터 험한 물결을 헤치고 나아갈 기세를 품었다고 했는데, 그대야말로 참으로 불보살의 자비심과 행실을 간직하고 있도다."

대왕은 일부러 위엄을 차리고, 서슬이 시퍼런 형벌 기구를 갖다놓고 뭇 신하를 불러 모은 후 말했다.

"과인이 사찰을 세우려고 하는데 경들은 일부러 지체시키고 따르지 않았다. 내 오늘 그 죄를 묻겠다.”

이에 신하들이 전전긍긍하면서 황급히 다른 사람을 손으로 가리키며 서로 책임을 회피하려고 했다. 왕은 이차돈을 불러 꾸짖었다. 이차돈이 짐짓 놀라는 척하며 아무런 답변을 하지 않았다. 대왕이 크게 노하는 척하면서 그를 죽이라고 명했다.

이차돈의 목을 베자 흰 젖이 한 길이나 솟아올랐다. 때마침 사방이 어두워져 빛을 감추고 땅이 진동하면서 빗방울이 꽃인 양 나부끼며 떨어졌다. 임금은 속으로 매우 애통해하면서 눈물로 곤룡포를 적셨고, 여러 신하는 두려워서 이마에 진땀을 계속 흘렸다. 샘물이 갑자기 말라 물고기와 자라가 서로 다투어 뛰고, 곧은 나무가 저절로 꺾어지니 원숭이들이 떼를 지어 울었다. 얼마 후 모두 이차돈의 죽음을 애석해하며 이렇게 말했다.

“춘추 시대 때 임금을 위해 개자추가 다리의 살을 벤 일도 이차돈

경주 이차돈 순교비와 순교비 세부 모습

의 뼈아픈 절개에 비할 바가 못 되고, 홍연이 임금을 위해서 배를 가른 것도 이차돈의 장렬한 뜻에 견줄 수 없다. 그로 인하여 대왕의 불심을 붙들고, 아도가 염원하던 전법을 성취시킨 것이니 참으로 성스러운 희생이었다.”

드디어 북산 서쪽 고개에 장사 지내고, 이차돈의 안사람이 슬퍼하여 좋은 터를 가려 절을 지어 이름을 자추사(지금의 백률사)라고 했다. 이때부터 어떤 집이든 부처를 섬기고 지극히 불공을 드리면 대대로 영화롭게 되었고, 사람마다 간절하게 불법을 원하면 그 이치의 참뜻을 깨닫게 되었다.

이에 법흥왕을 찬양하나니,

성인의 지혜는 원래 만대까지 미치니,
잠시 구구한 여론에 얽매일 필요 없다네.
법륜이 풀려 금륜을 쫓아 구르니,
태평성세 바야흐로 불교로 해서 이루어지네.

또한 이차돈을 찬양하나니,

대의를 위한 순교만도 놀라운 일이거늘,
하늘에서 핀 꽃과 흰 젖 피가 솟은 기적 더욱 애틋하여라.
칼날이 한 번 번쩍이자 그 몸은 죽으시매,
절마다 울리는 종소리는 서라벌을 뒤흔들었네.

양지스님, 지팡이를 부리다

양지스님의 조상이나 고향에 대해서는 자세히 알 수 없다. 오직 신라 선덕여왕 때에 자취를 나타냈을 뿐이다. 석잔(승려가 짚는 지팡이) 끝에 포대 하나를 걸어두기만 하면 그 지팡이가 저절로 날아 시주의 집에 가 흔들리면서 소리를 냈다. 그러면 그 집에서 이를 알고 재에 쓸 비용을 여기에 넣는데, 포대가 차면 저절로 날아서 돌아왔다. 이 때문에 양지스님이 있는 절을 석장사라고 했다.

양지스님의 신기하고 이상한 행적은 이루 헤아릴 수 없이 많다. 그는 한편으로 여러 기예에도 통달해서 신묘함이 비길 데가 없었다. 또 글씨와 그림, 조각 등에도 능하여 영묘사 장육삼존상과 천왕상, 전탑의 기와와 천왕사 탑 밑의 팔부신장, 법림사의 주불 삼존과 좌우 금강신 등은 모두 그가 만든 걸작이다. 영묘사와 법림사의 현판을 썼고, 또 일찍이 벽돌을 새겨 작은 탑 하나를 만들고, 아울러 삼천불을 만들어 그 탑을 절 안에 모셔두고 공경했다. 그가 영묘사의 장육상을 만들 때에는 마음을 한곳에 모아 삼매에서 뵌 부처를 모형으로 삼았는데, 온 성안의 남녀가 앞다투어 진흙을 운반해주었다. 이때 그 지방에서 부른 노래가 있었다.

왔다! 왔다! 인생은 서러움이 많더라.
서러운 우리는 공덕 닦으러 왔다.

150

지금까지도 시골 사람들이 방아를 찧을 때나 다른 일을 할 때에는 모두 이 노래를 부르는데, 그것은 대개 이때 시작된 것이다. 영묘사 장육상을 처음 만들 때 든 비용은 곡식 23,700석이었다.

논평하는 자가 말했다.

"양지스님은 재주가 뛰어나고 덕이 충만했다. 그는 여러 방면의 대가로서 하찮은 재주만 드러내고 자기 실력은 숨긴 것이라 할 것이다."

그를 찬양하나니,

재를 마치니 법당 앞에 석장은 한가한데,
향로를 손질하고 혼자서 단향 피우네.
남은 불경 다 읽자 더 할 일 없어,
불상을 만들어 합장하고 바라보네.

혜숙과 혜공, 여러 모습으로 나타나다

승려 혜숙은 화랑 호세랑의 무리에 속해 있다가 어느 날 그 자취를 감추었다. 호세랑은 화랑의 명부에서 그의 이름을 지워버렸다. 혜숙은 적선촌(지금의 안강현 적곡촌)에 숨어서 지낸 지 20여 년이나 되었다. 그때 국선 구참공이 일찍이 적선촌의 들에 나아가 하루 종일 사냥을 했다. 이때 마침 혜숙이 길가에 나가 그의 말고삐를 잡고 청했다.

"소승도 따라가기를 원하옵는데 어떻겠습니까?"

구참공이 허락하자 그는 분주하게 뛰어다니며 옷을 걷어붙이고 앞장섰다. 그의 모습을 공이 보고 기뻐했다. 그리하여 앉아 쉬면서 피로를 풀고 고기를 굽고 삶아 서로 먹기를 권하는데, 혜숙도 같이 먹으면서 조금도 꺼리는 기색이 없었다. 이윽고 공 앞에 나가 말했다.

"지금 맛있고 신선한 고기가 여기 있으니 좀 더 드시는 것이 어떻겠습니까?"

공이 좋다고 말하니, 혜숙이 사람을 물리치고 자기 다리 살을 베어 소반에 올려 바치니 옷에 붉은 피가 줄줄 흘렀다. 공이 깜짝 놀라 말했다.

"이게 무슨 짓이냐?"

"처음 제가 생각하기에 공은 어진 사람이라 능히 자기 몸을 생각하듯 다른 생물에까지 그 마음이 미치리라 여겨 따라왔던 것입니다. 그러나 이제 공을 보니, 오직 죽이는 것만을 몹시 즐기고 짐승을 죽여 자기 욕심만 채우니, 어찌 어진 사람이나 군자가 할 일이겠습니까? 이는 우리의 무리가 아닙니다."

그렇게 말하고는 마침내 뿌리치고 가버렸다. 공이 크게 부끄러워하며 혜숙이 먹던 그릇을 보니 고기가 한 점도 없어지지 않았다. 공이 매우 이상히 여겨 조정에 돌아와 진평왕에게 아뢰었다.

왕은 사람을 보내어 그를 불러오게 했다. 사람들이 그를 수소문해 백방으로 찾아다녔는데 마침 혜숙은 여자의 침상에 누워 자고 있었다. 이를 본 사람들은 불결하게 여겨 그대로 돌아갔다. 그런데 7, 8리쯤 가다가 도중에 또 혜숙을 만났다. 사람들이 어디서 오느냐고 물으니 혜숙이 대답했다.

"성안에 있는 시주 집에 가서 칠일재를 마치고 돌아오는 길이오."

사람들이 그 말을 왕에게 사실대로 보고했다. 이에 또 사람을 보내어 그 시주 집을 조사해보니 과연 그 일이 사실이었다. 얼마 후, 혜숙이 갑자기 죽자 마을 사람들이 이현 동쪽에 장사 지냈는데, 그때 마을 사람 중 이현 서쪽에서 오는 이가 있었다. 그는 도중에 혜숙을 만나 어디로 가느냐고 물었다.

"이곳에서 오랫동안 살았기 때문에 다른 지방으로 유람하러 갑니다."

그리하여 서로 인사하고 헤어졌는데 5리쯤 가다가 구름을 타고 가버렸다. 그 사람이 고개 동쪽에 이르러 장사 지내던 사람들이 아직 흩어지지 않은 것을 보고 그 까닭을 자세히 이야기하고 무덤을 헤쳐보니, 다만 짚신 한 짝이 있을 뿐이었다.

지금 안강현 북쪽에 혜숙사라는 절이 있으니, 곧 그가 살던 곳이라 하며 또한 부도도 있다.

승려 혜공은 천진공의 집에서 고용살이를 하던 노파의 아들로 어릴 때 이름은 우조였다. 천진공이 일찍이 종기를 앓아서 죽을 지경에 이르니 문병하는 사람이 가득했다. 이때 우조의 나이 겨우 일곱 살이었는데, 그 어머니에게 말했다.

"집안에 무슨 일이 있기에 이토록 손님이 많이 찾아왔습니까?"

"집주인이 나쁜 병이 있어서 장차 죽게 되었는데 너는 그것도 몰랐더냐?"

"제가 그 병을 고쳐보겠습니다."

그의 말을 이상히 여긴 어머니는 공에게 말하니, 그를 불러오게 했다. 그는 공의 침상 밑에 앉아서 말 한마디도 하지 않았는데 얼마 후 공의 병이 깔끔하게 나았다. 공은 우연의 일치라고 생각하며 크게 이상하게 여기지 않았다.

그가 자라자 공을 위해서 매를 길렀는데, 공이 매우 흡족해했다. 그러던 차에 공의 아우 중 한 사람이 벼슬을 얻어 지방으로 부임하게 되었다. 그는 공이 골라준 좋은 매를 얻어 가지고 임지로 갔다.

어느 날 밤, 공이 갑자기 그 매 생각이 났고, 다음 날 새벽에 우조를 보내어 그 매를 가져오게 하리라 마음먹었다. 우조는 미리 이것을 알고 바로 그 매를 가져다가 새벽녘에 공에게 바쳤다. 공이 크게 놀라 깨닫고는 그제야 예전에 종기를 고치던 일이 모두 보통 사람의 생각으로 이해하기 어려운 일임을 알고 말했다.

"나는 성스러운 분이 나의 집에 와 있는 것을 알지 못하고 거친 말과 예의에 벗어난 행동으로 욕을 보였으니, 이 죄를 어찌 씻을 수 있겠습니까? 이제부터는 부디 저를 올바로 인도해주십시오."

그리 말하고 바로 우조에게 절을 했다. 우조는 신령스럽고 이상한 기운이 이미 나타났기 때문에 드디어 승려가 되어 이름을 혜공이라 했다. 그는 조그만 절에 살면서 항상 미친 듯이 크게 술에 취해 삼태기를 지고 거리를 돌아다녔는데, 노래하고 춤추니 '부궤화상'이라고 불렀다. 그리고 그가 있는 절을 부개사라고 했는데 이 말은 우리말로 삼태기이다.

혜공은 번번이 절의 우물 속에 들어가면 몇 달씩 나오지 않았으므로 스님의 이름을 따 우물 이름을 지었다. 또 우물 속에서 나올 때면 푸른 옷을 입은 신동이 먼저 솟아나왔기 때문에 절 스님들은 그가 나오는 시각을 알았다. 그리고 신기한 것은 그가 우물에서 나올 때 옷은 하나도 젖지 않았다. 만년에는 항사사(지금의 오어사)에 가 있었다.

이때 원효가 그곳에서 여러 불경에 대한 주석을 달고 있었는데, 늘 혜공에게 가 묻고 혹은 서로 말장난을 했다.

어느 날, 원효는 혜공과 더불어 시내를 따라가면서 물고기와 새우를 잡아먹다가 돌 위에서 대변을 본 일이 있었다. 이에 혜공이 원효를 가리키면서 희롱했다.

"그대가 싼 똥은 내가 잡은 물고기일 게요."

이 일로 인하여 그 절을 오어사라 불렀다. 어떤 사람은 이것을 원효의 말이라 하지만, 이는 잘못 알려진 것이다. 세상에서는 그 시내를 잘못 불러 모의천이라고도 한다.

구참공이 어느 날 산에 놀러갔다가 혜공이 산길에 죽어 쓰러져서, 그 시체가 부어터지고 살이 썩어 구더기가 난 것을 보고 한참을 슬퍼했다. 그러나 생사는 하늘에 달린 것임을 탄식하고는 말고삐를 돌려 성으로 들어왔다.

그런데 또 다른 혜공이 술에 몹시 취한 채 시장 안에서 노래하고 춤추는 것을 보았다. 그리고 또 다른 날에는 풀로 새끼를 꼬아 가지고 영묘사에 들어가 금당과 좌우에 있는 경루와 남문의 낭무를 묶어 놓고 강사에게 말했다.

"이 새끼를 사흘 후에 풀도록 하라."

사람들이 이상히 여겨 그 말대로 하니, 과연 3일 만에 선덕여왕이 행차하여 절에 왔는데, 지귀의 심화로 그 절과 탑을 불태웠지만 오직

원효와 혜공이 불경을 읽었던 사찰 오어사 산문

새끼로 맨 곳만은 화재를 면할 수 있었다.

또 신인의 조사 명랑이 새로 금강사를 세우고 낙성회를 열었는데, 고승들이 다 모였으나 오직 혜공만은 오지 않았다. 이에 명랑이 향을 피우고 정성껏 기도했더니 조금 후에 공이 왔다. 이때 큰비가 내리고 있었는데도 공의 옷은 젖지 않았고 발에 진흙도 묻지 않았다. 혜공이 명랑에게 말했다.

"그대가 간곡히 청하기에 왔소이다."

이처럼 그에게는 신령스러운 자취가 무척 많았다. 죽을 때는 공중에 떠서 세상을 마쳤는데 사리는 그 수를 헤아릴 수 없을 정도로 많았다.

그는 일찍이 《조론》을 보고 말했다.

"이것은 내가 옛날에 지은 글이다."

156

이로써 혜공이 승조의 후신임을 알았다.

이에 그들을 찬양하니,

초원에서 사냥하고 침상 위에 누웠으며,

술집에서 광기 어린 노래를 부르고 우물 속에서 잠을 잤다네.

이제 혜숙과 혜공 스님 어디로 갔는가,

한 쌍의 보배로운 불 속의 연꽃일세.

자장, 비율을 전하다

대덕 자장 율사는 김씨인데, 본래 신라의 진골로 소판 벼슬을 지냈던 무림의 아들이다. 자장은 해동의 작은 나라에 태어난 것을 탄식하고 중국으로 가 불교의 진수를 구하길 원했다. 드디어 636년에 왕명을 받아 제자 실 등 승려 10여 명과 더불어 서쪽 당나라로 가 청량산으로 들어갔다. 이 산에는 문수보살의 소상이 있는데, 그 나라 사람들이 서로 전해 말했다.

"제석천이 직접 장인을 데리고 와서 조각해 만든 것이다."

자장은 소상 앞에서 기도하고 명상하니, 꿈에 소상이 그의 이마를 만지면서 범어(고대 인도어)로 된 게시를 주었는데 깨어 생각하니 알 수가 없었다.

다음 날 아침, 이상한 스님이 와서 해석해주면서 말했다.

"비록 만 가지의 가르침을 배운다 해도 이보다 나은 것은 없다."

그리고 가사와 사리 등을 주고 사라졌다. 자장은 이미 문수보살이 장차 자신의 성불을 예언했음을 알고, 북대에서 내려와 태화지에 이르러 당나라 서울에 들어가니 태종이 칙사를 보내어 그를 위로하고 승광별원에 거처하도록 했다.

643년에 신라 선덕여왕이 글을 올려 자장을 돌려보내주기를 청하니 태종은 이를 허락하고 그를 궁중으로 불러들여 비단옷 한 벌과 여러 비단 500필을 하사했으며, 또 태자도 비단 200필과 그 밖의 예물을 많이 주었다.

자장은 신라에 아직 불경과 불상이 구비되지 못했기 때문에 대장경 1부와 불전을 장식하는 데 쓰는 여러 깃발과 꽃으로 장식한 일산의 뚜껑 등 복이 되고 이로울 만한 것을 청해 모두 싣고 돌아왔다. 그가 귀국하자 온 나라 사람들이 환영하였다. 왕은 그를 분황사에 있게 하고, 쓸 물자를 넉넉히 주어 치밀하게 호위했다.

어느 해 여름, 왕이 궁중으로 청하여 《대승론》을 강의하게 하고 또 황룡사에서 《보살계본》을 7일 밤낮으로 강연하게 하니, 하늘에서는 단비가 내리고 구름과 안개가 자욱하게 끼어 강당을 덮었다. 이것을 보고 사중(비구, 비구니, 우바새, 우바이)이 모두 그의 신통함에 탄복했다. 이 무렵 조정에서 의논했다.

"불교가 우리 동방에 전해진 지 오래되었지만 불법을 닦고 받는 규범이 없으니, 이것을 통괄해 다스리지 않고는 바로잡을 수가 없다."

이에 왕이 자장을 대국통으로 삼아 승려들의 모든 규범을 승통에게 위임하여 주관하게 했다. 자장이 이 기회를 만나 용감히 나아가 불교를 널리 퍼뜨렸다. 그는 승려와 비구니의 5부에 각각 구학을 더 증가시키고 15일마다 계율을 설명하였다. 그리고 겨울과 봄에는 시험을 치러서 계율을 지키고 어기는 것에 관한 규범을 알게 하고, 관원을 두어 이를 유지해 나아가게 했다.

또 순사를 보내어 서울 밖에 있는 사찰들을 조사하되, 승려들의 과실을 징계하고 불경과 불상을 엄중히 정비하여 일정한 법식으로 삼았다. 그리하여 한 시대에 불법을 보호하는 것이 이때에 가장 성했

⬆ 부처님 진신사리가 모셔져 있는 통도사 금강계단　　　　　법흥사 적멸보궁 ⬇

다. 당시 나라 사람으로서 계를 받고 불법을 받든 이가 열 집에 여덟, 아홉은 되었다. 머리를 깎고 승려가 되기를 청하는 이가 세월이 갈수록 더욱 늘어났다. 이에 통도사를 세우고 계단을 쌓아 사방에서 오는 사람들을 받아들였다.

또 자기가 난 집을 원녕사(법흥사)로 고치고 낙성회를 베풀어 《화엄경》 1만 게송을 강의하니, 저승과 이승에서 모여든 52종류의 중생이 감동하여 모습을 드러내 강의를 들었다. 문인에게 그들의 나무를 그 수효만큼 심게 하여 신비스런 자취를 나타내게 하고 그 나무 이름을 '지식수'라고 했다.

자장은 일찍이 신라의 복식이 중국과 같지 않았기 때문에 조정에 건의하여 중국의 의관과 연호를 도입하였다. 이로 말미암아 중국에 사신단을 보내면 그 반열이 다른 이방의 제후국 중 가장 윗자리를 차지하게 되었는데, 이는 자장의 공로였다.

대체로 자장이 세운 절과 탑이 10여 곳인데, 세울 때마다 반드시 상서로움이 있었기 때문에 그를 받드는 착한 남자들이 거리를 메울 만큼 많아서 며칠이 안 되어 완성했다. 자장이 쓰던 도구, 옷감, 버선과 태화지의 용이 바친 목압침(나무로 만든 오리 베개)과 석가세존의 가사들은 모두 통도사에 있다. 또 헌양현(지금의 언양)에 압유사가 있는데, 목압침의 오리가 일찍이 이곳에서 나타나서 유래된 이름이다. 또 원승이라는 스님은 자장보다 먼저 중국에 유학 갔다가 함께 고향에 돌아와서 자장을 도와 율부를 넓게 폈다고 한다. 그를 찬양하나니,

일찍이 청량산에 가 꿈 깨고 돌아오니

불제자와 율법이 일시에 열렸네.

승려와 속인들의 옷을 부끄럽게 여기어

신라의 의관을 중국과 같이 만들었네.

원효, 대중 포교에 앞장서다

원효대사의 속성은 설씨이다. 조부는 잉피공 또는 적대공이라고도 하는데, 지금 적대연 옆에 그의 사당이 있다. 아버지는 내말 벼슬을 지낸 담날이었다. 원효는 처음에 압량군의 남쪽(지금의 장산군) 불지촌 북쪽 율곡의 사라수 밑에서 태어났다. 그 마을의 이름은 불지로, 발지촌이라고도 한다. 그가 태어난 사라수에 관한 이야기는 이렇게 전해진다.

'스님의 집이 본래 이 골짜기 서남쪽에 있었다. 그 어머니가 아기를 배어 만삭일 때 마침 이 골짜기에 있는 밤나무 밑을 지나다가 갑자기 해산하였다. 몹시 급한 상황이어서 집에 돌아가지 못하고 남편의 옷을 나무에 걸쳐 그 속에서 지냈기 때문에 이 나무를 사라수라고 했다.'

그 나무의 열매도 이상하여 지금도 사라율이라 불리는데, 다음과 같은 고사가 전해진다.

'옛적에 절을 주관하는 자가 절의 종 한 사람에게 하루 저녁 끼니로 밤 두 알씩을 주었다. 종이 적다고 관청에 호소하자 관리는 괴상히 여겨 그 밤을 가져다가 조사해보았더니 한 알이 바리 하나에 가득 차므로 도리어 한 알씩만 주라고 판결했다. 이런 이유로 밤골이라고 했다.'

스님은 출가할 때 자신의 집을 희사해서 절로 삼았는데 그 이름을 '초개사'라고 했다. 또 사라수 곁에 절을 세우고 '사라사'라고 했다. 스님의 행장에는 서라벌 사람이라고 했으나 이는 조부가 살던 곳을 따른 것이었다.

《당승전》에는 본래 하상주 사람이라고 했다. 이를 살펴보면, 665년에 문무왕이 상주와 하주의 땅을 나누어 삽량주를 두었다. 하주는 곧 지금의 창령군이요, 압량군은 본래 하주의 속현이었다. 상주는 지금의 상주이니 상주라고도 한다. 불지촌은 지금 자인현에 속해 있으니, 바로 압량군에서 나뉜 곳이다. 스님의 어렸을 때 이름은 서당이요, 또 다른 이름은 신당이다.

처음에 어머니 꿈에 유성이 품속으로 들어온 다음에 곧 태기가 있었으며, 장차 해산하려 할 때는 오색구름이 땅을 덮었다. 이때가 진

분황사 화쟁 국사비

분황사 석탑

평왕 39년(617)이었다. 나면서부터 총명하고 남보다 뛰어나 스승 없이 스스로 깨우쳤다. 그가 승려가 되어 사방으로 다니면서 수행한 내력과 불교를 널려 폈던 업적은 《당승전》과 그의 행장에 자세히 실려 있으므로 여기에서 별도로 기록하지 않았다. 오직 향전에 있는 한두 가지 이상한 일만을 적어둔다.

원효는 요석공주와 부부관계를 맺고, 설총을 낳은 후로는 속인의 옷으로 바꾸어 입고 스스로 소성거사라고 불렀다. 우연히 광대들이 가지고 노는 큰 박을 얻었는데 그 모양이 괴상했다. 원효는 그 모양을 따라 도구를 만들어 《화엄경》 속에서 말한 '일체의 장애가 없고 자유로운 사람은 한 번에 생사의 고통에서 벗어난다'는 문구를 따 이름을 '무애'라 했다. 그리고 이를 노래로 만들어 세상에 널리 퍼뜨렸다.

이 도구를 가지고 수많은 마을에서 노래하고 춤추면서 교화시키고, 시로 읊조리며 돌아다녔다. 이 덕분에 가난하고 무지몽매한 무리도 모두 부처의 이름을 알고 나무아미타불을 부르게 하였으니 스님의 교화가 컸다. 그가 탄생한 마을 이름을 불지촌이라 하고, 절 이름을 초개사라 하였으며 스스로 원효라 한 것은 모두 불교를 처음 빛나게 했다는 뜻이다. 원효라는 말도 역시 우리말 뜻에서 취한 것이니, 곧 '새벽'이라는 의미이다.

그는 일찍이 분황사에 살면서 《화엄경소》를 지었고, 또한 바다 용의 권유로 길에서 조서를 받아 《삼매경소》를 지었다. 그가 세상을 떠나자 아들 설총이 그 유해를 부수어 생전의 모습 그대로 소상으로 만들어 분황사에 모셔두고, 공경하고 사모하여 추모하는 뜻을 표했다. 설총이 그때 곁에서 예배하자 소상이 갑자기 돌아다보았는데, 지금까지도 돌아본 그대로 있다. 원효가 일찍이 살던 혈사 옆에 설총이 살던 집터가 있다고 한다.

원효대사를 찬양하니,

대사가 처음으로 바른 지혜의 방법을 깨달아
표주박을 가지고 춤추며 가는 곳마다 감화시켰네.
달 밝은 요석궁에 봄잠은 깊었더니
문 닫힌 분창사엔 돌아다보는 대사의 진영만 덩그렇다.

의상, 고국에 화엄종을 전하다

의상법사의 아버지는 한신이요, 성은 김씨이다. 그는 나이 스물아홉에 서라벌 황복사에서 머리를 깎고 승려가 되었다. 얼마 후, 중국으로 가 부처의 교화를 보려고 하더니 드디어 원효와 더불어 요동 변방으로 갔는데, 여기에서 변방의 감시병에게 정탐꾼으로 오인 받아 잡힌 지 수십 일 만에 겨우 풀려 돌아왔다.

영휘(650~655) 초년에 마침 신라에 온 당나라 사신이 배를 타고 귀국하는 자가 있어서 그 배를 타고 중국에 들어갔다. 처음에는 양주에 머물렀는데, 그곳의 장수 유지인이 의상을 청해 관청에 머무르게 하고 매우 융숭하게 대접했다. 그 후 얼마 안 되어 종남산 지상사로 찾아가서 화엄조의 제2대 조사인 지엄을 뵈었다.

　지엄은 의상법사가 오기 바로 전날 밤에 기이한 꿈을 꾸었다. 즉, 큰 나무 하나가 해동에서 났는데 가지와 잎이 널리 퍼져서 중국에까지 덮었고, 그 나뭇가지 위에는 봉황새의 보금자리가 있는데, 올라가서 보니 마니보주 하나가 있어 그 눈부신 빛이 먼 곳에까지 비치는 것이었다. 꿈에서 깨자 놀랍고 이상하며 거주하는 곳을 깨끗이 청소하고 기다리는데 의상이 왔다. 이에 지엄은 특별한 예로 그를 맞이하며 조용히 말했다.

　"내가 어젯밤 꿈을 꾸었는데, 그대가 올 징조였구려!"

　그리고 제자가 되는 것을 허락했다. 의상은 《화엄경》의 심오한 뜻을 정밀하게 해석했다. 그제야 지엄은 심오한 불학에 대해 서로 질의할 만한 상대자를 만난 것을 기뻐했고, 또 그를 통해 새로운 이치를 깨우쳤다. 이 무렵에 신라의 승상 김흠순, 양도 등이 당나라에 갇혀 있었는데, 고종이 장차 크게 군사를 일으켜 신라를 치려했다. 이에 김흠순 등은 몰래 의상에게 먼저 귀국하도록 권유했다. 드디어 의상이 670년에 본국으로 돌아오자마자 이 사실을 조정에 알렸다. 그리하여 왕은 신인종의 고승 명랑에게 명하여 밀단을 가설하고 비법으로 기도해서 국난을 피할 수 있었다.

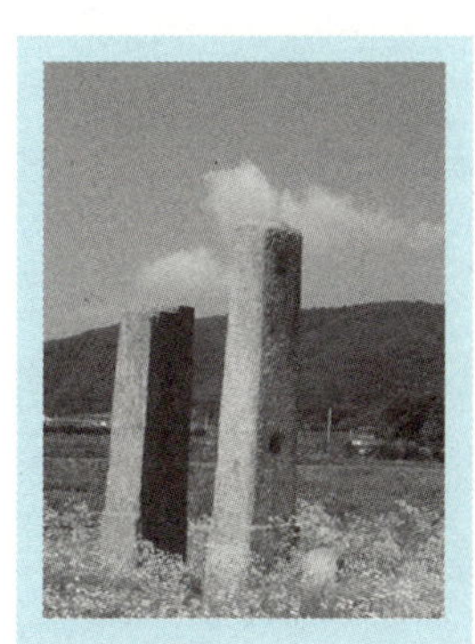

황복사지 당간지주

　676년에 의상은 태백산에 들어가 조정의 뜻을 받들어 부석사를 세우고 화엄종의 교리를 널리 알렸는데 신비한 영험이 많이 나타났다. 중국 종남산의 문인이자 화엄종의 제3대 조사인 현수(지엄의 제자)가 《수현

소》를 지어서 의상에게 자문을 구했고, 아울러 은근히 흠모하는 뜻이 담긴 편지를 올린 적이 있었다.

의상은 전국의 열 곳 절에서 화엄종을 전하니 태백산의 부석사, 원주의 비마라사, 가야산의 해인사, 비슬산의 옥천사, 금정산의 범어사, 지리산의 화엄사 등등이다. 또 《법계도서인》, 《약소》, 《법계도》를 저술로 남겼다. 세상에서 전하기를 의상은 불타의 화신이라 하는데, 그의 제자에는 오진·지통·표훈·진정·진장·도용·양원·상원·능인·의적 등 10명의 고승들이 불교계의 지도자가 되었다. 그들은 모두 성인 다음가는 현인들로, 각각의 전기가 전해진다.

그중 오진은 일찍이 하가산 골암사에 살면서 밤마다 팔을 뻗쳐서 부석사 석등에 불을 밝혔다. 지통은 《추동기》를 지었는데, 그는 대개 친히 의상의 가르침을 받았으므로 경모한 경지에 도달했다. 표훈은 일찍이 불국사에 살았으며 항상 천궁을 왕래했다. 의상이 황복사에 있을 때 여러 무리가 함께 탑을 돌았는데, 항상 허공을 밟고 올라가 층계는 밟지 않았으므로 그 탑에는 사다리를 설치하지 않았다. 그 무리도 층계에서 석 자나 떠 허공을 밟고 돌았기 때문에 의상은 그 무리를 돌아보면서 말했다.

"세상 사람들이 이것을 보면 반드시 괴이하다고 할 것이다. 그러니 교훈될 것이 못 된다."

이에 나머지 사적은 최치원이 지은 의상의 전기와 같다.

의상대사를 찬양하니,

덤불을 헤치고 연기와 티끌을 무릅쓰고 거친 바다를 건너가자,

지상사의 조사가 문을 열고 귀한 손님 맞이했네.

화엄의 진리를 캐다가 고국에 심었으니,

종남산과 태백산 동시에 진리의 봄이 찾아왔다네.

혜현, 홀로 조용히 수도했지만 중국에까지 널리 알려지다

백제 사람 혜현 스님은 어려서 중이 되어 애써 뜻을 모아 법화경을 외는 것으로 업을 삼았으며, 부처께 기도하여 복을 청해 영험한 감응이 실로 많았다. '삼론'을 배우고 도를 닦아서 신명에 통하였다.

처음에 북부 수덕사에 살았는데 신도가 있으면 불경을 강론하고 없으면 불경을 외었으므로 사방의 먼 곳에서도 그 풍격을 흠모하여 문밖에 신도들의 신발이 가득했다. 차츰 번거로운 것이 싫어서 마침내 강남 달라산에 가서 살았는데, 산이 매우 험준해서 내왕이 힘들고 드물었다.

혜현은 고요히 앉아 생각을 잊고 산속에서 인생을 마쳤다. 동학들이 그 시체를 옮겨 석실 속에 모셔두었더니 범이 그 유해를 다 먹어버리고 다만 해골과 혀만 남겨두었다. 추위와 더위가 세 번 돌아와도 혀는 오히려 붉고 연하였다. 그 후 변해서 자줏빛이 나고 단단하기가 돌과 같았다. 승려나 속인들이 공경하여 이를 석탑에 간직했다. 이때 나이 쉰여덟이었으니, 즉 정관(627~649) 초년이었다. 혜현은 중국으

덕숭산 수덕사 산문

천태산 국청사 교관총지

로 가서 배운 일이 없고 고요히 물러나 일생을 마쳤으나 이름이 중국에까지 알려지고 전기가 씌어져 당나라에서도 그 명성이 높았다.

또 고구려의 승려 파약은 중국 천태산에 들어가 지자의 교관(석가모니 일대의 가르침을 각 종파 입장에서 분류한 교리 조직과 수행 방법)을 받았는데, 신기하고 이상한 사람으로 알려졌다가 죽었다. 《당승전》에도 실려 있는데 자못 영험한 가르침이 많다.

이를 찬양하나니,

불자로 털고 불경을 전함도 잠시,
지난날 불경 외던 소리도 구름 속에 숨었어라.

세간의 청사에 길이 이름을 남겨,

사후엔 연꽃처럼 혀가 꽃다웠네.

천축국으로 간 여러 법사

광자함의 《구법고승전》에 이런 기록이 있다.

승려 아리나 발마는 신라 사람이다. 처음에 불법을 구하려고 일찍이 중국에 들어갔는데, 부처님의 자취를 두루 찾아볼 마음이 더욱 간절했다. 이에 정관 연간(627~649)에 당나라의 수도 장안을 떠나 다섯 천축(인도) 나라에 갔다.

나란타사에 머물러 율장과 논장을 많이 읽고 패협(조개껍데기와 콩깍지)에 베껴 썼다. 고국에 돌아오고 싶은 마음이 간절하였으나 뜻을 이루지 못하고 홀연히 그 절에서 세상을 떠나니, 그의 나이 일흔 무렵이었다.

마라난타 대학이 있던 자리

그의 뒤를 이어 혜업 · 현태 · 구본 · 현각 · 혜륜 · 현유 그리고 그 외 이름을 알지 못하는 두 법사가 있었는데, 모두 자기 자신을 잊고 불법을 따라 석가모니의 덕화를 보기 위해서 중천축에 갔었다.

그러나 혹은 중도에서 일찍 죽고 혹은 살아남아서 그곳 절에 있는 이도 있으나 결국 다시 신라와 당나라에 돌아오지 못했다. 그중 오직 현태 스님만이 당나라에 돌아왔으나 이 역시 어디서 세상을 마쳤는지 알 수 없다.

천축국 사람들이 신라를 '구구타예설라'라고 하는데, 여기에서 '구구타'란 닭을 의미하는 계를 말함이요, '예설라'는 귀할 귀를 말한 것이다. 그곳에서 이렇게 서로 전해 말했다.

"그 나라에서는 계신을 받들어 존경하여 귀하게 여겼기 때문에 그 깃을 꽂아서 장식한다."

이를 찬양하니,

머나먼 천축의 첩첩산중 길을,

애써 오르는 가련한 구법승들이여.

몇 번이나 저 달은 외로운 배를 보냈는가,

한 사람도 구름 따라 되돌아오는 것 보지 못했네.

자비와 호국의 염원이 깃든
절 · 탑 · 불상 이야기

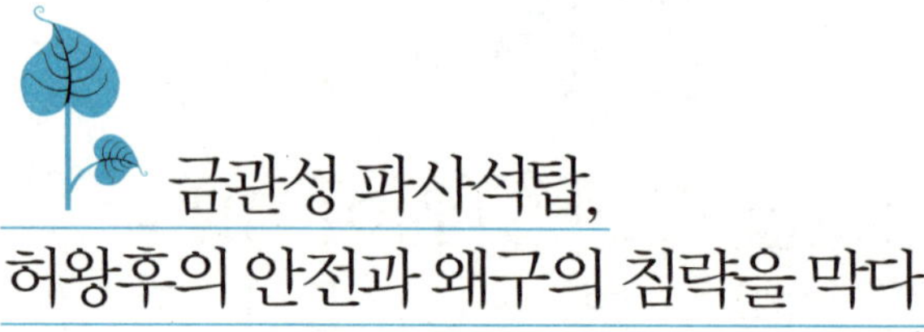

금관성 파사석탑,
허왕후의 안전과 왜구의 침략을 막다

금관에 있는 호계사의 파사석탑은 옛날 이 고을이 금관국으로 있을 때 시조 수로왕의 비 허왕후 황옥이 서기 48년에 서역 아유타국에서 배에 싣고 온 것이다.

처음에 공주가 두 부모의 명을 받들어 바다를 건너 동쪽으로 향하려 하는데, 바다신의 노여움을 받아서 가지 못한 채 돌아와 부왕께 아뢰었고 왕은 이 탑을 배에 싣고 가라 했다. 그리하여 순조롭게 바다를 건너 금관국의 남쪽 천덕 해안에 배를 정박하였다. 이때 그 배에는 붉은 돛과 붉은 깃발을 달았고 아름다운 구슬과 옥을 실었기 때문에 지금 그곳을 주포라고 한다. 그리고 맨 처음에 공주가 비단 바지를 벗던 바위를 능현이라 하고, 붉은 깃발이 처음으로 해안에 들어가던 곳을 기출변이라 한다.

수로왕이 왕후를 맞아서 같이 나라를 150여 년 동안 다스렸다. 하지만 그때까지도 해동에는 절을 세우고 불법을 신봉하지 않았다. 대개 불교가 전해오지 않아서 이 지방 사람들은 이를 믿지 않았기 때문에 《가락국본기》에도 절을 세웠다는 글이 실려 있지 않다.

그러던 것이 제8대 질지왕 2년(452)에 이르러 그곳에 왕후사를 세워 지금에 이르기까지 복을 빌고 있다. 또 남쪽 왜국을 진압시켰으니 《가락국본기》에 자세히 실려 있다.

파사각

탑은 각이 진 사면이 5층으로 되어 있고, 그 조각은 매우 기묘하다. 돌에는 희미한 붉은 무의가 있고 품질이 매우 좋은데, 우리나라에서 나는 것이 아니다. 《본초》에 기재된 '닭 볏의 피를 찍어서 시험했다'라고 한 게 바로 이것이다. 금관국을 또한 가락국이라고 하니, 《가락국본기》에 자세히 실려 있다.

이를 찬양하니,

석탑을 실은 붉은 돛대 깃발을 휘날리며,
험난한 바다 물결 헤치고 왔네.
허왕후를 도와 이 언덕에 모셔오고,
천 년 동안 왜국의 침략도 막아왔네.

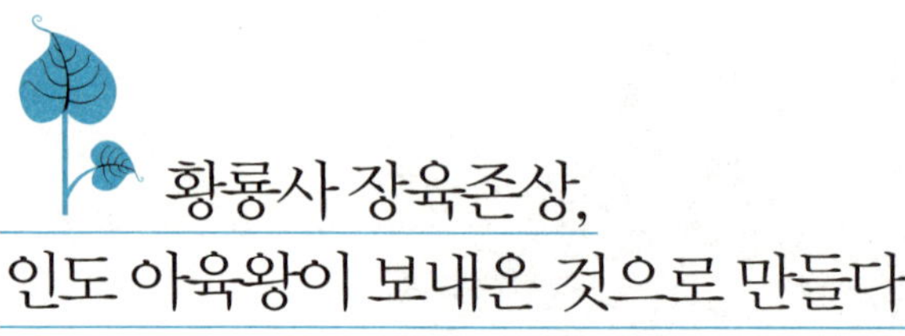

황룡사 장육존상,
인도 아육왕이 보내온 것으로 만들다

신라 제24대 진흥왕이 즉위한 14년(553) 2월, 장차 용궁 남쪽에 대궐을 지으려 하니, 황룡이 그곳에 출현하여 이것을 고쳐서 절을 삼고 이름을 황룡사라 했다. 569년에 이르러 담을 쌓아 17년 만에 완성했다. 그 후 바다 남쪽에 큰 배 한 척이 나타나 하곡현 사포(지금의 울주 곡포)에 닿았다. 그 배를 검사해보니 다음과 같은 공문이 있었다.

'서축(인도) 아육왕이 누른 쇠 5만 7천근과 황금 3만 푼을 모아 장차 석가모니의 존상 셋을 주조하여 만들려다가 뜻을 이루지 못해서 배에 실어 바다에 띄웠습니다. 그러니 부디 인연 있는 나라로 가 장육존상(1장 6척 불상)을 이루어주기를 축원합니다. 또한 한 부처와 두 보살상의 모형을 더불어 실었으니 장육존상을 만들 때에 참고하길 바랍니다.'

하곡현의 관리가 이 문서를 왕에게 보고했다. 왕은 사람을 시켜 그 고을 동쪽의 높고 정갈한 땅을 골라 먼저 동축사를 세우게 했다. 그리고 세 불상을 안전하게 모시도록 했다. 그리고 그 금과 쇠는 서울로 보내어 574년 3월에 장육존상을 주조했는데, 단 한 번에 이루어졌다. 그 무게는 3만 5천7근으로 창금 1만 198푼이 들었고, 두 보살상은 쇠 1만 2천근과 황금 1만 136푼이 들었다. 불상이 주조된 뒤에 동축사의 삼존불도 역시 황룡사로 옮겨서 안치했다. 절에는 이런 기록이 남아 있다.

'진평왕 5년(584)에 이 절의 금당이 이루어지고, 선덕여왕 때 이 절의 제1대 주지는 진골 출신의 환희사였고, 제2대 주지는 국통 자장, 제3대는 국통 혜훈, 제5대는 상률사였다.'

그 후 전쟁으로 인한 화재가 있은 이후로 큰 불상과 두 보살상은 모두 녹아 없어졌고, 작은 석가상만 남아 있을 뿐이다.

이를 찬양하니,

세상 어느 곳인들 참된 고향이 아니랴만,
불공을 드리기에는 우리나라가 으뜸일세.
아육왕이 할 수 없었던 것이 아니라,
월성 옛터를 찾느라고 그랬던 것일세.

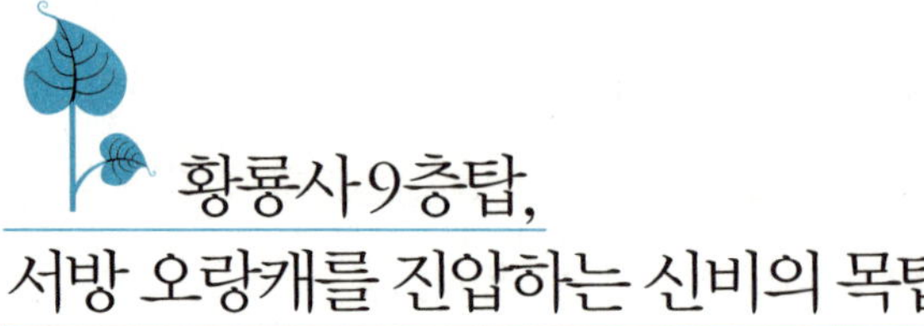

황룡사 9층탑,
서방 오랑캐를 진압하는 신비의 목탑

신라 제27대 선덕여왕 5년(636)에 자장법사가 중국으로 유학하여 오대산에서 문수보살이 전해주는 불법을 전해주는 감응해서 얻었다. 하루는 법사가 중국의 태화지라는 못가를 지나는데, 갑자기 신인이 나와 물었다.

"어떻게 이곳까지 왔소?"

"부처님의 깨달음을 구하기 위해서입니다."

이에 신인은 그에게 경건하게 절하고 나서 또 물었다.

"당신의 나라에 무슨 어려운 일이 있소?"

"우리나라는 북으로는 말갈과 접해 있고 남으로는 왜국에 이어졌으며, 고구려와 백제 두 나라가 번갈아 국경을 범하는 등 이웃 나라의 횡포가 자주 있사오니 이것이 백성들의 걱정입니다."

또 신인이 말했다.

"지금 그대의 나라는 여자를 왕으로 삼아 덕은 있어도 위엄이 없소. 이 때문에 자주 이웃 나라에서 침략을 도모하는 것이니 그대는 빨리 귀국하시오."

"고국으로 돌아가면 무슨 유익한 일이 있겠습니까?"

"황룡사의 호법룡은 바로 나의 큰아들이오. 범왕의 명령을 받아 그 절을 보호하고 있으니, 귀국하거든 절 안에 구층탑을 세우시오.

그러면 이웃 나라들은 항복할 것이며, 구한이 와서 조공하여 나라가 태평하고 번영할 것이오. 탑을 세운 뒤에는 팔관회를 열고 죄인을 용서하면 외적이 해치지 못할 것이오. 그리고 저를 위해 경기 남쪽 언덕에 절 한 채 지어 함께 내 복을 빌어주면 그 은덕에 보답하겠소.”

신인은 말을 하고 옥을 바친 후, 이내 형체를 숨기고 나타나지 않았다. 643년 16일에 자장법사는 당나라 황제가 준 불경, 불상, 가사, 폐백 등을 가지고 본국으로 돌아와 탑 세울 일을 임금에게 아뢰었다. 선덕여왕은 여러 신하에게 이 일을 의논하니 신하들이 말했다.

“백제에서 기술자를 청해 데려와야 되겠습니다.”

이에 보물과 비단을 가지고 백제에 가서 청해 오게 했다. 아비지라는 기술자가 명을 받고 와 나무와 돌을 재고, 이간 용춘이 그 역사를 주관하는데, 거느리고 참여한 장인들은 200여 명이나 되었다.

처음에 절의 기둥을 세우던 날, 아비지의 꿈에 조국인 백제가 멸망하는 모습을 보았다. 아비지는 심란하여 공사를 멈추었더니, 갑자기 천지가 진동하며 어두워지는 가운데 노승과 장사 한 사람이 금당문에서 나와 그 기둥을 세우고는 사라졌다. 이에 아비지는 공사를 멈춘 것을 후회하고 마침내 그 탑을 완성시켰다. 절 탑 기둥에 관하여 《찰주기》에 다음과 같은 기록이 있다.

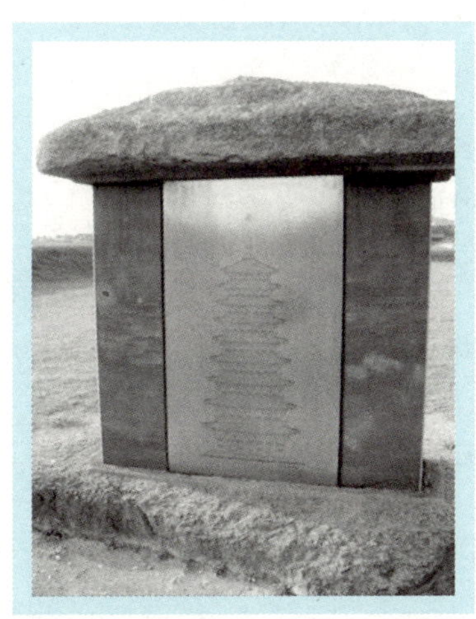

황룡사탑을 건립한 아비지 기념비

‘철로 만든 기반 이상의 높이가 42척, 기반 이하는 183척이다.’

자장이 오대산에서 받아 가져온 사리 100알을 탑 기둥 속과 통도사 계단, 또 대화사 탑에 나누어 모셨으니 이것은 못에 있는 용의 청에 따른 것이다. 탑을 세운 뒤에 천하가 형통하고 삼한이 통일되었으니, 탑의 영험함을 증명한 것이었다. 그 뒤, 고구려 왕이 신라를 칠 계획을 하다가 말했다.

“신라에는 세 가지 보배가 있어 침범할 수 없다고 하니 이는 무엇을 말하는 것이냐?”

“황룡사 장육존상과 구층탑, 그리고 진평왕 때 하늘에서 받은 옥대입니다.”

이 말을 듣고 고구려 왕은 침범할 계획을 그만두었다. 이는 중국 주나라에 구정이 있어서 초나라 사람이 감히 주나라를 엿보지 못했다고 한 경우와 같다.

이에 찬양하니,

신의 도움으로 제경에 탑을 세우니,

그 휘황한 채색으로 처마가 날아갈 듯하네.

여기에 올라 어찌 아홉 오랑캐의 항복만을 보랴,

하늘과 땅도 편안해진 것을 비로소 깨달았네.

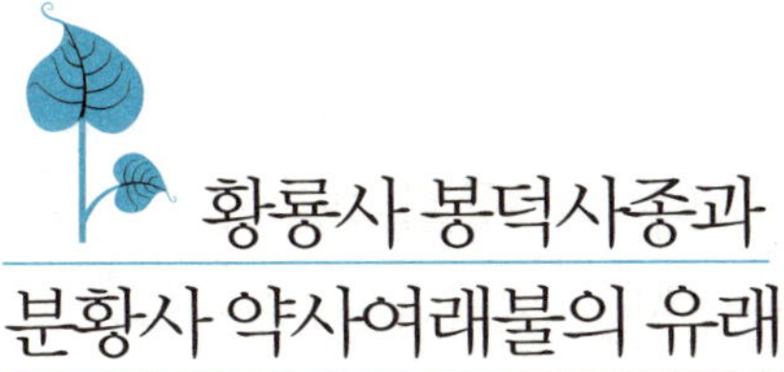

황룡사 봉덕사종과
분황사 약사여래불의 유래

신라 제35대 신라 754년에 황룡사의 종을 주조했는데, 길이는 1장 3촌, 두께는 9촌, 무게는 49만 7천581근이었다. 시주는 효정이왕 삼모부인이요, 주조자는 이상택이었다. 숙종 때 새 종을 만들었는데, 길이가 6척 8촌이었다. 또 다음 해에 분황사 약사여래불 동상을 만들었는데 무게가 30만 6천700근, 주조자는 본피부의 강고내말이었다.

또 경덕왕은 황동 12만 근을 내놓아 그 아버지 성덕대왕을 위해 큰 종 하나를 만들려다가 이루지 못하고 죽으니, 그 아들 혜공왕 건운이 770년 12월에 관리에게 명하여 기술자를 모아 마침내 완성시켰다. 그리고 봉덕사에 안치했는데, 이 절은 효성왕이 738년에 그 아버지 성덕대왕의 복을 빌기 위해 세운 것이다. 그렇기 때문에 그 종의 이름을 '성덕대왕 신종'이라 했다.

분황사 약사여래불

성덕대왕 신종

하늘과 땅에서 나온 사방불과
당나라 황제도 감탄한 만불산

죽령 동쪽 100리쯤 되는 곳에 우뚝 솟은 높은 산이 있는데, 진평왕 9년(587)에 갑자기 사면이 한 길이나 되는 큰 돌이 나타났다. 돌에는 사방여래의 상이 새겨져 있고 모두 붉은 비단으로 싸여 있었다. 마치 하늘에서 그 산마루에 떨어뜨린 것 같았다. 왕이 이 말을 듣고 직접 그곳으로 가 그 돌을 쳐다본 뒤, 드디어 그 바위 곁에 사찰을 세워 이를 대승사라고 했다.

《법화경》을 외는 승려를 청해 이 사찰을 맡겨 공석을 정갈하게 하였더니 향불이 끊이지 않았다. 그 산을 역덕산이라 하고, 혹은 사불산이라고도 한다. 그 사찰의 승려가 세상을 떠나 장사 지냈더니 무덤 위에 연꽃이 피었다.

또 경덕왕이 백률사에 행차하여 그 산 밑에 이르렀더니 땅속에서 염불하는 소리가 들렸다. 이에 그곳을 파게 했더니 큰 돌이 나왔는데, 사면에 사방불이 새겨져 있었다. 그곳에 사찰을 세우고 굴불사라고 했는데, 지금은 잘못 전해져서 굴석사라고 한다.

경덕왕은 당나라 대종황제가 불교를 숭상한다는 말을 듣고 기술자에게 명하여 예물을 만들게 했다. 오색 양탄자 위에 침단목을 새겨 명주와 아름다운 옥으로 꾸며서 높이 1장 남짓한 가짜 산을 만들어 놓았다. 산에는 기묘한 바위와 돌, 동굴로 꾸며져 있고 각 구역마다 노래하며 춤추고 노는 형상과 온갖 나라의 산천을 새겨놓았다. 또 바람이 불어 문 안으로 들어가면 벌과 나비가 훨훨 날고 제비와 참새가 저절로 춤을 추니 얼핏 보아서는 진짜인지 가짜인지 분간할 수가 없었다. 그 속에는 만불을 모셔놓았는데 큰 것은 사방 한 치가 넘고 작은 것은 8, 9푼쯤 된다. 그 머리는 혹은 큰 기장만 하고 혹은 콩 반쪽만 하다. 머리털과 백모, 눈썹과 눈이 또렷하여 모든 형상이 다 갖추어졌으니, 다만 비슷하게 비유할 수는 있어도 자세히 형용하기 어렵다. 그리하여 이 산을 만불산이라고 했다.

다시 거기에 금과 옥을 새겨 오색으로 만든 깃발과 덮개, 망고, 치자나무의 꽃, 각종 꽃과 과일, 100보나 되는 누각, 대, 전, 당, 정자 등을 만들었는데 비록 작기는 하지만 그 형상은 장엄하고 마치 살아서 움직이는 것과 같았다. 또한 그 앞에는 돌아다니는 1천 승려의 형상과, 그 아래에는 세 개의 자금종을 벌여놓았다. 종각이 있고 포뢰가 있으며 고래 모양으로 종 치는 방망이를 만들었다. 바람이 불어 종이 울리면 돌아다니는 승려들 모두

경주 소금강산의 백률사로 가는 길목에 위치한 보물 제121호 굴불사 사면석불

가 엎드려 머리를 땅에 대고 절했다. 염불하는 소리가 은은히 들리는 데, 그 종 속에 기관 장치가 있기 때문이다. 이것을 비록 만불이라고 하지만 그 참모습은 이루 다 기록할 수가 없다.

만불산을 완성하자 사신을 당나라에 파견하여 대종에게 바쳤다. 황제는 이것을 보고 감탄했다.

"신라의 교묘한 기술은 하늘의 것이지 사람의 기술이 아니다."

이에 구광선이란 부채를 그 바위 사이에 두고 불광이라고 이름 붙였다. 4월 8일에 대종은 두 거리의 승도들에게 명하여 대궐 안의 도량에서 만불산에 예배하고, 삼장법사 불공에게 명하여 밀부의 진언을 1천 번이나 외어서 경축하게 하니, 보는 사람들은 모두 그 정교한 솜씨에 탄복했다.

이를 찬양하니,

하늘은 만월을 단장시켜 사방불을 실어 보냈고,
땅은 부처의 환한 모습을 새겨 하룻밤 사이에 솟아냈다.
정교한 솜씨로 만불을 새겼으니,
부처의 진면목을 하늘과 땅, 그리고 인간 세계에 두루 퍼지게 하리.

생의사 돌미륵

선덕여왕 때, 생의스님이 도중사에 살고 있었다. 어느 날 꿈에 한 승려가 나타나 그를 데리고 남산으로 올라가서 풀을 매어 표시를 해놓고는 산 남쪽 골짜기에 와 말했다.

"내가 이곳에 묻혀 있으니 스님은 이것을 파내다가 고개 위에 편하게 묻어주시오."

꿈에서 깨자 그는 친구와 함께 꿈속에서 표시해놓았던 곳을 찾아 그 골짜기에 이르러 땅을 파보았다. 그랬더니 거기에서 돌미륵이 나왔다. 이에 돌미륵을 삼화령 위로 옮겨 모셔두었다. 선덕여왕 13년(644)에 그곳에 절을 세우고 살았는데 나중에 절 이름을 생의사라고 했다. 지금은 잘못 전해져서 성의사라고 한다. 충담사가 해마다 3월 3일과 9월 9일이면 차를 달여서 공양한 부처가 바로 이 돌미륵이다.

신통한 백률사 불상

계림 북쪽의 산을 금강령이라고 하는데, 그 산의 남쪽에는 백률사가 있다. 그 절에 부처상이 하나 있는데, 어느 시기에 만들어진 것인지 알 수가 없으나 영험이 자못 뚜렷했다. 어떤 자는 "이 부처상은 중

국의 신장이 중생사의 관음소상을 만들 때 더불어 만든 것이다”라고
말했다. 민간에서는 이렇게 전한다.

“이 부처님이 일찍이 도리천에 올라갔다가 돌아와서 법당에 들어갈
때에 밟았던 돌 위의 발자국이 지금까지 없어지지 않고 남아 있다.”

또 어떤 사람은 말했다.

“부처님이 부례랑을 구출하여 돌아올 때에 보였던 자취이다.”

692년 9월 7일에 효소왕은 살찬 대현의 아들 부례랑을 국선으로
삼았고, 그를 따르는 무리가 1천 명이나 되었다. 그중에서 안상과는
무척 친하게 지냈다. 다음 해 3월에 부례랑은 무리를 거느리고 금란
(강원도 통천)에 놀러갔는데, 북명(원산만)의 경계에 이르렀다가 말갈
족에게 사로잡혔다. 함께 따르던 무리는 모두 어쩔 줄 몰라 하고 그
대로 돌아왔으나 오직 안상만이 그를 쫓아갔다. 이때가 3월 11일로
대왕은 그 소식을 접하고 놀라움을 금치 못하여 말했다.

“선왕께서 신적(신기한 피리)을 얻어 나에게 전해주셔서 지금 거문
고와 함께 왕실 창고에 잘 간직되어 있는데, 무슨 일로 해서 국선이
돌연 적에게 잡혀갔단 말인가! 장차 이 일을 어찌하면 좋겠는가?”

이때 상서로운 구름이 왕실의 창고인 천존고를 뒤덮자 왕은 또 놀
라고 두려워하여 조사하게 하니, 창고 안에 있던 두 보배인 거문고와
신적이 사라졌다. 이에 왕이 말했다.

“과인은 어찌 그리 복이 없어 어제는 국선을 잃고, 또 이제 거문고
와 신적까지 잃는단 말인가!”

왕은 즉시 창고를 맡은 관리 김정고 등 다섯 명을 가두었고 4월에
나라 안의 사람을 모집하여 말했다.

"거문고와 신적을 얻는 사람은 일 년 조세를 상으로 주겠다."

5월 15일에 부례랑의 부모가 백률사 불상 앞에 나아가 여러 날 저녁 기도를 올렸다. 그런데 어느 날 갑자기 향탁 위에 거문고와 신적 두 보배가 놓여 있고, 부례랑과 안상 두 사람도 불상 뒤에 와 있었다. 두 부모는 매우 기뻐하여 어찌된 일인지 물으니, 부례랑이 말했다.

"저는 적에게 잡혀간 뒤 적국의 대도구라의 집에서 목동의 일을 맡아 대오라니라는 들에서 말에게 풀을 뜯기고 있었습니다. 그런데 갑자기 모양이 단정한 한 승려가 거문고와 피리를 들고 다가와 '고향 일을 생각하느냐?'고 위로했습니다. 이때 저는 저도 모르는 사이에 그 승려 앞에 꿇어앉아서 '임금과 부모를 그리워하는 마음을 어찌 다 말하겠습니까?'라고 호소했습니다. 그러자 스님은 '그럼 나를 따라오라' 하고는 드디어 저를 데리고 바닷가까지 갔는데 거기에서 또 안상과 만나게 되었습니다. 이에 스님은 신적을 둘로 쪼개어 우리 두 사람에게 각기 하나씩을 주어서 타게 하고, 그는 거문고를 타고 바다에 떠서 돌아오는데 잠깐 동안에 여기에 와 닿았습니다."

이 일을 자세히 왕에게 보고하자 왕은 크게 놀라 사람을 보내어 그들을 맞이하니 부례랑은 거문고와 신적을 가지고 대궐 안으로 들어갔다. 왕은 50냥과 금은으로 만든 그릇 다섯 개씩 두 벌과, 마납가사 다섯 벌, 비단 3천 필, 밭 1만 경을 백률사에 바쳐 부처님의 은덕에 보답하도록 했다.

더불어 나라 안의 죄인들에게 대사면을 내리고 관리들에게는 직급을 3계급씩 높여주었으며, 백성들에게는 3년간 조세를 면제해주었다. 그리고 절의 주지를 봉성사로 옮겨 살게 했다. 부례랑을 대각간에 봉하고, 아버지 대현아식을 태대각간으로 삼았으며, 어머니 용보부인은 사량부의 경정궁주로 삼았다. 안상은 대통을 삼고 창고를 맡았던 관리 다섯 사람은 모두 용서해주고 각각 관작 5급을 주었다.

6월 12일에 혜성이 동쪽 하늘에 나타나더니 17일에 또 서쪽 하늘에 나타나자 일관이 아뢰었다.

"이것은 거문고와 신적을 벼슬에 봉하지 않았기 때문에 그러한 것입니다."

이에 신적을 만만파파식적이라고 봉했더니 혜성은 이내 없어졌다. 그 뒤에도 신령스럽고 이상한 일이 많았는데, 너무 번거로워 다 싣지 않는다. 세상에서는 안상을 준영랑의 무리라고 했으나 이 일은 자세히 알 수가 없다. 영랑의 무리에는 오직 진재·번완 등의 이름이 알려졌지만 이들의 행적은 역시 전해지지 않는다.

분황사 천수대비, 눈먼 아이를 고치다

경덕왕 때, 한기리에 사는 희명이라는 계집아이가 태어난 지 5년만에 갑자기 눈멀었다. 어느 날 그 어머니는 아이를 안고 분황사 좌전 북쪽 벽에 그린 천수관음 앞에 나아가 아이를 시켜 노래를 지어 빌게 했더니 멀었던 눈이 드디어 떠졌다. 그 노래는 이렇다.

무릎을 세우고 두 손 공손히 모아

천수관음 앞에서 간절하게 비옵나이다.

천 개의 손과 천 개의 눈 하나를 내어 하나를 덜기를,

둘 다 없는 이 몸이오니 하나만이라도 내어주시옵소서.

아이 저에게 주시오면 그 자비 얼마나 클 것인가.

이에 찬양하니,

대나무로 만든 말을 타고 가까운 벗과 거리에서 놀다가,

하루아침에 두 눈 먼 사람 되었네.

자비로운 천수관음 눈을 돌리지 않았다면,

얼마나 많은 세월 동안이나 버들꽃을 못 보고 지냈을까.

천수관음보살

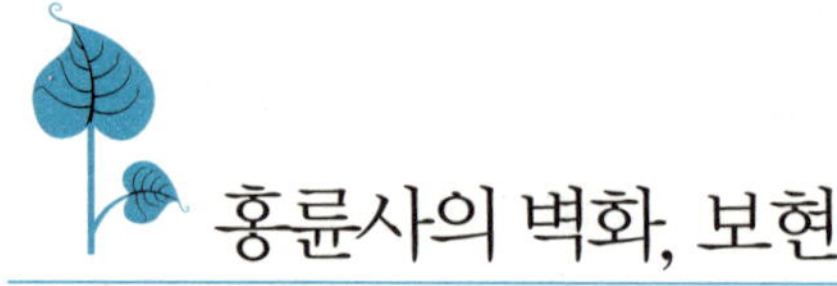

홍륜사의 벽화, 보현

제54대 경명왕 때 홍륜사의 남문과 좌우 낭무가 불에 탔는데, 아직 수리하지 못하고 있었다. 그래서 정화, 홍계 두 중이 시주를 받아 장차 수리를 하려고 했다. 정명 7년 신사(921) 5월 15일에 제석신이 절 왼쪽 경에 내려와 열흘 동안 머무르니 전탑·풀·나무·흙·돌 들이 모두 이상한 향기를 풍기고, 오색구름이 절을 덮고 남쪽 연못의 어룡들도 기뻐서 뛰놀았다. 사람들이 모여서 이것을 보며 전에는 없던 일이라 경탄하여 옥과 비단과 곡식을 시주하니 산더미를 이루었다. 장인들도 저절로 모여들어 하루가 안 되어 완성됐다. 역사를 마치고 천제가 바야흐로 돌아가려 하매 이 두 중이 아뢰었다.

"천제께서 만일 궁중으로 돌아가려 하시거든 저희에게 천제의 얼굴을 그려 정성껏 공양해서 하늘의 은혜를 갚게 하소서! 또한 이로 인하여 영상을 여기에 모셔 두게 항이 세상을 길이 보호하게 하시옵소서!"

이에 천제가 말했다.

"나의 원력은 저 보현보살이 현화(깊고 묘한 조화)를 두루 펴는 것만 못하다. 그러니 이 보살의 화상을 그려서 공손히 공양하여 끊이지 않는 것이 옳을 것이다."

이에 두 중은 천제의 가르침을 받들어 보현보살의 상을 벽에 공손히 그렸는데 지금까지도 이 화상은 남아 있다.

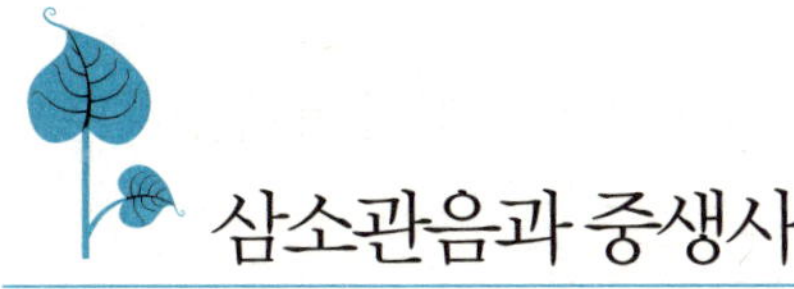

삼소관음과 중생사

신라 고전에 이런 기사가 있다. 중국 천자에게 총애하는 여자가 있었는데, 아름답기 짝이 없으므로 천자가 말했다.

"고금의 그림으로도 이처럼 아름다운 사람은 드물 것이다."

이에 그림을 잘 그리는 자에게 명해 그 실제 모양을 그리도록 했다.

그 화공의 이름은 전하지 않는데, 혹은 장승요라고도 한다. 그렇다면 그는 오나라 사람으로, 양나라 천감 연간에 무릉왕국의 시랑 직비각지화사가 되었고, 우장군과 오흥태수를 지냈다. 그러므로 여기에 나온 천자는 중국 양, 진 무렵의 천자일 것이다. 전에 당나라 황제라 한 것은 우리 조선 사람이 중국을 가리켜 모두 당이라 하는 까닭에서일 것이다. 실상은 어느 시대의 제왕인지 알 수 없다. 여기에는 두 가지를 모두 옮긴다.

그 화공은 천자의 명을 받들어 그림을 완성했다. 그때 잘못으로 붓을 떨어뜨려 배꼽 밑에 붉은 점을 찍어놓았다. 고쳐보려 했으나 고쳐지지 않았다. 그는 속으로 그 붉은 점은 필시 낳을 때부터 있는 것일지 모른다고 생각하고는 그림을 완성하여 황제에게 바쳤다.

그 그림을 보고 난 황제는 말했다.

"모양은 실물과 똑같으나 속에 감추어진 배꼽 밑의 점은 어떻게 알고 이것까지 그렸느냐."

황제는 크게 노해서 화공을 옥에 가두고 장차 형벌에 처하려고 하자, 승상이 아뢰었다.

"저 사람은 마음이 무척 곧은 자입니다. 원컨대 용서하여 주시기 바랍니다."

"만일 저 사람이 어질고 곧다면, 어젯밤 꿈에 내가 보았던 사람을 그려서 바치게 하라. 만일 그림이 꿈과 같다면 용서해줄 것이다."

이에 화공이 십일면관음보살의 상을 그려 바치니 꿈과 같았다. 황제는 그제야 마음이 풀려 그를 용서해주었다. 그 화공은 죄를 면하자, 박사 분절과 약속했다.

"내가 들은 바 신라국에서는 불법을 우러러 신봉한다 하므로 그대와 함께 배를 타고 바다를 건너 그곳에 가서 함께 불사를 닦아 인방(동방, 곧 신라)을 널리 이익되게 하는 것이 또한 좋은 일 아니겠소."

드디어 함께 신라국에 이르러 이 중생사의 관음보살상을 만들었다. 사람들이 모두 우러러 보고 기도하여 복을 얻음을 이루 다 기록할 수가 없다.

신라 말년 천성 연간(926~929)에 정보 최은함이 나이 많도록 아들이 없으므로, 이 절의 관음보살 앞에 나아가 기도했더니 태기를 얻어 아들을 낳았다. 석 달이 채 못 되어 후백제의 견훤이 서울로 쳐들어와 성안이 크게 어지러웠다. 최은함은 그 아이를 안고 이 절에 와서 말했다.

"이웃 나라 군사들이 갑자기 쳐들어와 일이 급합니다. 이 어린 자식으로 하여 누가 겹친다면 부자가 모두 화를 면할 수 없을 것입니다. 진실로 대성께서 이 아이를 주셨다면 원컨대 큰 자비의 힘을 내리시고 길러주시어 우리 부자가 다시 만나게 해주십시오."

슬피 울면서 세 번 아뢴 후 아이를 포대기에 싸서 관음상의 예좌 (부처가 앉아 있는 자리) 밑에 감추고는 못 잊어 하며 떠났다. 반달을 지나 적병이 물러가자 돌아와 아이를 찾았다. 아이의 살결은 마치 새로 목욕한 것과 같고, 더 예뻐졌는데 젖 냄새가 아직도 입에서 났다.

아이를 안고 돌아와 기르는데, 자라면서 총명함과 지혜로움이 보통 사람은 아니었다. 이 사람이 바로 승로인데, 벼슬이 정광에 이르렀다. 승로는 낭중 최숙을 낳았으며, 숙은 낭중 제안을 낳았다. 이로부터 자손이 계속되고 끊어지지 않았다. 은함은 경순왕을 따라 고려에 들어와 대성이 되었다.

또 통화 10년(992) 3월에 주지인 성태는 보살 앞에 꿇어앉아서 말했다.

"제자는 이 절에 오랫동안 살면서 정성을 다해 향화를 부지런히 받들어 밤낮으로 게을리하지 않았습니다. 그러나 절의 토지에서 나는 것이 없으므로 향사를 계속할 수 없으매 이제 다른 곳으로 옮기고자 하직하는 바입니다."

이날 성태는 언뜻 졸다가 꿈을 꾸니 관음대성이 말했다.

"법사는 아직 이곳에 머물러 있을 것이며 멀리 떠나지 말라. 내가 시주를 해서 제사에 쓸 비용을 넉넉히 마련해주겠다."

중이 깨달아 기뻐하며 마침내 그곳에 머물고 다른 곳으로 가지 않았다. 그 후 13일째 되는 날 문득 두 사람이 말과 소에 물건을 싣고 문 앞에 닿았다. 절의 중이 나가서 어디서 왔느냐고 묻자 대답했다.

"우리는 금주 지방 사람입니다. 지난번 한 스님이 우리를 찾아와 말하기를, 나는 동경 중생사에 오랫동안 있었는데 사사(제사에 쓰는

네 가지 물건, 북·음식·침구·탕약)가 어려워서 시주를 얻으러 온 것
이라고 했습니다. 그래서 우리는 이웃 마을에 가서 시주를 모아다가
쌀 엿 섬과 소금 넉 섬을 싣고 온 것 입니다.”

“이 절에서는 시주를 구하러 나간 사람이 없는데 그대들이 필시
잘못 들은 것 같소.”

스님이 말하자, 그 사람들이 또 말했다.

“그 스님이 우리를 데리고 오다가 이 신견정 우물가에 이르러 절
이 여기서 멀지 않으니 내가 먼저 가 기다리겠다고 했습니다. 그래서
우리는 따라온 것입니다.”

이에 절의 스님이 그들을 데리고 법당 안으로 들어가자 그들은 관
음대성을 쳐다보고 절하며 저희끼리 말했다.

“이 부처님이 바로 시주를 구하러 왔던 스님의 모습입니다” 하며
놀라고 감탄해 마지않았다. 이 까닭에 이 절에 바치는 쌀과 소금이
해마다 끊어지지 않았다.

또 어느 날 저녁에 절 문간에 화재가 나자 마을 사람들이 달려와
불을 껐다. 그런데 법당에 올라가 보니 관음상이 없으므로 살펴보니
이미 뜰 가운데 서 있었다. 밖으로 내온 사람이 누구냐고 물었으나
아무도 그런 자가 없었다. 그제야 모두 이것은 관음대성의 신령스러
운 힘임을 알았다.

또 대정 13년 계사(1173) 연간에 중 점숭이 이 절에 와서 살고 있었
다. 그는 비록 글은 알지 못했으나 성질이 본래 순수하여 향화를 부
지런히 받들었다. 이때 어떤 중이 그 절을 빼앗아 살려고 하여 친의
천사에게 호소했다.

"이 절은 국가에서 은혜를 빌고 복을 구하는 곳이니 마땅히 글을 읽을 줄 아는 자를 뽑아 그에게 맡겨야 할 것입니다."

그 말을 옳게 여긴 천사는 그 사람을 시험하려고 경전·원문을 풀이한 글을 거꾸로 주어보았다. 그러자 점승은 그것을 받자마자 줄줄 읽었다. 천사는 이것을 마음에 새겨두고는 방 가운데로 물러앉았다. 그리고 다시 그에게 읽어보라고 했다. 그러나 점승은 한 자도 읽지 못한 채 입을 다물고 있었다. 이것을 보고 천사가 말했다.

"상인(지혜와 덕을 갖춘 스님)은 참으로 관음대성이 지켜주시는 이로 구려."

그리하여 끝내 이 절을 빼앗지 않았다. 그 당시 점승과 함께 이 절에 살던 처사 김인부가 이 이야기를 고을의 노인들에게 전해주고 또 전기로도 적었다.

제2부

삼국유사 정리 편

제1장

고대 사료의 보고, 삼국유사

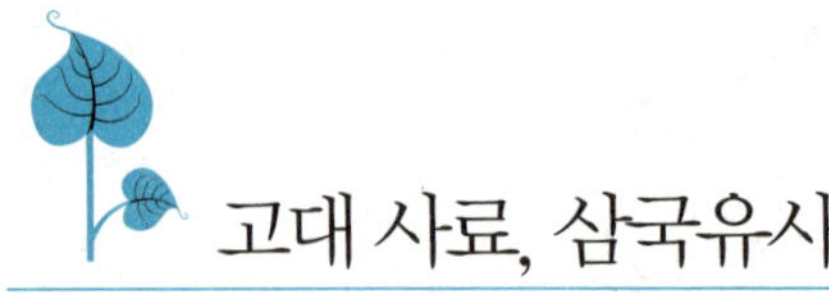

고대 사료, 삼국유사

《삼국유사》는 삼국의 역사를 총괄한 것이 아니다. 또한 불교사 전반을 포괄하고 있지도 않다. '유사(遺事)'라는 제목에서 보듯, 이 책은 역사가의 기록에서 빠졌거나 간과된 것을 새로이 드러내고 부각시킨 자유로운 형식의 역사서이다. 그런 만큼 신라 중심, 불교 중심으로 쓰여 있고, 북방 지역이 소홀히 취급되고 있으며, 간혹 인용한 책의 기록과 일치하는 않는 결점을 갖고 있다. 그럼에도 불구하고 그 의의가 감소하지는 않는다.

단군신화를 비롯한 숱한 설화와 전설, 지명, 성씨, 민속, 신앙 등은 역사학뿐만 아니라 민속학, 금석학, 고문학 연구의 귀중한 원천이 되고 있다. 그리고 《삼국유사》에 실린 탑, 불상, 사원 건축에 관한 기록은 한국 고대미술의 주류를 이루는 불교미술 연구에 소중한 자원이 되고 있기도 하다.

이러한 《삼국유사》는 고려 충렬왕(忠烈王) 때의 보각국사(普覺國師) 일연(一然, 1266~1289)이 신라·고구려·백제 3국의 유사를 모아서 지은 역사서로, 1999년 11월 19일에 부산유형문화재 31호로 지정되어 현재 부산 금정구 청룡동(범어사)에 보관 중이다. 활자본으로, 5권 2책으로 구성되어 있다. 편찬 연대는 미상이나 1281~1283년(충렬왕 7~9) 사이로 보는 것이 통설이다. 현재까지 고려 시대의 각본은 발견되지 않았고, 완본으로는 1512년(조선 중종 7) 경주부사 이계복에

196

의해 중간(重刊)된 정덕본(正德本)이 최고본이며, 그 이전에 판각(板刻)된 것으로 보이는 영본(零本)이 전한다.

《삼국사기》가 여러 사관(史官)에 의하여 이루어진 정사(正史)이므로 그 체재나 문장이 정제(整齊)된 데 비하여,《삼국유사》는 일연 단독으로 쓴 이른바 야사(野史)이기 때문에 체재나 문사(文辭)가 사실상《삼국사기》에 못 미친다. 그러나 거기서 볼 수 없는 많은 고대 사료(史料)를 수록하고 있어 둘도 없이 소중한 가치를 지니고 있는 문헌이다. 즉, 그중에서도 특히 고조선에 관한 서술은 한국의 반만년 역사를 내세울 수 있게 하고, 단군신화 관련 서술은 단군을 국조로 받드는 근거를 제시해준다. 그 밖에도 많은 전설, 신화가 수록된 설화문학서(說話文學書)라고도 일컬을 만하다. 특히 향찰(鄕札)로 표기된 〈혜성가(彗星歌)〉 등 14수의 신라 향가(鄕歌)가 실려 있어,《균여전(均如傳)》에 수록된 11수와 함께 현재까지 전하는 향가의 전부를 이룬다. 그런 만큼 한국 고대 문학사(文學史)의 실증에서도 절대적 가치를 지닌다. 육당 최남선(崔南善)은 일찍이 본서를 평하여 "《삼국사기》와《삼국유사》중에서 하나를 택하여야 될 경우를 가정한다면, 나는 서슴지 않고 후자를 택할 것"이라고까지 하였다.

《삼국유사》의 체재와 내용은 다음과 같다.

권1에 〈왕력(王曆)〉 제1과 〈기이(紀異)〉 제1을, 권2에 〈기이(紀異)〉 제2를, 권3에 〈흥법(興法)〉 제3과 〈탑상(塔像)〉 제4를, 권4에 〈의해(義解)〉 제5를, 권5에 〈신주(神呪)〉 제6과 〈감통(感通)〉 제7과 〈피은(避隱)〉 제8 및 〈효선(孝善)〉 제9를 각각 수록하고 있다. 〈왕력〉은 연표로서, 난을 다섯으로 갈라 위에 중국의 연대를 표시하고, 아래로 신라 · 고구려 · 백제 및 가락(駕洛)의 순으로 배열하였으며, 뒤에는 후삼국(後三國), 즉 신라 · 후고구려 · 후백제의 연대도 표시했다. 《삼국사기》 연표와 달리 역대 왕의 출생, 즉위, 치세를 비롯하여 기타 주요한 역사적 사실 등을 간단히 기록하고, 저자의 의견도 간간이 덧붙였다. 〈기이〉 편에는 그 제1에 고조선 이하 삼한 · 부여 · 고구려와 통일 이전의 신라 등 여러 고대국가의 흥망 및 신화, 전설, 신앙 등에 관한 유사 36편을 기록하였고, 제2에는 통일신라 시대 문무왕(文武王) 이후 신라 마지막 임금인 경순왕(敬順王)까지의 신라 왕조 기사와 백제 · 후백제 및 가락국에 관한 약간의 유사 등 25편을 다루고 있다. 〈흥법〉 편에는 신라를 중심으로 한 불교 전래의 유래와 고승들에 관한 행적을 서술한 7편의 글을, 다음의 〈탑상〉 편에는 사기(寺記)와 탑, 불상 등에 얽힌 승전(僧傳) 및 사탑(寺塔)의 유래에 관한 기록을 30편에 나누어 각각 실었다. 〈의해〉 편 역시 신라 때 고승들의 행적으로 14편의 설화를 실었고, 〈신주〉 편에는 밀교(密敎)의 이적(異蹟)과 이승(異僧)들의 전기 3편을, 〈감통〉 편에는 부처와의 영적 감응을 이룬 일반 신도들의 영검이나 영이(靈異) 등을 다룬 10편의 설화를 각각 실었으며, 〈피은〉 편에는 높은 경지에 도달하여 은둔한 일승(逸僧)들의 이적을 10편에 나누어 실었다. 마지막 〈효선〉 편은 뛰어난 효행 및 선행에 대한 다섯 편의 미담을 수록하였다.

이처럼 《삼국유사》의 저술은 저자가 사관이 아닌 일개 승려의 신분이었고, 그의 활동 범위가 주로 영남 지방 일원이었다는 제약 때문에 불교 중심 또는 신라 중심에서 벗어날 수 없었다. 또한 북방계의 기사가 소홀해졌고, 간혹 인용 전적(典籍)과 일치하지 않는 부분이 있을뿐더러 잘못 전해지는 사적을 그대로 모아서 수록한 것도 발견되었다. 그것은 《삼국유사》라는 책명이 말해 주듯이 일사유문적(逸事遺聞的) 기록인 탓에 불가피한 일이었다. 어찌되었든 당시의 민속, 고어휘(古語彙), 성씨록(姓氏錄), 지명기원(地名起源), 사상, 신앙 및 일화(逸話) 등을 대부분 금석(金石) 및 고적(古籍)으로부터의 인용과 견문(見聞)에 의해 집대성한 한국 고대의 정치, 사회, 문화생활의 유영(遺影)으로서 한민족(韓民族)의 역사를 기록한 일대 서사시(敍事詩)라 할 수 있다. 김부식의 《삼국사기》 편찬상 유교의 합리주의적 사고 또는 사대주의의 사상으로 말미암아 누락시켰거나, 혹은 누락된 것으로 보이는 고기(古記)의 기록들을 원형대로 온전히 수록한 데에 오히려 특색과 가치를 지니며, 실로 어느 의미에서는 정사 《삼국사기》 이상의 가치를 지닌 민족사의 보전(寶典)이라 일컬을 만하다.

《삼국유사》의 신간본(新刊本)으로는 1908년 간행된 일본도쿄대학 문학부[東京大學文學部]의 사지총서본(史志叢書本)이 가장 오래된 것이고, 조선사학회본(朝鮮史學會本)과 계명구락부(啓明俱樂部)의 최남선 교감본(校勘本) 및 그의 증보본(增補本)이 있으며, 그 밖에 1921년 안순암(安順庵) 수택(手澤)의 정덕본을 영인(影印)하여 일본 교토대학 문학부 총서[京都大學文學部叢書] 제6에 수록한 것과 고전간행회본(古典刊行會本)이 있다. 1945년 8·15 광복 후로는 삼중당본(三中堂本), 1946년 사서연역회(史書衍譯會)에서 번역하여 고려문화사에서 간행한 국역본(國譯本), 이병도의 역주본(譯註本) 등 여러 가지가 있다. 그리고 동서문화센터의 이학수 영역본(英譯本)과 1954년 《역사학보(歷史學報)》 제5집의 부록으로 이홍직의 삼국유사 색인이 발간된 바 있다.

　이제 《삼국유사》가 많은 신이한 기록들로 인한 신빙성 여부 문제와 그 당시의 시대 상황에서 중국 고대 제왕들의 신이와 대등한 새로운 역사 인식 표현이라는 점에서 설화를 통한 정신사적 의미를 발견해보자. 그리고 불교 영험담 강조를 통해 신앙심 고무의 의도와 《삼국유사》의 내용, 《삼국사기》와의 비교, 부정적 그리고 긍정적 측면, 의의에 대해 살펴보자.

　고려 초부터 행해진 문(文) 숭상 풍습은 고려 중기 문벌귀족을 낳았다. 이 문신 귀족정권은 유교적 전제정치의 이념 아래 왕도 중심, 중앙귀족 중심의 지배체제를 구축하여 국가와 사회, 정권과 민중 사이의 유리를 초래했다. 그래서 지배체제 내부의 반목과 전통적인 자주의식을 상실하게 만들었다.

　한편, 의종 연간에 일어난 무인정변은 문벌귀족, 문치 편중의 지배체제를 붕괴시켰다. 그러나 문신과 마찬가지로 자신들의 사리사욕을 채우기에 급급했기에 질서 회복은커녕 문화의 암흑기를 초래했다. 특히 문신보다 더한 무신들의 착취는 농민, 노예의 반란과 몽고의 침략을 야기했다.

　이 같은 문무의 독선적 폭압과 몽고 30년 항전을 체험했던 민중은 분노와 저항의식을 갖게 되었다. 이는 역사 전통에 대한 민족적 의식으로 심화되어 민중 속에서 성장한 신진사인(新進士人) 층이나 무신 집권기 조계종 승려에 구체적인 인식으로 드러났다. 이러한 시대 배경 속에서 나온 《삼국유사》는 《삼국사기》와 비교해봄으로써 그 가치를 더욱더 잘 알 수 있다.

첫째, 《삼국사기》는 왕명을 받고 김부식 이하 10여 명의 편찬위원들이 편찬한 정사인 반면, 《삼국유사》는 일연 개인이 편찬한 사찬서다. 이러한 까닭으로 《삼국사기》는 일정한 목적 아래 기사를 선택하고 이에 대한 편찬자들의 해석을 가미했는데, 정사로서의 성격상 왕실 중심, 통치자 중심의 사료가 주된 편집 대상이었다. 반면, 《삼국유사》는 귀족이나 민중이나 아무런 제약 없이 관심의 대상이 된 사료를 수집했다.

둘째, 《삼국유사》는 《삼국사기》와 달리 인용된 사료와 저자의 의견이 구분되는 서술 방법을 취했다.

셋째, 《삼국유사》는 저술하는 데 많은 사료를 수집해야 했다. 여기서 저자는 여러 사료를 널리 수집하여 그것들 사이의 차이점을 가리고, 나아가 자기의 고증을 첨가하여 역사적 사실을 파악하려 했다.

이상으로 《삼국유사》와 《삼국사기》를 간단하게 비교해봄으로써 《삼국유사》가 가지는 가치를 다시 한 번 알아보았다. 다음은 《삼국유사》에 대한 부정적, 긍정적 평가를 살펴보자.

《삼국유사》의 신빙성 문제에 대하여 여러 의견이 분분하다. 그 내용의 신빙성을 의심하여 사료로써의 가치를 부정하는 경우도 있고, 그 가치를 높이 평가하는 경우도 있다. 《신증동국여지승람》에서는 《삼국유사》에 대해 이렇게 기술한다.

'기재한 바는 모두 허황한 것이어서 믿을 수가 없다.'

또한 이규경의 《오주연문장전산고》에서는 '그 설은 허황하다'라고 기술되어 있다.

《삼국유사》에 대해 비교적 자세히 언급한 안정복의 《동사강목》에

서조차 이단의 허황한 설이요, 이류의 괴설임을 강조하고 있다는 점에서 《삼국유사》에 대해 부정적 시선을 가지고 있다. 이렇듯 《삼국유사》는 유학자들에 의해 허황한 이야기로 치부되었다.

하지만 《삼국유사》에 대한 긍정적 평가도 있었다. 최남선은 '삼국유사의 병을 말하는 자는 그 소전의 탄괴(誕怪)한 것을 거론하나, 우리로 보면 탄괴 그 점이 유사의 생명이오, 우리가 그를 향하여 큰 힘을 입고 감사를 드리는 소이인 것이다'라고 하며 고사의 원형을 보존해준 측면에서 《삼국유사》의 가치를 높이 평가하였다.

《삼국유사》의 각 조목의 기록은 원칙적으로 다른 문헌의 인용으로 되어 있다. 즉, 《삼국유사》의 저자 일연은 자기가 하고 싶은 이야기를 말해주는 자료들을 여러 곳에서 찾아 일정한 체계를 갖추어 모아놓은 것이다. 그러나 《삼국유사》의 모든 조목이 충실하게 그 전거를 밝히고 있는 것은 아니다. 《삼국유사》를 구성하는 140가지 정도의 조목 중 약 50조목 가량이 그러한 전거를 밝히고 있을 뿐, 나머지 다른 약 90개의 조목에는 그러한 전거가 밝혀져 있지 않다. 비록 전체의 3분의 2에 가까운 분량이 전거를 밝히지 않고 있더라도 그것이 전거 없이 일연에 의해 자의로 서술된 것이라고 할 수 없다. 즉, 전거를 적어놓지 않았을 뿐이지, 원래는 전거가 있는 기록들이었다는 점만은 확실하다. 개중에는 전거가 없어도 충분히 알 수가 있는 것이기 때문에 기록하지 않은 것도 있다.

이러한 《삼국유사》가 가지는 의의는 무척 크다. 우선 역사적 의의로, 《삼국유사》는 한낱 한 사람에 여업의 성과가 아닌, 유교의 현세주의, 합리주의에 비판적으로 비합리적 사실을 다루고 있는 것 같다.

그 첫째가 일반적인 역사적 신이(新異)의 기록인데, 한국고대사를 자주적 입장에서 중국이 아닌 천(天)과 직결되는 것으로 보았다. 무엇보다 한국사의 기원에 고조선, 위만조선, 마한으로 잇는 체계를 세움으로 자랑스러워했다. 이는 원(元)의 정치적 간섭이 있던 현실에서의 민족적 자주의식의 표현이었다고 해야 할 것이다.

둘째는 불교적 신이로서 신앙(信仰)의 옹호를 위한 것이었다. 이렇듯 《삼국유사》는 건국의 시조(始祖), 수성(守成)의 군왕(君王), 일반 서민에 이르기까지 〈기이〉에서 〈효선〉에 이르는 전편의 서사를 신이의 바탕에 전개하고 있다. 이것은 현실적 힘으로써 감당하기 어려운 강포한 외세에 대한 민족적 저항의식, 그 강렬한 극복의 의욕으로 역사를 전개시킨 추진력이라고 인식하였다.

현대적 의의로는, 그 첫째로 《삼국유사》의 사료적 가치가 높다는 것이다. 단군을 우리 국조로 보는 것은 한국 고대문학사의 실증에 절대적 가치를 가진다.

둘째로 유교의 도덕적 합리주의 사관에 대한 비판적 태도로, 근대사학은 정치적·사회적·경제적·문화적 관점에서 넓게 역사를 보려는 데 궤(軌)를 같이한다는 것이다.

마지막으로 《삼국유사》는 민족적 자주성 강조에 있다는 것에서 현대적 의의가 크다는 것을 잘 보여주고 있다.

하지만 원 사료들이 남아 있다고 한다면, 사료적 가치에 대한 문제는 거론되지 않을 성질의 것이다. 따라서 다양한 내용을 복합적으로 담고 있는 이 책의 연구를 위해 역사문학, 그리고 불교 등에 대한 포괄적 시각을 필요로 한다.

유구한 역사를 지닌 우리에게 많은 역사적 사실이 있지만, 그것들이 오늘날에도 사실로 존재하는 것은 아니고, 옛날에 사실로 취급을 받는 것이 오늘날 사실이 되기도 한다. 《삼국유사》는 공식 사관에 의해 편찬된 김부식의 《삼국사기》와 달리 선사(禪師) 한 개인에 의해 쓰여 체재(體裁)와 문사(文辭)가 정연하지 못한 약점을 지니고 있다. 그러나 단군신화를 비롯한 우리의 신화와 옛 전설들의 원형을 기록하였고 정형시가로서 최고의 형태인 향가 14수를 기록하는 한편, 불교에 관한 방대한 자료와 민속 신앙, 민담 등을 기록해 국문학의 전통을 발굴하는 데 귀중한 자료가 되고 있다. 《삼국유사》가 지닌 장점은 신이의 기록이라고는 하지만 괴력난신을 인정하지 않는 합리적 사관에 비판적으로 비합리적 사실을 기록하여 부족 부분을 채워줌으로써, 과장된 표현들 속에 살아 있는 역사적 진실에 접근하는 핵심 자료가 된다는 것이다.

또 다른 사료, 삼국사기

《삼국사기》는 고려 시대의 김부식 등 여러 사관들이 기전체(紀傳體)로 편찬한 삼국의 역사서이다. 1145(고려 인종 23)년, 국왕의 명령을 받은 김부식의 주도로 최산보 등 8명의 참고(參考)와 김충효 등 두 명의 관구(管勾)가 편찬하였다. 이들은 자료 수집과 정리 작업을 함께했지만, 〈진삼국사기표(進三國史記表)〉와 머리말, 논찬(論贊) 및 사료의 선택, 인물의 평가 등은 김부식이 직접 했을 것으로 추정된다. 특히 〈진삼국사기표〉에는 '사대부가 우리 역사를 잘 알지 못하니 유감이다. 중국 사서는 우리나라 사실을 간략히 적었고, 《고기(古記)》는 내용이 졸렬하므로 왕, 신하, 백성의 잘잘못을 가려 규범을 후세에 남기지 못하고 있다'고 하여 편찬 동기를 기록하고 있다.

구성은 크게 〈본기(本紀)〉 28권, 〈지(志)〉 9권, 〈연표(年表)〉 3권, 〈열전(列傳)〉 10권으로 이루어져 있다.

우선 〈본기〉는 신라 12권(신라 5, 통일신라 7), 고구려 10권, 백제 6권으로 구성되어 신라에 그렇게 편중되지 않았음을 알 수 있다. 구체적 내용은 정치, 천재지변, 전쟁, 외교 등으로 구분할 수 있다. 먼저 정치 부문은 축성(築城)과 순행(巡幸), 관제정비와 인사이동, 조상과 하늘에 대한 제사라는 종교 관례 등이 서술되어, 당시 삼국의 사회상을 잘 보여주고 있다. 축성은 백제가 가장 많아 늘 전쟁을 치렀음을 보여주고 있다. 순행은 1, 2월에 많이 했는데 고구려와 백제는 수렵을 목적으로 한 것이 많았던 반면, 신라는 구휼과 권농 및 수렵 등 다양한 목적을 띠고 있었다. 인사이동은 신라에서 가장 빈번하였다. 종교 관례는 백제에서 많이 하였다. 천재지변 부문은 혜성, 유성, 일식, 가뭄, 홍수 등 600여 회의 천재와 지진, 화재 등 330여 회의 지변으로 구분되는데, 이들은 주로 정치적 사건을 예언하는 기능을 하였다. 전쟁 부문은 전체 440여 회의 전쟁이 발생하는데 대체로 고구려는 이민족과, 백제는 신라와 전쟁하였다. 외교 부문은 620여 회의 교섭 기록이 있는데 주로 조공(朝貢)을 중심으로 한 대중국 외교가 많았다. 물론 삼국은 독립국가로서 외교관계를 맺은 것이며 중국에 종속

된 것은 아니었다.

〈연표〉는 '상(上)', '중(中)', '하(下)'로 구성되었는데, 내용이 소략하다. '상'은 BC 57년(박혁거세 즉위)부터 274년(미추왕 13), '중'은 275년(미추왕 14)부터 608년(진평왕 30), '하'는 608년(진평왕 30)부터 935년(경순왕 9) 신라가 멸망한 다음 해인 936년 후백제의 멸망까지 기록되어 있다.

〈지〉는, 제1권은 제사와 악(樂), 제2권은 색복(色服)·거기(車騎)·기용(器用)·옥사(屋舍), 제3~5권은 신라 지리, 제6권은 고구려·백제 지리, 제7~9권은 직관(職官) 등으로 구성되어 있다. 전체적으로 지리지가 가장 많은 비중을 차지하고 있는데, 통일 뒤에 확장된 영토 관념과 관련이 있을 것으로 보인다. 제사지는 5묘(廟), 3사(祀)에 대한 설명이 많이 차지하고 있고, 악지는 악기·가악(歌樂)·무(舞)·악공, 직관지는 중앙관부·궁정관부·무관과 외직의 순서로 기록되어 있다.

기전체의 역사서로서는 〈열전〉이 빈약한 편이다. 전체 69명을 대상으로 했지만 특별히 항목을 분류하지는 않았다. 제1~3권은 김유신 열전이고, 제4권은 을지문덕·거칠부 등 8명의 열전, 제5권은 을파소(乙巴素) 등 10명의 열전, 제6권은 강수(强首)·최치원 등 학자들의 열전, 제7권은 관창(官昌)·계백(階伯) 등 순국열사 19명의 열전, 제8권은 솔거(率居)·도미(都彌) 등 11명의 열전, 제9권은 연개소문·창조리(創助利) 등 반신(叛臣)의 열전, 제10권은 궁예·견훤 등 역신(逆臣)의 열전 등이 기록되어 있다.

그동안 가장 주목되어 왔던 것은 사론(史論)의 성격을 지닌 논찬

(論贊)이다. 논찬은 신라본기 10개, 고구려본기 7개, 백제본기 6개, 열전 8개 등 모두 31개가 있다. 내용은 주로 유교적 덕치주의, 군신의 행동, 사대적 예절 등 유교적 명분과 춘추대의를 견지한 것이지만 반면 한국 역사의 독자성을 고려한 현실주의적 입장을 띠고 있다는 특징을 가지고 있다. 이러한 점에서 이 책은 신채호 등이 비난한 것처럼 사대적인 악서는 아니었다고 할 수 있다. 또한 이 책이 단순히 사대주의의 산물이라고 볼 수 없는 것은 이것이 편찬된 시기와도 관련된다. 즉, 이 책은 고려 귀족문화가 최고로 발전하던 시기의 산물이었다. 이런 시대는 대체로 전 시기의 역사를 정리하는 때인데, 특히 당시에는 거란 및 여진과 전쟁한 뒤 강력한 국가의식이 대두하던 시기였다. 그러므로 이 책은 단지 유교정치 이념의 실현만이 아니라 국가의식의 구현이라는 차원에서 편찬되었던 것이다.

그 밖에도 이 책은 전근대 역사서의 특징인 술이부작(述而不作)의 객관성을 유지했는데, 이를 유지하기 위해 《고기》, 《신라고사(新羅古史)》, 《구삼국사(舊三國史)》, 《삼한고기(三韓古記)》와 최치원의 《제왕연대력(帝王年代曆)》 및 김대문의 《화랑세기》, 《고승전》, 《계림잡전》과 《삼국지》, 《후한서》, 《위서(魏書)》, 《진서(晉書)》, 《송서(宋書)》, 《남북사(南北史)》, 《구당서》, 《신당서》, 《자치통감》 등을 이용하기도 했다. 그러므로 이 책은 오히려 한국 전근대 역사 서술을 한 차원 높여주는 역할을 했다. 이는 첫째 삼국을 1세기부터 완성된 국가로 파악하고 국왕을 절대적 지배자로 이해했으며, 둘째 천재지변과 인간 활동을 연결시키면서 역사를 바라보고 국왕의 정치 행동을 연결시켰으며, 셋째 역사를 교훈을 위한 것으로 파악하였으며, 넷째 강한 국가의식과 자아의식을 강조하였고, 다섯째 역사에서의 개인의 역할을 강조하였다는 것에 잘 나타난다.

책은 1174년(명종 4) 사신을 통해 송나라에 보냈다는 기록으로 보아 이전에 초판을 간행했음을 알 수 있다. 그 뒤 13세기 후반에 성암본(誠庵本)이 만들어졌는데, 현재는 일부만 일본 궁내청(宮內廳)에 소장되어 있다. 다음으로 1394년(태조 3)에 3차 간행, 1512년(중종 7)에 4차 간행이 있었다. 4차 간행은 현재 완질의 형태로 옥산서원과 이병익이 소장하고 있다. 그리고 1760년(영조 36)에 간행된 것이 있는데, 러시아과학원 동방연구소 상트페테르부르크지부 도서관에 소장되어 있다.

삼국유사 vs. 삼국사기

《삼국유사》와 《삼국사기》의 사관이 어떻게 상이한지 더 자세하게 비교해보자.

흔히 《삼국유사》와 《삼국사기》를 비교하는 데에서, 《삼국유사》는 야사의 성격의 띠고 있어 《삼국사기》에 비해 그 가치가 떨어진다고 하는 학자도 있다. 그러나 《삼국사기》에서 빠뜨린 중요한 문화적 유산을 전해주고 있다는 점과 《삼국유사》만의 독창성이 있다는 점에서 높이 평가되고 있다.

고려 시대에는 유학이 발달되고 유교적 역사 서술체계가 확립되어 일찍부터 많은 사서가 편찬되었다. 12세기에는 김부식 등이 인종의 명을 받아 《삼국사기》를 편찬하였다. 《삼국사기》는 고려 초에 쓰인 《구삼국사(舊三國史)》를 기본으로 유교사관에 입각하여 기전체로 서술한 고려 중기의 대표적인 사서이다. 고려 후기에 와서도 역사 연구와 저술 활동은 활발히 이루어졌다. 특히, 무신정변 이후 사회적 혼란과 몽고 침략의 위기를 경험한 지식인들에 의해 민족적 자주의식을 바탕으로 전통문화에 대한 올바른 이해가 있어야 한다는 움직임이 일어났다. 이는 일연의 《삼국유사》에서 잘 나타나고 있다.

유교적 사관에 입각하여 서술된 고려 전기의 대표적 역사서 《삼국사기》는 삼국이 중국과 예로써 통교한 사실을 밝히고 군신의 선악과 충사를 통해 후대인들을 경계하는 데 주안점을 두고 있다. 즉, 문화상의 사대와 교훈상의 귀감이 《삼국사기》 편찬의 기본적 목표였다. 그 서술 방법에서는 중국의 정사체인 기전체를 우리나라에서 처음으로 적용하였으며, 춘추필법에 의거하여 괴력난신을 말하지 않았다.

이에 비해 승려 일연에 의해 편찬된 《삼국유사》는 고려 후기의 대표적 역사서이다. 그러다 보니 불교사를 중심으로 서술되었으며, 특히 《삼국유사》에서 괴력난신으로 규정되어 누락된 고대의 설화와 야사를 많이 수록하였다. 《삼국유사》의 '유사'는 바로 이러한 뜻에서 지어졌다. 그러므로 《삼국사기》와 《삼국유사》는 서로 보완적인 관계에 있다고 할 수 있다. 또한 《삼국유사》는 《삼국사기》의 문화적 사대주의와 달리 단군의 건국 이야기를 수록하는 등 민족적 자주의식을 바탕으로 서술되었다.

《삼국유사》가 지니는 사학사적 위치는 대세에 역행하는 복고적인

■ 《삼국사기》와 《삼국유사》의 비교

구분	삼국사기	삼국유사
편찬 시기	인종(1145년~묘청의 난 후)	충렬왕(1185년~원 간섭기)
편찬자	김부식 및 유학자	일연
체제	기전체−삼국 역사	기사본말체와 유사
내용	왕조 중심−정사체	설화 중심의 야사체
특징	신라 중심 역사 인식	불교 입장, 단군신화
사관	보수적 유교사관	자주적 사관

것으로 규정한다고 하더라도, 그것이 한국의 현대사학에서 지니는 의의까지가 덜하다는 뜻은 아니다. 아마도 《삼국유사》가 현대에서 지니는 의의는 다음의 두 가지로 요약될 수 있을 것이다.

첫째, 《삼국유사》의 사료적 가치가 높다는 것이다. 특히 전거를 밝혀주었다는 것은 중요한 일이다. 전거를 제시한 인용문은 일연이 이를 자의로 변경하고 있지 않는다는 점도 주목할 만하다. 그러므로 《삼국사기》와는 달리 소박한 표현들이 그대로 남아서 전존하게 되었으며, 이것은 오늘날 고대사를 연구하는 데 거의 무한한 가치를 제공한다. 더구나 인용된 많은 원전이 남아 있지 않는 오늘의 상황에서 특히 그렇다.

둘째, 유교의 도덕적 합리주의사관에 대한 비판적 태도이다. 이것은 근대사학도 마찬가지로 짊어지고 있는 과제였기 때문에 자연히 높이 평가되었다. 그리고 배외적인 경향을 띤 중국 중심의 사관에 대한 비판은 근대에 민족사적인 자각이 커가면서 필수적인 것이었는데, 이점 또한 《삼국유사》의 정신과 상통하는 것이었다.

게다가 《삼국유사》에는 풍부한 신화의 세계가 전개되고 있는 것이다. 《삼국유사》에 대한 이 같은 근대사학의 평가에도 제약이 있다. 우선 사료적 가치는 그것이 사료집으로 편찬된 것이 아니기 때문에 일연이 전혀 예기하지 못한 일이었다. 만약 원 사료들이 망실되지 않고 남아 있다고 한다면 사료적 가치에 대한 문제는 거론되지 않을 성질의 것이다. 가령 감산사(甘山寺)의 조상명은 실명이 남아 있어서 훨씬 자세하고 정확한 원문을 읽을 수 있기 때문에 약기되고 잘못된 판독이 섞여 있는 《삼국유사》의 인용문은 무가치한 것이 되었다. 또 유교의 도덕적 합리주의 사관에 대한 비판이라는 점에서 《삼국유사》와 근대사학이 축(軸)을 같이하지만, 그렇다고 《삼국유사》에서 제시된 고대사관이 오늘날에도 그대로 통용될 수는 없다.

《삼국유사》는 여러 학문적 가치로 볼 때 우리 민족의 뿌리와 전통이 들어 있는 '민족적 보전(寶典)'이라고 할 수 있다. 《삼국유사》는 단순한 역사서가 아니라는 점에서 또한 그 특징을 가진다. 그리고 기록의 솔직함과 자유스러움 또한 《삼국유사》의 특징이다. 그러면서도 그 안에 역사적 진실을 담고 있다는 점은 잘 다듬어진 역사서와는 다른 의의를 가진다. 선화공주 이야기, 단군신화를 비롯하여 불국사와 석굴암의 유래 등이 설화 방식으로 나오는데, 이것들은 고대사회를 이해하는 데 귀중한 기록들이다. 지금까지 전해지는 향가 25수 중 균여전에 있는 11수 외에 나머지 14수가 《삼국유사》에 있기도 하기 때문에 국문학적으로 대단히 그 가치가 있다.

《삼국사기》는 어느 정도 글쓴이의 역사의식이 들어가 있다. 그렇기 때문에 《삼국유사》 집필 당시의 역사의식도 짐작할 수 있다. 따라서 생생한 역사서가 아닐 수 없다.

또한 《삼국유사》는 단순한 사실을 기록한 역사서라기보다는 현대인과 고대 조상과의 대화를 가능하게 하는 책이라고 할 만하다. 그러므로 학계에서는 《삼국유사》에 대한 구체적인 연구와 노력을 기울인다면 《삼국유사》라는 책은 현재 우리가 알고 있는 것보다 더 많은 사실과 역사를 드러내지 않을까 싶다.

역시 이것이 가지는 역사적 의의는 크다. 현존(現存)한 모든 한국사적(韓國史籍) 가운데 가장 오랜 것으로 손을 꼽는 사적으로 《삼국사기》, 그다음이 《삼국유사》임은 세인이 공지하는 바이다. 앞서 언급했듯, 《삼국사기》는 12세기 중반경인 1145년(고려 인종 23)에 김부식이 왕명을 받들어 찬진한 것이고, 《삼국유사》는 이보다 약 1세기 반을 뒤져서 승려 일연의 손에 나온 것이다. 이 두 책이 삼국을 중심으로 우리 상대사(上代史) 연구에 얼마나 귀중한 존재적 가치를 지니고 있는 문헌인가는 두말할 나위가 없다. 더욱 사기(史記)는 삼국의 정치적 흥망변천(興亡變遷)을 주안(主眼)으로 하여 지(志)·전(傳)을 합뜨려 이른바 정사(正史)의 체(體)를 표방한 만큼 그만한 무게와 정중미(鄭重味)를 가지고 있음은 틀림없다.

《삼국사기》는 문신귀족의 유교적 역사의식에 입각하여 서술한 것으로, 고려 중기의 사풍(史風)을 대표한다. 따라서 종교적이며 전통적인 신라의 고대사관(古代史觀)을 대신하여 유교사관의 합리성을 내세웠다. 그리고 당시 귀족 사회의 분열과 송, 금의 대립에서 오는 국내외의 불안정 속에서 자기 문화의 고양을 위한 자국 역사의 재구성을 의도하였다는 점에서 역사의식의 성장을 보여주었다. 그러나 이 사서 역시 유교적 문신귀족의 입장에서 서술되었다는 한계를 지니고 있었다.

이상으로 《삼국유사》와 《삼국사기》의 가치와 그것이 가지는 한계에 대해 다시 한 번 더 알아보았다. 지금까지 알아본 바, 우리의 역사에서 이 두 사서를 빼고 논하라면 도저히 불가능하다. 그만큼 이 두 사서가 가지는 우리 역사에서의 가치는 지대한 것이라고 하겠다. 이러한 훌륭한 역사서를 더욱더 소중히 하고 바르게 연구할 때 우리 역사는 다시 한 번 더 찬란하게 살아날 것이다.

제2장

삼국유사 다시 보기

삼국유사의 저자 일연

일연은 고려 후기의 고승으로, 성은 김씨이다. 처음의 법명은 견명(見明), 처음 자는 회연(晦然), 자호는 목암(睦庵), 경상도 경주의 속현이었던 장산군 출신으로 김언정의 아들이다. 1214년(고종 1), 지금의 광주 지방인 해양(海陽)에 있던 무량사(無量寺)에 가 학문을 닦았고, 1219년 설악산 진전사(陳田寺)로 출가하여 고승 대웅(大雄)의 제자가 되어 구족계(具足戒)를 받은 뒤, 여러 곳의 선문을 방문하면서 수행하였다.

이때 많은 사람의 추대로 구산문사선(九山門四選)의 으뜸이 되었다. 1236년 10월 몽고의 침입이 일어나 병화가 전주 고부 지방까지 이르자, 병화를 피하고자 문수(文殊)의 오자주(五字呪)를 염하면서 감응을 빌었다. 문득 문수가 현신하여 "무주에 있다가, 명년 여름에 다시 이 산의 묘문암(妙門庵)에 거처하라"고 하였다. 이에 곧 보당암의 북쪽 무주암으로 거처를 옮겼다.

그곳에서 항상 '생계(生界), 즉 본질적인 세계는 늘지 아니한다(生界不滅 佛界不增)'라는 구절을 참구(參究)하다가 깨달음을 얻어 "오늘 삼계(三界)가 꿈과 같음을 알았고, 대지가 작은 털끝만큼의 거리낌도 없음을 보았다"라고 하였다. 몽고의 침입이 계속되는 동안 남쪽의 포산·남해·윤산 등지에서 전란을 피하면서 수행에 전념하다가, 1261년(원종 2) 원종의 부름을 받고 강화도로 갔다. 강화도의 선월사

(禪月社)에 머무르면서 설법, 지눌(知訥)의 법을 계승하였다.

1268년에는 조정에서 선종과 교종의 고승 100명을 개경에 초청하여 해운사(海雲寺)에서 대장낙성회향법회(大藏落成廻向法會)를 베풀었는데, 일연으로 하여금 그 법회를 주관하게 하였다. 물 흐르는 듯한 그의 강론과 설법으로 그곳에 모인 사람들을 감화시켰다. 1277년(충렬왕 3)부터는 충렬왕의 명에 따라 청도 운문사(雲門寺)에서 1281년까지 살면서 선풍을 크게 일으켰다.

이 무렵 《삼국유사》를 집필하기 시작한 것으로 추정된다. 1282년 가을 충렬왕의 간곡한 부름으로 대전에 들어가 선(禪)을 설하고 개경의 광명사(廣明寺)에 머무르면서 왕실 상하의 극진한 귀의를 받았다. 이듬해 3월 국존(國尊)으로 책봉되어 원경충조(圓經庶照)라는 호를 받았으며, 그해 4월 왕의 거처인 대내(大內)에서 문무백관을 거느린 왕의 구의례(옷의 뒷자락을 걷어 올리고 절하는 예)를 받았다. 그러나 늙은 어머니의 봉양이 마음에 걸려 몇 차례에 걸친 왕의 만류를 뿌리치고 고향으로 돌아왔다.

산 아래에서 모시고 봉양하던 어머니가 1284년에 죽자, 조정에서는 군위 화산의 인각사(麟角寺)를 수리하고 토지 100여 경을 주어 주재하게 하였다. 1289년 6월에 병이 들자 7월 7일 왕에게 올릴 글을 쓰고, 8일 새벽 선상(禪床)에 앉아 제자들과 선문답을 나눈 뒤 거처하던 방으로 돌아가 손으로 금강인(金剛印)을 맺고 입적하였다.

저서로는 《화록(話錄)》 2권, 《게송잡저(偈頌雜著)》 3권, 《조파도(祖派圖)》 2권, 《대장수지록(大藏須知錄)》 3권, 《제승법수(諸乘法數)》 7권, 《조정사원(祖庭事苑)》 30권, 《삼국유사》 5권 등이 있다.

삼국유사의 집필 배경 및 목적

삼국유사의 집필 배경

일연의 역사의식은 무신의 난 이후 혼란한 사회에 대한 자각과 반성에서 그 모순을 극복할 정신적 기준을 찾기 위해 과거의 전통을 재인식하려는 문화적 배경이 고려 사회 전반에 전개되고 있던 것에 그 토양을 두고 있다.

《삼국유사》보다 150년가량 앞서 고려 문화의 난숙기에 편찬된 관찬사서 《삼국사기》는 정치제도 중심의 현실 문제를 주로 다룬 것이었고, 그 편찬을 주도한 김부식 등의 역사의식은 유교적 정치사관이었다. 이러한 사관은 고려 전기에서부터 후기에 이르기까지 주로 편찬사서를 중심으로 지배적 조류를 이루었다. 이들 관찬사서들이 갖는 사관은 합리주의의 추구라는 긍정적인 일면을 갖는 동시에 《삼국사기》에서 보듯 고대 전통문화의 이해 범위 축소와 사회 모순에 대한 인식의 회피라는 문제점도 보여준다. 그런데 고려의 정치가 몽고의 간섭을 받는 시기에 이르러 유교적 정치사관은 현실의 모순을 극복하는 힘의 원천 역할을 수행할 수 없게 된다. 이처럼 민족적으로 어려운 상황에 처했을 때는 정신적 측면을 강조함으로써 외세의 압력을 극복하고자 하는 정신사관적 역사의식이 나타나게 마련이다. 그리고 이런 정신사관을 강하게 반영하는 사서가 바로 《삼국유사》인 것이다.

삼국유사의 집필 목적

《삼국유사》를 집필한 일차적 동기는 '유사'라는 이름에서 살펴볼 수 있는데, '유사'는 사가(史家)의 기록에서 빠졌거나 자세히 드러나지 않은 것을 드러내어 표현한 것을 말한다. 따라서 《삼국유사》는 《삼국사기》나 《해동고증전(海東高僧傳)》 등의 기존 사서에 대한 보족(補足)의 의도에서 찬술된 것이라 할 수 있다.

일연이 《삼국사기》를 '국사(國史)' 또는 '본사(本史)' 등으로 부르는 것은 그가 이를 정사(正史)로 인식하고 있었음을 보여준다. 일연은 이 같은 기존 사서에서 간과해버린 고대사와 불교사의 많은 부분을 다방면의 사료를 모아 폭넓게 전개하고자 했다. 그러나 보족적인 것이라 해서 《삼국유사》를 낮게 평가할 수는 없다. 자신이 구성한 의도에 따라 강한 역사의식을 기반으로 각고의 노력을 통해 이룩한 것이 《삼국유사》이기 때문이다. 또 일연은 《삼국사기》에서 제외된 고대문화에 깊은 애정을 가지고 그중에서도 특히 불교문화를 중심으로 《삼국유사》를 편찬하였다. 그러나 일연의 관심이 불교에만 국한된 것은 아니었다. 일연은 고기(古記), 사지(寺誌), 금석문(金石文), 사서, 승전(僧傳), 문집 등을 광범위하게 수집함은 물론 자신이 직접 보고 듣고 발굴해낸 민간전승의 수많은 설화와 전설 역시 주요 자료로 제시하였다. 이 때문에 《삼국유사》는 단순한 불교사 또는 불교문화사가 아닌 종합 사서인 것이다. 일연의 역사의식을 가장 잘 드러낸 것은 《삼국유사》 〈기이(紀異)〉 편의 서문인데, 그 취지를 이렇게 밝히고 있다.

'대체로 성인이 예악으로 나라를 일으키고 인의(仁義)로 가르침을 베푸는 데에서 괴력난신(怪力亂神)은 말하지 않는 바였다. 그러나 제왕이 장차 일어나려 함에 부명(符命)을 받고 도록을 받아 반드시 남과 다른 점이 있은 연후에야 능히 대변(大變)을 타고 대기(大器)를 쥐어 대업(大業)을 이룰 수 있었던 것인데 삼국의 시조가 모두 신이한 데서 나왔다는 것이 무엇이 괴이하겠는가?'

《삼국유사》 전편에 걸쳐 그 저변을 이루는 신이는 이처럼 일연이 가졌던 가장 중요한 역사인식이었다.

삼국유사의 가치 및 특징

문학사

《삼국사기》는 대체로 중국 쪽 문헌만을 의존하는 사대주의적 관점에서 집필되었다 평가되고 있다. 그러다 보니 《삼국사기》는 편찬 목적, 절차, 양식, 자료의 선별 표준, 문장 표현에 이르기까지 일정한 전통적 규범에 따르는 것을 편집 제강에 삼았던 책이었다. 반면, 《삼국유사》는 집필자의 주관적 의도와는 별개 문제로, 까다로운 제약들로부터 벗어난 입장에서 일정한 교양을 갖춘 불교 승려가 삼국 시대의 유사들을 들추어냈다는 데 의의가 있다. 그런 의미에서 정사의 입장에서 본다면 무책임하게 집필했다고 볼 수도 있지만 그 점이 오히려 오늘날에는 사료적 내용을 더욱 풍부하게 만든 원천이 되고 문학적 사료를 높이는 결과를 낳았다고 볼 수 있다.

《삼국유사》의 서두에 실린 도깨비 이야기 같은 허망한 이적 같은 이야기라도 그것이 역사적 진실이라면 써서 괴이할 것이 없다는 의미로 유사 편찬의 방향을 표명하고 있다. 이러한 점이 《삼국유사》의 사료적 내용을 더 풍부하게 만든 원천이 된다.

《삼국사기》 이래로 우리나라의 고전을 지은 사람들이 한문 지상주의 입장에서 어느 것이나 한문으로 전해진 자료가 아닌 이상 '사료 부재'라고 평가절하한 채 취급 대상으로 삼지 않은 반면, 일연은 삼국 시대의 유사들을 되도록 빠뜨리지 않고 수록하겠다는 의도를 내포하고 편찬한 것이다. 특히 일연의 사상과 관련된 불교관계의 설화가 많다는 인연도 작용하여 '사설이 비속하다'는 평가에도 불구하고 그대로 수록했던 게 오늘날 한국문학사에 길이 빛나는 작품으로 귀중한 자리를 차지하게 된 요인이다.

역사

《삼국유사》에는 우리나라의 옛 지명들과 함께 그 지명의 유래를 밝히는 부분이 많이 있다. 그래서 우리나라의 언어사와 고대 지리학 연구에서도 귀중한 문헌적 자료를 제공한다. 일연은 이 책에서 종래의 불교관계, 서적에서 잘못 전달된 부분을 시정하겠다는 목적으로 전편의 절반이나 되는 부분을 할애하고 있다.

《삼국유사》는 통사를 의식한 역사 서적이 아님은 분명하지만 일연이 고조선에서부터 삼국 시대 이전까지의 문헌적 공적을 책의 머리 부분에서 주의 깊게 보충함으로써, 삼국의 역사적 전통을 뚜렷이 밝혔다. 특히 그 시대의 역사적 첫 기록을 한민족의 구성원으로서 남겼다는 것 자체의 의미만으로도 대단히 지대하다고 할 수 있다. 바로 이것이 《삼국유사》가 조금 앞선 시대의 《삼국사기》와 엄격히 구별되는 점이다.

고조선을 한민족이 세운 최초의 민족국가로 인식하면서 고조선과 공존했던 나라들의 건국설화를 통해 단일 민족국가로서 우리 민족을 규정한 일연의 역사의식이 결코 일연의 독창적 견해이거나 구상에서 나온 것은 아닐 터이다.

문화유산

《삼국유사》의 또 다른 특징은 일연의 기억이나 지식으로 소화된 자료들을 주관적으로 엮어 서술한 것이 아니라, 당시의 고전 문헌들로부터 광범위하게 인용했다는 점이다. 《삼국유사》에 인용된 중국 고전만 해도 27종에 달하였다. 우리의 고전은 역사서적, 불교서적, 문집류를 포함하여 책명이 분명한 것만 해도 50여 종이 포함되었다. 또한 고기, 향기 등 약칭, 범칭으로 표시한 문헌도 무수히 많았다. 이 밖에 비문과 고문서 등에서 인용한 것이 20여 종, 개인의 말이나 시에서 인용한 것도 적지 않다. 이를 유추해보면 《삼국유사》 속에는 자칫 사라져버릴 뻔했던 수많은 문헌이 보고로서 자리하고 있음을 알 수 있다. 이처럼 《삼국유사》는 역사, 지리, 문학, 미술, 언어, 고고, 민속, 사상, 종교 등 각 분야를 통해 이 책이 없었더라면 영구히 찾을 수 없는 귀중한 자료들을 집중적으로 보유하고 있는 귀중한 문화유산임이 틀림없다.

《삼국유사》는 전체가 신이의 기록이라고 할 수 있다. 이는 일연이 유교의 합리주의 사관에 대한 비판의 뜻이 있었기 때문인 것 같다. 그는 일반적인 역사적 신이에 대한 기록으로 한국고대사를 자주적 입장에서 새로이 이해해보려고 노력했다. 즉, 한국 역사는 중국이 아닌 하늘과 직결되는 것이고, 한국사의 기원은 고조선 위만조선 마한으로 이어져 오랜 역사적 전통을 지닌 것이었다. 즉, 민족적 자주의식을 표현인 것이다. 또, 불교적 신이에 대한 서술로 신앙을 옹호했다. 신화, 전설, 신앙의 세계인 《삼국유사》는 당시 사학계의 합리주의로의 접근이라는 전진적 자세와는 다른 복고적인 것이었다.

첫째, 전자를 제시한 인용문으로 인해 많은 원전이 남아 있지 않은 오늘날 《삼국유사》가 지니는 사료적 가치가 높다. 둘째, 유교의 도덕적 합리주의 사관에 대해 비판하고 폭넓은 문화사적 측면을 제시해 줌으로써 근대사학에서 높이 평가되었다. 셋째, 민주적 자주성을 강조하고 있다는 점에서 근대사학과 궤를 같이 하고 있다는 점에서 《삼국유사》의 역사적 의의는 매우 크다고 하겠다.

삼국유사의 주관적 감상

《삼국유사》를 펼쳐 읽었을 때 처음으로 궁금한 것이 있었다. 학창 시절 국사 시간에 '말갈(靺鞨)은 고구려의 후예 대조영이 세운 것인데, 주지배층은 고구려 유민이었고, 피지배층은 말갈인이었다'라고 배웠다. 그런데 말갈에 대해서 《삼국유사》는 '추장 조영은 나라를 세우기에 이르러 스스로 진단(震旦)이라 부르다가 선천(先天) 중에 비로소 말갈이라는 호칭을 버리고 오로지 발해라고 불렀다'라고 되어 있다. 또 《삼국사》에서는 '의봉(儀鳳) 3년 고종(高宗) 무인년에 고구려의 남은 무리가 무리를 모아 북쪽으로 태백산 아래에 의지하여 국호를 발해라 하였는데, 개원(開元) 20년 사이에 명황(明皇)이 장수를 보내 토벌하였다. 또 성덕왕 32년 현종(玄宗) 갑술년에 발해와 말갈이 바다를 건너 당나라의 등주(登州)를 침략하니, 현종이 토벌하였다'라고 했다. 또 《신라고기》에 따르면 '고구려의 구장(舊將) 조영의 성은 대씨(大氏)인데, 남은 군사를 모아 태백산 남쪽에 나라를 세우고 국호를 발해라 했다'라고 되어 있다. 실제로 말갈과 발해의 관계가 모호하고, 각 역사서의 내용이 다름에도 하나의 내용을 교육한다는 것이 이상하게 느껴진다. 이는 일본이 자국의 국사책에 조선 침략을 '진출'로 표기한다고 해서 항의하는 것에 비하면 아이러니가 아닐수 없다. 우리가 반드시 타국보다 우월해야 한다는 당위성을 가질 필요는 없다고 생각한다. 따라서 발해에 대해 더 적극적인 탐구가 이루어졌으면 하는 바람이고, 정확한 서술을 교과서에 실었으면 한다.

또 전에는 알고 있었던 내용이지만 실제로 느끼지 못했던 부분이 있다. 고구려와 신라의 시조에 관한 신화를 살펴보면 고구려의 시조 주몽(朱蒙)과 신라의 시조 혁거세(赫居世)는 모두 알에서 태어났다. 또 주몽은 북쪽에 위치하고 있었던 부여에서 나타났고, 혁거세는 태어날 때에 여섯 개의 알과 함께 있었다고 한다. 이를 미루어볼 때, 개인적 사견으로는 당시 한반도의 대부분이 새를 신으로 삼는 샤머니즘이 정치적 주도권을 쥐고 있었던 것 같다. 그렇지 않고서야 삼국 중 북쪽 끝과 남쪽 끝 나라에서 알(새의 상징)이 왕을 상징할 수 있을까. 그리고 한반도 중간에 위치하고 있었던 백제는 고구려에서 내려온 통치자(비류와 온조)가 나라를 세웠다고 하는데, 이 내용이 그것을 뒷받침해주는 것 아닐까.

또한 북쪽의 부여의 정치 구조는 중앙집권적 제도였음을 알 수 있다. 그것은 시조가 태어난 신화에서 알 수 있을 것 같다. 북쪽에서는 하나의 알에서 왕이 탄생하였다. 이는 당시의 정치 구조를 대변해주는 게 아닌가 한다. 그 당시의 현실이 신화를 형성하는 데에서 절대적인 영향을 끼치기 때문이다. 남쪽 나라들은 소위 제후국(諸侯國)이었을 것 같다. 실제로 가야국은 하나의 나라를 이루지 못하고 있다가 신라에 패망했다. 북쪽과는 다른 분권적인 정치구조를 가지고 있었다. 그것을 뒷받침할 만한 것으로 철을 들 수 있다. 가야 쪽에는 철이 많았다고 한다. 옛날, 철을 지니고 사용할 줄 알았다는 것은 그만큼 군사력의 우세를 의미한다. 북쪽에서부터 철기문화가 전파했다고 하는데, 중앙집권적 나라인 부여나 고구려는 군사력관리(철의 제련, 사용 방법 등)를 철저히 했을 것이고, 그에 반해 남쪽에서는 제후국들이 앞다투어 철 기술을 수입해서 사용했을 것이다. 따라서 군사력이 비슷해진 가야국들은 통일을 하지 못했을 것이다.

여기서 잠깐 《삼국유사》와 다른 의견을 제시한 이영희의 《노래하는 역사》에 대해 생각해보자. 연오랑과 세오녀의 설화에서 의견의 차이가 난다. 《삼국유사》를 먼저 살펴보면, 신라 제8대 아달라왕(阿達

羅王) 4년 정유(157)에, 동해 바닷가에는 연오랑과 세오녀 부부가 살고 있었다고 한다. 어느 날 연오랑이 바위(혹은 물고기)를 타고 일본으로 가서 왕이 되었으며, 세오녀 역시 일본으로 가서 귀비(貴妃)가 되었다는 대목이 나오며, 일본제기(日本帝紀)에는 신라 사람이 왕이 된 자가 없으니 이는 변방 고을의 소왕(小王)이지 진왕(眞王)은 아니라는 대목도 있다. 그러나 《노래하는 역사》에 따르면, 연오랑은 일본의 진왕이며, 바로 연개소문이라는 것이다. 일본제기에 따라 신라 사람이 일본의 왕이 된 것이 아니라, 고구려 사람인 연개소문이 신라에 들러 일본으로 갔다면 그런 가능성도 있는 것이다. 또 당시 각국의 국력을 살펴보았을 때, 그 가능성을 뒷받침해준다. 신라나 일본은 당시 거의 비슷한 국력을 가지고 있었거나 일본이 더 약했다고 추정된다. 시대마다 차이는 있겠지만, 신라 사람들이 일본에서 백제계 사람들과 정권 다툼을 했다는 사실에 비추어볼 때, 그렇게 추정할 수 있는 것이다.

다시 《삼국유사》로 돌아가 생각해보면, 연오랑과 세오녀가 일본으로 간 뒤, 신라의 해와 달이 빛을 잃었다고 했는데, 그만큼 중요한 인물들이 일본에 가서 고을의 소왕쯤에 지나지 않는다는 것은 이상하다.

이번에는 과거의 정치적 공작에 대해 생각해보자. 신라의 제29대 태종대왕(太宗大王)은 김춘추(金春秋)로, 김유신의 막냇누이를 아내로 맞이했다. 이때, 김유신은 김춘추를 의도적으로 막냇누이를 결혼시킨 게 아닌가 한다. 김유신이 춘추공과 함께 정월 오기일 축국을 하다가 일부러 옷끈을 떼고, 집에 데려가 막냇누이와 만나게 했다.

또한 일부러 화형하는 척하여 김춘추와 김유신의 동생 문희(文姬)를 결혼시키는 것을 왕명으로 정당화시켰다. 완벽하게 계획된 결혼이라고 생각되는데 왜 그랬을까? 왜 김유신은 김춘추와 한가족이 되려고 애썼을까? 김유신은 무력(武力) 이간(伊干)의 아들인 서현(舒玄) 각간(角干) 김씨의 아들이고, 김춘추는 각간 추봉 문흥대왕(文興大王)을 아버지로 두고, 어머니는 진평대왕(眞平大王)의 딸인 천명부인(天明夫人)이었다. 그렇다면 김유신은 정치권의 핵심부에 들어가기 위한 정략결혼이었다는 것인가? 김유신은 무신(武臣)집안의 출신이고 김춘추는 왕족이었기 때문이다. 김춘추가 왕이 된 것을 예감한 김유신은 미리 한가족으로 묶었으리라. 특히 김춘추가 왕이 되었을 때, 김유신과 함께 행동하여 대업을 이루었다는 부분에서 왜 하필 김유신이냐는 것이 의문이다. 왕과 함께 일을 도모한 만큼이나 정치력이 막강했다는 것을 의미하는지도 모르겠다.

거듭 말하지만 《삼국유사》는 승려 일연이 쓴 만큼 사상의 기본 바탕은 불교이다. 《삼국유사》의 후반부를 보면 승려가 사람들의 병을 신통력으로 고치고, 귀신을 물리치는 대목이 많이 나온다. 대부분 잡신을 부처의 힘으로 없앤다는 내용이다. 그렇다면 일연이 《삼국유사》를 썼을 때, 불교사상에 반대되는 이야기는 빼지 않았을까 하는 의문이 생긴다. 김부식이 쓴 《삼국사기》는 유교사관에 비추어 많은 이야기를 왜곡하거나 삭제하였다고 한다. 그런 식으로 《삼국유사》에 적용되었을지도 모른다. 당시에는 부처의 신통력으로 몰아낸 잡신 이야기가 더 많았을지도 모른다는 말이다. 역사서를 읽다 보면 이러한 의문이 계속 생긴다. 그래서 《삼국유사》를 읽으면서 앞서 언급한

《노래하는 역사》와 같이 읽어보는 것도 좋다. 어느 말이 사실인지는 모른다. 그러나 비교, 대조하면서 읽다 보면 나름대로의 생각이 선다. 내 생각이 맞았든 틀렸든 그러한 생각을 한다는 것은 분명 재미있고 의미 있는 일이다.

역사 서술의 본질적 의미 소고

역사 서술은 저자의 다양한 인식체계 아래에서 서술된다. 조명의 위치와 각도에 따라 한 사건은 색다르게 비춰지는 것처럼 말이다. 이러한 인식의 동기는 과연 무엇일까. 그것은 현재까지 사학체제에 영향을 미치는 양쪽 사서의 서술을 통해 가늠해볼 수 있다. 저술 당시의 사회 상황과 저자 개인의 경험을 통해 획득된 눈을 통해 서술의 위치는 바뀔 수 있을 것이다. 하나의 사건을 저자의 역량에 따라 보충 또는 삭제를 통해 전말을 제시함으로써 역사는 빛을 발할 수도 있고 잃을 수도 있다. 앞서 살펴보았듯, 《삼국사기》와 《삼국유사》는 동시대에 저술되었음에도 당시의 시대 배경과 저술 목적, 그리고 저자의 생애 및 서술상의 방법 차이에 의해 전형적인 관찬과 사찬의 특징을 보여주었다. 또한 전대 사학자와 사서에 대한 인식도 후세 사학의 인지를 통해 재조명될 수 있음을 전술을 통해 알아볼 수 있었다.

역사가 수레바퀴처럼 돌고 도는 재반복의 진행 과정이라고 할 때, 진정한 역사 서술의 가장 본질적인 것은 하나의 사건을 통해 진실을 볼 수 있고 역사가 재반복의 과정을 통해서도 앞으로 진보할 수 있도록 보조적인 역할을 하도록 하는 것이다. 이러한 점에서 《삼국유사》는 우리 민족의 역사와 당시의 시대정신을 알려줌으로써 민족의 진일보를 할 수 있도록 하는 역량을 제시한 역사적 사서라 할 것이다.

※ 참고문헌

김창길 저, 《삼국유사(해설)》, 임마누엘, 1992.
이기백, 〈삼국유사의 사학사적 의의〉, 창작과 비평, 1976.
이재운, 〈삼국사기와 삼국유사의 비교〉, 충남대학, 2010.
일연 저, 《삼국유사》, 김원중 역, 을유문화사, 2002.
정무룡 저, 《삼국유사의 문화적 탐색》, 신지서원, 1999.

제3부

삼국유사 심화 편

제1장

신라 신문왕 대 전제왕권의 확립

신문왕, 전제왕권의 시대를 열다

신문왕은 일반적으로 전제왕권을 확립한 왕으로 평가된다. 신문왕 대(代)를 전제왕권이 확립된 시기라고 보는 것은 일찍이 이기백의 '신라 중대 전제왕권'설이 주장되면서부터다. '신라 중대 전제왕권' 설이 제기된 이후 역사학계에서는 이에 관한 논의를 끊임없이 해왔고, 그러면서 다양한 설이 꾸준히 발표되었다. 하지만 몇몇 학자를 제외하고는 사실상 신라 신문왕 대에 전제왕권이 성립되었다고 보는 게 일반적이다.

전제정치는 군주, 귀족, 독재자, 계급, 정당 등 그 어느 것이든 모두 불문하고 지배자가 국가의 모든 권력을 장악하여 아무런 제한이나 구속 없이 마음대로 그것을 운용하는 정치체제라고 할 수 있다. 전제정치를 정의하는 부분에서도 많은 논란이 있지만, 권력 집중이라는 측면에서 전제정치를 파악해볼 필요가 있다. 이런 점에서 신문왕 대에 일어났던 김흠돌의 난과 만파식적 설화를 들여다보면 전제왕권의 확립에 관한 일련의 정보를 파악할 수 있을 것이다.

김흠돌의 난과 구귀족 세력의 약화

신문왕 즉위년에 일어난 김흠돌의 난은 신라 중대의 권력 구조적 특성인 전제왕권의 확립에 결정적 계기가 되었다는 점에서 지금까지 많은 연구자의 주목을 끌어왔다. 그러나 김흠돌의 난에 대한 연구 대부분은 전제왕권 확립의 결과에만 초점을 맞추고 있다. 그러다 보니 뭔가 부족한 면이 있다. 사실, 김흠돌의 난에 대한 구체적인 이해 과정 없이는 신문왕 대의 정치 현상에 대한 정확한 이해는 불가능하다.

이제 우선적으로 김흠돌의 난에 가담했던 사람들에 대한 분석을 하고, 이를 토대로 김흠돌의 난이 발생하게 된 이유를 살펴보자. 한 걸음 더 나아가 김흠돌의 난이 전제왕권 확립에 어떠한 영향을 끼쳤는가에 대해서도 살펴보자.

김흠돌의 난 가담자 분석

김흠돌의 난은 신문왕 원년 8월 8에 일어났다. 문무왕이 7월 1일에 죽고, 신문왕이 즉위한 지 1개월이 조금 지난 시기에 반란이 일어난 것이다. 김흠돌의 난에 대해서는 《삼국사기》 권8, 신라본기 신문왕조에서 그 기록을 볼 수 있다. 기록들을 나열해보면 다음과 같다.

A-① 신문왕이 왕위에 올랐다. 이름은 정명이다. 문무대왕의 맏아들로 어머니는 자의왕후이다. 왕비 김씨는 소판 흠돌의 딸이다. 왕이 태자로

있을 때 그를 맞아들였는데, 오래도록 아들이 없다가 훗날 그 아버지의 반란에 연좌되어 궁중에서 쫓겨났다. 문무왕 5년에 태자가 되었고, 이때에 이르러 임금의 자리를 이었다.

A-② 8일에 소판 김흠돌, 파진찬 흥원, 대아찬 진공 등이 반란을 꾀하다가 죽임을 당했다.

A-③ 13일에 보덕왕이 역적을 평정한 일을 축하하였다.

A-④ 16일에 다음과 같은 교서를 내렸다.

  '공이 있는 사람에게 상을 내리는 것은 옛 성인의 아름다운 규범이요, 죄가 있는 사람을 처벌하는 것은 선왕의 아름다운 법이다. (중략) 어찌 상중에 서울에서 반란이 일어날 줄 생각이나 하였으랴! 역적의 우두머리 흠돌, 흥원, 진공 등은 지위가 재능으로 오른 것이 아니요, 관직은 실로 은전에 의하여 오른 것이다. 처음부터 끝까지 몸을 삼가 부귀를 보전하지 못하고 어질고 의롭지 못한 행동으로 복과 위세를 마음대로 부리고 관료들을 업신여겼으며, 아래위 가릴 것 없이 모두 속였다. 날마다 탐욕스러운 뜻을 거리낌 없이 드러내 보이고 포학한 마음을 멋대로 부렸으며, 흉악하고 간사한 자들을 불러들이고 궁중의 근시들과 서로 결탁하여 화가 안팎으로 통하게 하였으며 나쁜 무리가 서로 도와 날짜와 기한을 정하여 반란을 일으키려고 하였다. (중략) 그 음모가 탄로 나고 말았다. (중략) 이 때문에 병사를 끌어모아 무도한 자들을 제거하고자 하였더니, 혹은 산골짜기로 도망쳐 숨고 혹은 대궐 뜰에 와서 항복하였다. 그러나 가지나 잎사귀 같은 잔당들을 모두 찾아내어 이미 모두 죽여 없앴고 3~4일 동안에 죄인의 우두머리들이 소탕되었다. 마지못하여 취한 조치였으나 사람들을

놀라게 하였으니 근심하게 부끄러운 마음이야 어찌 한시라도 잊으랴.'

A-⑤ 28일에 이찬 군관을 목 베고 교서를 내려 말하였다.

'(중략) 이찬 군관은 반열의 순서에 따라 마침내 높은 지위에까지 올랐으나, 임금의 실수를 보완하여 결백한 절개를 조정에 드러내지 않았고 임금의 명령을 받음에 제 몸을 잊으면서 진심으로 충성을 표하지도 않았다. 이에 역신 흠돌 등과 사귀면서 그들이 반역을 도모하고 있다는 사실을 알고서도 일찍이 알리지 않았으니, 이는 이미 나라를 걱정하는 생각이 없을 뿐만 아니라 공사를 위하여 몸 바칠 뜻도 없는 것이니, 어찌 중요한 재상 자리에 두어 국헌을 함부로 흐리게 할 것인가? 마땅히 무리와 함께 처형함으로써 뒷사람들을 경계시키노라. 군관과 그의 친아들 한 명은 자살케 할 것이니 멀고 가까운 곳에 포고하여 이것을 함께 알게 하라.'

위의 내용을 보면, 반란의 무리로 지목되고 있는 사람은 소판 김흠돌, 파진찬 흥원, 대아찬 진공이라고 되어 있다(A-②). 이들 외에도 김군관이 역신 흠돌 등과 사귀면서 그들이 반역을 도모하고 있다는 사실을 알고서도 일찍이 알리지 않았다(A-⑤)고 한 것으로 볼 때, 역시 이 반란 세력에 어느 정도 가담하고 있었을 것으로 보인다. 또 '흉악하고 간사한 자들을 불러들이고 궁중의 근시들과 서로 결탁하여 화가 안팎으로 통하게 하였으며 나쁜 무리가 서로 도와 날짜와 기한을 정하여 반란을 일으키려고 하였다(A-④)'라고 한 것처럼 반란의 무리는 상당한 수였음을 짐작하게 한다.

반란 세력 중 주동자를 찾는다면, 역적의 우두머리라고 지적된 흠돌, 흥원, 진공일 것이다(A-④). 이들은 소판이나 파진찬 혹은 대아찬의 지위에 올랐다는 점에서, 그리고 신문왕이 태자로 있을 당시 태자의 비가 김흠돌의 딸이었다는 점에서, 그들의 신분은 진골귀족이라 할 수 있다. 또한 '역적의 우두머리 흠돌, 흥원, 진공 등은 지위가 재능으로 오른 것이 아니요, 관직은 실로 은전에 의하여 오른 것이다(A-④)'라고 말한 점을 감안한다면, 실력보다는 골품에 의해 관리가 된 계층이라는 점을 확인할 수 있다.

좀 더 구체적으로 흠돌, 흥원, 진공의 기록을 살펴보자. 김흠돌에 대한 기록은 《삼국사기》 문무왕조에서 확인할 수 있다.

B-① 김유신으로 대장군을 삼고, 김인문, 진주, 흠돌로 대당장군을 삼고……(《삼국사기》 6, 문무왕 원년 7월)

B-② 대각간 김유신으로 대당대총관을 삼고, 각간(角干) 김인문, 흠순, 천재, 문충과 잡찬 진복, 파진찬 지경, 대아찬 양도, 개원, 흠돌로 대당총관을 삼고……(《삼국사기》 6, 문무왕 8년 6월)

김흠돌은 문무왕의 즉위 초부터 활동하고 있다. B-①, ②를 보면 그는 진골귀족으로 문무왕 원년(661)에 6정의 가장 주요한 핵심 부대인 대당의 장군으로 임명된 이후 8년(668)에도 계속해서 대당 소속의 장군으로 나오고 있다. 그리고 앞서 보았듯, 신문왕이 태자로 책봉된 문무왕 5년 이후 태자비로 그의 딸을 바치고 있다는 사실은 김흠돌이 문무왕 대에 활동한 대표적 진골귀족의 한 사람임을 알려준다.

흥원이나 진공의 경우는 문무왕 8년에서 11년 사이에 그들의 활동을 찾아볼 수 있다.

C-① 아찬 원일, 흥원으로 계금당 총관을 삼았다. (《삼국사기》 6, 문무왕 8년 6월)

C-② 그리하여 영공은 려왕 보장과 왕자 복남, 덕남과 대신 등 20여 만구를 거느리고 당으로 돌아갈 때 각우 김인문과 대아찬 조주도 영공을 따라가고, 인태, 의복, 광천, 흥원도 수행하였다. (《삼국사기》 6, 문무왕 8년 9월)

C-③ 왕이 전지에서 환어(還御)할 새 중신, 의관, 달관, 흥원 등이 전역에 있어 왕흥사영에 퇴각한 일이 있으므로 그 죄가 당연히 사형에 처할 것이로되 특사하여 면직만 시켰다. (《삼국사기》 6, 문무왕 10년 7월)

C-④ 유인원이 귀우미혜를 보내어 고구려의 대곡, 한성 등 2군 12성이 귀복하였음을 와서 고하매, 왕이 일길찬 진공을 보내어 하례하였다. (《삼국사기》 6, 문무왕 8년 6월)

C-⑤ 당병이 백제를 구하려 한다는 말을 듣고 왕은 대아찬 진공을 보내어 군사를 이끌고 웅포를 지키게 하였다. (《삼국사기》 7, 문무왕 11월 정월)

흥원은 C-①, ②, ③으로 볼 때, 계금당총관이 된 이후 군사적으로 활동하다가, 문무왕 10년에 면직된 바 있는 인물이다. 진공의 경우 C-④, ⑤기록만으로는 장군의 경력이 있는지 분명하지 않지만, 그 역시 군사적으로 활동한 인물임을 알 수 있다.

난의 직접 주모자로 언급되고 있지 않지만, 김군관은 김흠돌과 매우 밀접한 것으로 보인다. 군관의 경우 흥원이나 진공의 경우와는 달리 매우 화려한 경력을 가지고 있다. 그의 경력 중 가장 주목되는 것은 그가 병부령을 역임한 사실이다. 그리고 더욱이 문무왕 20년에는 최고의 관직인 상대등에까지 오른 인물이기도 하다. 군관 역시 당시 정치와 군사상의 요직을 차지하고 있는 진골귀족이라 할 수 있다.

김흠돌 난의 주모자들의 공통적 특징은 첫째로 관등과 관직에서 보듯 당시의 대표적 진골귀족이라는 점이고, 둘째로 통일 전쟁기에 군사적으로 크게 활동하였다는 점이다.

김흠돌의 난과 왕권 강화와의 관계

김흠돌 세력이 신문왕 집권기에 반란을 일으킨 원인을 파악하기 위해서는 앞서 살펴보았던 김흠돌의 난의 주모자 성격과 당시의 정치적 상황 등을 다양하게 살펴봐야 한다. 김흠돌 세력이 반란을 일으킨 이유에 대해, 그들이 문무왕 대에서부터 정치적으로 소외를 당했고 이에 반란을 일으켰다는 주장이 제기되기도 한다. 반란의 주모자들의 정치·군사적 활동은 주로 문무왕 대 전반기에 집중되고 후반에 들어와서는 거의 활동을 보이지 않는다는 점이 이를 뒷받침한다. 군관의 상대등 임명기사를 제외하면 이들의 활동은 문무왕 11년 백제 지역에서 당과의 충돌에 대비하여 진공이 출전한 뒤로는 전혀 찾아볼 수 없기 때문이다.

문무왕 후반기에 이들의 기사가 없고 활동이 축소되었다는 점을 파악하여 김수태의 경우 이들이 문무왕과 신문왕에 의하여 정치적으로 서서히 소외되고 있었던 인물들이라고 보았다. 그는 우선 흠돌의 경우, 그의 딸이 태자비로 들어간 후 오랫동안 아들이 없었다는 사실과 관련하여 김흠돌의 정치적 소외를 살피고 있다. 그녀에게 아들이 없다는 사실은 태자비로서, 신문왕이 즉위한 이후 왕비로서의 지위가 매우 불안정하였을 것이고, 그러한 이유로 오랫동안 아들이 없었기 때문에 왕비가 출궁 당하고 이에 흠돌이 모반 사건을 일으켰다는 것이다. 즉, 왕비의 무자(無子) 출궁과 함께 왕비와 관련된 세력은 정치적으로 소외되었으며, 곧 왕권에 대항한 세력이 되었다고 보고 있다.

흥원의 경우에도 그는 문무왕 10년 전역에서 공로를 세웠지만 일시 퇴각한 사실 때문에 사형을 받을 뻔했다(C-③)는 점을 들어 정치적 소외를 설명하고 이다. 그는 이때 사형을 면하게 되었지만 면직됨으로써 정치적 활동이 좌절되었을 것이라고 보았다. 그리고 군관의 경우도 김유신이 사망한 이후 7년간 상대등이 공백으로 있으면서, 7년이 지난 시점에서 군관의 상대등 임명이 이루어졌다. 이는 오랫동안 상대등으로 임명되는 것이 저지되었음을 말한다. 더욱이 군관은 약 1년이 조금 지난 신문왕 즉위와 함께 바로 내쫓겼다는 사실로 보아 정치적으로 소외되었다고 밝힌다. 바로 이것이 김흠돌의 난의 원인이라고 보고 있다. 그러나 이것은 정밀한 분석이 아닌 것 같다.

우선 김수태는 무자 출궁이 선이고 그 이후에 반란이 일어났다고 보고 있으나, 《삼국사기》 신문왕조에 '오래도록 아들이 없다가 나중에 그 아버지의 반란에 연좌되어 궁중에서 쫓겨났다(A-①)'라는 기록을 볼 때, 이는 옳지 않다. 그리고 흥원이나 군관 등도 정치권에서 소외되고 있다고 보았으나, 흥원이 문무왕 10년 백제 잔적 토벌전에서 퇴각한 죄로 면직을 당한 것은 사실이지만 이때 다른 사람들도 같은 이유로 파면을 당하였다. 그리고 진공의 경우는 일길찬에서 대아찬으로 승진하고 있다. 군관은 화려하다고 해도 좋을 만큼 그 군사적 활동이 돋보이며, 문무왕 말년에는 상대등의 자리에까지 오르므로 역시 정치적으로 소외된 인물이라 할 수 없다. 그리고 군관이 상대등 자리에 오르기까지 상대등이 7년간이나 공백으로 있었다고 주장하여 그가 정치적으로 소외되었다고 보았으나 본기의 기록상 실제로 이 시기에 상대등이 존재하였으리라 추측한 논고도 몇 편 제출되고 있다. 이를 통해 이들이 단순히 문무왕 대의 왕권 강화 측면에서 소외당한 인물이기 때문에 반란을 일으켰다는 주장은 설득력을 잃을 수밖에 없다.

반란의 원인을 파악하기 위해서는 더 정밀하게 시대적 상황과 연결하여 살펴봐야 한다. 문무왕 대는 무열왕계의 왕권 강화가 본격적으로 이루어진 시기라고 할 수 있다. 김유신계의 도움을 얻어 무열왕권의 출범을 본 이후 무열왕은 백제 정벌을 무열왕가의 명예 회복을 위한 정치적 수단으로 삼았다. 이어 문무왕은 재위 21년간에 걸쳐 삼국통일을 완성함으로써 무열왕권의 권위를 확립시켰다. 왕위 계승이 성골왕족으로부터 진골왕족으로 바뀐 무열왕 및 문무왕이 재위하는 동안 골품제에 의한 어떤 형태의 반발이 있었을 것이라 추측된다. 그러나 기록에는 별다른 반란 사건이 보이지 않는다. 아마도 여기에는 이 시기가 통일 전쟁기이고, 따라서 관심이 대외적인 사건에 집중되고 있었기 때문에 무열왕계에 반대하는 세력이 있었다 하더라도 직접적으로 반란을 일으키지는 못했을 것이다.

그렇지만 통일의 주역이었던 무열왕, 문무왕, 김유신 등이 죽고 난 다음에는 상황이 달라진다. 우선 통일전쟁이 다 끝났기 때문에 관심은 다시 국내로 돌아왔고, 신문왕이 즉위함에 따라 그들에게는 무열왕계 왕에 대한 반발이 밖으로 표출될 계기가 마련되었을 것이다. 김흠돌의 난이 즉위 후 한 달이 채 되지 않아 일어난 것도 그런 이유에서라고 생각할 수 있다. 21년의 재위를 통해 어느 정도 왕권 강화를 이룩한 문무왕보다는 이제 막 왕의 자리에 오른 신문왕이 김흠돌의 무리가 생각하기에 훨씬 쉬운 상대였을 것이다. 그렇기에 김흠돌의 반란의 무열왕권에 도전하는 반란으로 보아야 할 것이다.

그리고 김흠돌 세력은 문무왕대의 정치적 활동을 보면, 소외당했기보다는 문무왕에게 일정한 견제를 받으면서도 문무왕의 회유책에 의해 일정 정도 정치적 권력을 쥐고 있었던 것으로 보인다(김흠돌의 경우 딸을 태자비로 보낼 때, 흠돌을 회유한 측면이 더 강하게 부각되며, 이는 흠돌이 대아찬에서 소판으로 승진하였다는 사실에서도 미루어 짐작할 수 있다). 그렇지만 그들의 세력이 계속 커가게 내버려둘 수 없었고, 구(舊)귀족이라고 할 수 있는 이들을 견제하지 않으면 안 되었다. 그리고 무열왕권에 반대하는 세력을 대체할 새로운 정치 세력을 키우게 되었고, 그 대표적인 무리가 육두품 중심의 관료들이었을 것이다.

이 관료들이란 문무왕의 왕권에 기생하고 있는 새로운 세력이라고 할 수 있다. 이것은 신문왕이 김흠돌 세력에 대하여 그들의 정치적 출세가 재능이 아니라 한 것도 관료들과 대립되는 성격을 충분히 살필 수 있게 한다. 따라서 문무왕의 정책은 관료군을 급격히 팽창하게 만들었는데, 이때 관료군으로 주로 발탁된 이들은 육두품이었다. 문무왕은 왕권 강화를 위한 관료화 작업을 통해 관료 세력을 성장시켰고, 결국 이것은 골품제적 신분질서에 입각하고 있는 진골귀족의 세력을 크게 약화시켰을 것이다.

그러나 육두품을 받아들였다고 해서, 무열왕계의 왕들이 왕권을 강화하기에는 어려움이 따르게 마련이다. 실질적인 행적의 업무는 육두품이 처리한다고 하더라도 기존의 지배층인 귀족들을 거부하고는 왕권을 강화할 수 없었다. 그렇기에 진골귀족을 누르면서도 한편으로는 그들의 이권을 인정해주어야 했을 것이다.

처음에 문무왕의 회유 대상에는 김흠돌 세력이 속해 있었을 것이다. 그러나 이들이 무열왕계에 반대하는 입장이었기 때문에 회유를 하면서도 견제해야 했다. 다른 한편으로 문무왕 자신만을 따르는, 김흠돌 세력과는 다른 진골귀족과 손을 잡아야 했다. 그 대표적인 사람이 진복이다. 진복은 문무왕 대에 중시의 자리에 있었던 사람이다. 중시는 왕을 보필하는 사람으로, 관료적인 성격이 강한 사람이다. 그러나 그는 신문왕 원년에 김흠돌의 난을 진압한 이후 김군관을 대신하여 상대등의 자리에 오른다. 지금껏 상대등은 중시와 상대적 위치에 있었던 자리이다. 상대등이 귀족들의 권리를 대변하고 왕권의 성장을 견제한다면, 중시는 왕권의 강화를 도모하던 자리였다. 중시의 자리에 있었던 사람이 상대등의 자리에 오름으로서 귀족들의 성격도 바뀌었음을 알 수 있다. 즉, 무열왕계를 반대하던 귀족들은 사라지고, 무열왕계 왕들을 따르는 신하만 남게 되는 것이다.

이쯤에서 다시 반란의 진압 과정을 살펴보자. A-④, ⑤에서 보면 반란의 진압 과정이 나온다.

'가지 잎사귀 같은 잔당들을 모두 찾아내어 이미 모두 죽여 없앴고 3~4일 동안에 죄인의 우두머리들이 소탕되었다.'

군관이 역신 흠돌 등과 사귀면서 그들이 반역을 도모하고 있다는 사실을 알고서도 일찍 알리지 않았으니 사형에 처한다는 점을 미루어볼 때, 반역에 대한 뒷수습은 아주 철저히 이루어졌음을 알 수 있다. 당시 상대등 지위에까지 올랐던 군관을 '반역 사실을 알고도 알리지 않았다는' 죄목으로 죽였다는 사실은 반란 무리에 대한 숙청이 대단했음을 보여주는 것이다.

반란의 진압은 신문왕 자신의 왕권 강화만을 의미하는 것이 아니라, 한 차원 나아가 자신의 혈통 전체에 대한 입지를 강하시키는 행위로써 반대파를 제거한 것이다. 즉, 무열왕권 진골왕에 대한 왕권 강화를 의미함이다. 신문왕은 김흠돌의 난을 수습하는 과정에서 의도적으로 그들을 무력화하려고 했음이 드러난다. 이것은 문무왕 이래로 계속되었던 왕권 강화를 단적으로 표출한 것이며, 결과적으로 이 피의 숙청은 전제왕권 확립의 계기가 되었다.

만파식적과 신문왕 대의 정치적 안정

만파식적 설화는 《삼국유사》 제2권 기이 제2에 실려 있는 이야기다. 만파식적은 만만파파식적으로 불리는 악기로, 신문왕이 부왕인 동시에 해룡이 된 문무왕과 천신으로 등장하는 김유신으로부터 받았다는 신물이다. 《삼국유사》에 기록된 이야기들 자체가 워낙 허황되고 비현실적인 것들이지만 당시의 시대 상황과 밀접한 관련이 있는 설화라는 점에서 다양한 논의가 이루어지고 있다.

만파식적 설화 분석

만파식적 설화는 만파식적을 얻어 천존고에 보관하기까지의 사건을 기록하고 있다. 만파식적의 설화를 옮겨보면 다음과 같다.

(1) 즉위한 이듬해 5월 초하루에 해관 파진찬 박숙청이 아뢰었다.

"동해 속에 있는 작은 산 하나가 물에 떠서 감은사를 향해 오는데 물결에 따라 이리저리 왔다갔다합니다."

왕이 이상히 여겨 일관 김춘질을 명하여 점을 치게 했다.

"대왕의 아버님께서 지금 바다의 용이 되어 삼한을 진호하고 계십니다. 또 김유신공도 삼삼천의 한 아들로서 지금 인간세계에 내려와 대신이 되었습니다. 이 두 성인이 덕을 함께 하여 이성을 지킬 보물을 주시려고 하십니다. 만일 폐하께서 바닷가로 나가시면 반드시 값으로 칠 수 없는 큰 보물을 얻으실 것입니다."

(2) 왕은 기뻐하여 그달 7일에 이견대로 나가 그 산을 바라보고 사자를 보내어 살펴보도록 했다. 산 모양은 마치 거북의 머리처럼 생겼는데 산 위에 한 개의 대나무가 있어 낮에는 둘이었다가 밤에서 합해서 하나가 되었다. 사자가 와서 사실대로 아뢰었다.

(3) 왕이 감은사에서 묵는데, 이튿날 점심때 보니 대나무가 합쳐져서 하나가 되는데 천지가 진동하고 비바람이 몰아치며 7일 동안이나 어두웠다. 그달 16일에 이르러서야 바람이 자고 물결도 안정되었다.

(4) 왕이 배를 타고 그 산에 들어가니 용 한 마리가 검은 옥대를 받들어 바친다. 왕은 용을 맞아 함께 앉아서 묻는다.

"이 산이 대나무와 함께 혹은 갈라지고 혹은 합치는 것은 무엇 때문인가?"

용이 대답한다.

"비유해 말씀드리자면 한 손으로 치명적 소리가 나지 않고 두 손으로 치명적 소리가 나는 것과 같습니다. 이 대나무관 물건은 합쳐야 소리가 나는 것이오니, 성왕께서는 소리로 천하를 다스리실 징조입니다. 왕께서는 이 대나무를 가지고 피리를 만들어 부시면 온 천하가 화평해질 것입니다. 이제 대왕의 아버님께서는 바닷속의 큰 용이 되셨고 유신은 다시 전신이 되어 두 성인이 마음을 같이하여 이런 값으로 칠 수 없는 큰 보물을 보내시어 나로 하여금 바치게 한 것입니다."

왕은 놀라고 기뻐하여 오색비단과 금과 옥을 주고는 사자를 시켜 대나무를 베어 가지고 바다에서 나왔을 때, 산과 용은 갑자기 모양을 감추고 보이지 않았다.

(5) 왕이 감은사에서 묵고 17일에 지림서 서쪽 시냇가에 이르러 수레를 멈추고 점심을 먹었다. 태자 이공이 대궐을 지키고 있다가 이 소식을 듣고 말을 달려와서 하례하고는 천천히 살펴보고 아뢰었다.

"옥대의 여러 쪽은 모두 진짜 용입니다."

왕이 말했다.

"네가 어찌 그것을 아느냐."

"이쪽 하나를 떼어 물에 넣어보십시오."

이에 옥대의 왼편 둘째 쪽을 떼어서 시냇물에 넣으니 검시에 용이 되어 하늘로 올라가고 그 땅은 이내 못이 되었으니 그 못을 용연이라고 불렀다.

(6) 왕이 대궐로 돌아오자 그 대나무로 피리를 만들어 월성 천존고에 간직해두었는데, 이 피리를 불면 적병이 물러가고 병이 나으며 가뭄에는 비가 오고 장마 지면 날이 개며, 바람이 멎고 물결이 가라앉는다. 이 피리를 만파식적이라 부르고 국보로 삼았다. 효소왕 때 이르러 천수 4년 계사에 부례랑이 살아서 돌아온 이상한 일로 인하여 다시 이름을 고쳐 만만파파식적이라 했다.

이 중 단락 (5)에 등장하는 이공의 이야기는 흑옥대와 관련된 것이므로 굳이 만파식적 설화와는 관련이 없다. 단락 (5)를 제외한다면 만파식적 설화는 일견 다섯 단락의 분절로 구성되어 있다. 이렇게 본다면 (5)를 제외한 (1)~(6)은 일률적으로 만파식적을 얻는 과정에 관한 이야기로 이해할 수 있다.

원문에는 단락 (1) 가운데 감은사 창건에 관한 인용주가 붙어 있는데, 《사중기》는 《감은사사중기》를 의미하는 것이다.

《사중기》에 말한다. 문무왕이 왜병을 진압하기 위해 이 절을 처음 창건했는데, 끝내지 못하고 죽어 바다의 용이 되었다. 그 아들 신문왕이 왕위에 올라 2년에 공사를 끝냈다. 금당 뜰아래에 동쪽을 향해 구멍을 하나 뚫어놓았는데, 용이 절에 들어와 돌아다니게 하려고 한 것이다. 유언으로 유골을 간직해놓은 곳이 대왕암이고, 절 이름은 감은사이다. 뒤에 용이 나타

난 것을 본 곳을 이견대라고 한다.'

현재 감은사는 경북 양북면 용당리에 있다. 감은사는 '왜병을 진압하기 위해' 창건한 것이다. 대왕암과 이견대가 있는 양북면 봉길리나 감포읍 대본리 앞바다는 신라의 군사적 요충지라고 할 수 있다. 이런 곳엔 의당 성곽이나 군사 시설이 있어야 할 것이다. 그러나 이곳에 군사 시설이 아닌 사찰을 짓는다는 것은 숨은 의도가 있는 것이다.

여기에 대해 윤철중은 이곳이 용당리, 용당산으로 불리는 것으로 보아 이곳에 용당이라는 성소가 있지 않았을까 추정된다고 하면서, 이곳이 성지였을 가능성이 높았을 것이라고 보고 있다. 그리고 국립민속박물관 장장식 연구관은 이를 수긍하면서 감은사를 통해 물리적인 것보다는 정신사적인 강한 욕망을 달성하고자 감은사를 창건하였다고 주장했다. 그러나 장장식의 의견은 반쪽짜리라고 할 수 있다. 용당리나 용단산이라 불리었다고 하여 이곳을 성소였다고 보는 것에도 동의할 수 없지만, 한 발 물러서서 그것이 옳다고 해도 정신적 측면에서만 감은사의 창건을 바라본 장장식의 의견은 아쉬운 점이 남는다.

감은사는 단지 정신적 욕망을 달성하고자 창건한 것만은 아니었다. 감은사는 문무왕 해릉과 가까이에 있는 절이다. 즉, 신문왕의 부왕이 묻힌 곳이다. 후대의 왕으로서, 아들로서 신문왕은 문무왕의 능을 자주 오가며 관리했어야 했다. 그렇기에 당연히 왕은 감은사를 자주 방문하게 되고 그 주변의 경계는 왕을 보호한다는 목적으로 강화되었을 것이다. 그렇기에 감은사의 창건은 왜병을 경계하기 위한 최초 목적을 달성하면서도 겉으로 드러난 모습은 종교적이고 평화적인 모습으로 보이게 하는 고도의 전략이라고 할 수 있다.

《사중기》에서는 신문왕 2년에 감은사가 창건되었다고 밝히고 있지만, 감은사 창건의 더 정확한 시기는 5월 7일에 왕이 감은사에 머물렀던 사실이나, 만파식적의 출현과 감은사 창건은 밀접한 관련이 있는 점 등을 볼 때, 5월 이전이라 할 수 있다. 그렇다면 신문왕은 즉위로부터 감은사 필역까지 약 9개월 정도 기간이 소요되었다. 이렇게 단시간에 감은사를 완공한 데는 문무왕이 어느 정도 공사를 진행시켰기 때문이기도 하지만, 또한 신문왕이 선왕의 뜻인 '왜병을 진압할 목적'을 계승하여, 선왕이 다하지 못한 사업을 마무리하면서 선왕의 덕을 추모하고자 했기 때문이다. 그러므로 문무왕릉이 보이는 곳에 절을 세워 진국사라는 절의 이름을 감은이라 하였던 것이다.

다음으로 문무왕이 죽어 동해의 용이 되었다고 하는 설화는 만파식적 설화와 직접적 연관이 있다. 문무왕은 죽은 뒤 호국대룡이 될 것을 평소 염원하고 있었다(《삼국유사》 권 2 문무왕). 이것은 '죽은 뒤에도 그 혼이 사라지지 않고, 위급할 때에 음조를 내린다'고 믿고 있던 신라인의 생각과 호국적 불교 신앙을 동시에 나타내주고 있다.

단락 (4)의 '이제 대왕의 아버님께서는 바닷속의 큰 용이 되셨고, 유신은 다시 전신이 되었습니다'라는 구절을 통해, 신문왕 앞에 나타난 용은 문무왕의 화신이 아니라, 문무왕과 김유신이 보낸 사자용임을 알 수 있다. 이 사자용의 등장은 문무왕과 김유신을 더욱 신성화한 것으로 보인다. 사자용은 흑옥대와 만파식적을 신문왕에게 전해준다. 그러나 직접 용이 전해준 것은 흑옥대이고, 만파식적은 움직이는 산에 난 대나무로 피리를 만들면 천하가 태평해질 것이라 가르쳐준 데 불과하다. 그러나 설화를 통해볼 때, 만파식적은 천존고에 간직해두고 국보로 삼았다고 했음에 비해 흑옥대에 대한 언급은 없다.

여기서 만파식적을 더욱 중시했던 이유가 무엇일까? 그리고 통일신라 이전에 삼보가 있었음에도 다시 만파식적을 국보로서 등장시킨 이유는 무엇일까? 만파식적이 가지고 있는 신비한 기능 때문일 것이다. 만파식적의 신비적인 기능에 대해서는 단락 (6)에 자세히 기록되어 있다. '이 피리를 불면 적병이 물러가고 병이 나으며 가뭄에는 비가 오고 장마 지면 날이 개며, 바람이 멎고 물결이 가라앉는다'라고 하였다. 만파식적의 소유를 통해 사회·정치적인 안정을 바랐던 것으로 짐작된다.

만파식적 설화의 역사적 배경과 의미

만파식적 설화는 신문왕 대에 처음 발생하였지만 효소왕 및 원성왕 대에까지 지속적이고 의도적으로 전례되었다. 이것은 만파식적이 그만큼 유용하고 적절한 성물로 인식, 수용되었음을 의미한다. 이 점이 바로 이 설화의 역사적 배경과 관련성을 시사한다. 먼저 만파식적 설화가 문무왕, 신문왕 양 대에 걸친 정치, 사회적 맥락과 관련이 있다는 점에서 당시의 시대상을 조망해볼 필요가 있다.

문무왕은 무열왕계를 개창한 무열왕의 아들로, 삼국통일의 위업을 이룬다. 그러나 성골 왕권에 대해 일어선 진골의 무열왕계는 여러모로 취약성을 안고 있었다. 우선 무열왕계의 시조로 받들고 있는 진지왕의 결함이다. 진지왕은 나라를 다스린 지 4년이 되어 정치가 어지럽고 문란하여 국인에 의해 폐위되었다. 그 결과 무열계로서는 어려운 상태에 놓이게 되었다. 그러나 태종 무열왕 김춘추는 진지왕의 후손으로, 가락국의 후예인 김유신과의 유대를 강화하는 한편 신흥 세력의 성장하여 진덕왕의 뒤를 이어 ‘국인의 추대’ 형식을 빌려 즉위하게 된다.

비록 국인에 의해 추대되었다고는 하지만, 무혈혁명의 성격을 띤 결과, 무열왕계는 군사적 성격을 갖게 되었다. 그러나 이 점은 바로 신문왕으로 이어지면서 변모해야 할 당위적 과제로 떠오르게 되었다. 그리고 문무왕 13년에서 21년 사이에 있던 우박이나 해성이 떨어지는 일 등 당시 사람들에게는 순리에 벗어난 자연 현상이라 여겨지는 일들이 많이 일어났는데, 이 역시 신문왕에게는 정치적 부담이 되었을 것이다.

신문왕은 이런 정치적 상황에서 출발했다. 따라서 부왕의 유언이긴 했으나 붕어 7일 만에 왕위에 올라야 했고, 3일 후인 7월 10일에 문무왕을 화장하여 동해 대석 위에 뼈를 묻어야 했으며, 감은사 필역을 빠른 시일 내 끝내게 되었던 것이 아닌가 생각된다.

게다가 신문왕 즉위 초에 신라에서는 신문왕의 권력에 도전하는 신라 중대에서의 최대 정치적 사건인 김흠돌의 난이 발생했다. 앞서 김흠돌의 난에 대해 살펴보았듯이, 이 모반 사건은 무열왕계에 반발하는 구귀족 세력의 전면적 반발이라 할 수 있다. 신문왕은 시기상으로 볼 때, 이 모반을 수습한 이후에 만파식적을 얻게 되는 것으로 기록되는데, 만파식적을 통해 사회를 혼란스럽게 하는 난이 더 이상은 발생하지 않기를 바라는 마음이 반영되었을 것이다.

이 만파식적은 위대한 조상과 연결되어 있고, 더욱이 문무왕의 해중릉을 배경으로 함으로써 그 효과를 극대화할 수 있었다. 만파식적은 국가적 위기에 왕권의 신성성을 상징할 신물로서 신화적 체계로 수렴될 때 더욱 강한 진실성을 갖는다. 만파식적이 조상과 연결되어 신화화되었을 때, 문무왕 사후에 발생하는 여러 문제를 해결할 수 있게 되는 것이며, 이를 통해 신문왕은 정당성을 확보할 수 있게 되는 것이었다.

또한 이 만파식적 설화를 통해 전달받을 수 있는 중요한 메시지는, 소리로서 천하를 평화롭게 한다는 것이다. 소리는 곧 '말'이니, 말은 율령을 포함한 언어 규범적 질서에 의한 문치를 뜻하는 한편 기존의 무단 통치에서 벗어나 문치로의 변화를 가리키는 것이다.

신문왕 이전의 무열왕이나 문무왕은 무(武)를 바탕으로 하고 있었다. 그러나 나라가 어느 정도 안정된 이후에 무치는 공포정치적인 성격을 나타나게 되는 것이며, 이것은 끝내 나라를 정체되게 만든다. 그렇기에 신문왕 시기에 와서 무보다는 문이 우선이 되는 정치를 해야만 하는 것이다.

그리고 이것은 유교의 예악사상과 관련지어 생각해볼 수도 있을 것이다. 《예기》에는 악이 갖는 화합에 대하여 궁·상·각·징·우의 5음이 각각 군·신·민·사·물에 대비하여 이 다섯 가지가 어지럽지 않다면 조화롭지 않은 음이 없을 것이라고 말하기도 했으며, 이처럼 군·신·민·사·물이 조화를 이루며 화합할 때 한 나라의 정치는 잘 다스려질 것이라고 했다. 음악의 공능이 다양성을 화합시키는 데 있음을 감안한 신문왕은 만파식적을 통해 왕실과 귀족, 지배자와 피지배자와의 갈등을 해소하고, 통일 이후 고구려와 백제 유민들을 회유하려고 하지 않았을까 싶다. 또 당시에 《예기》가 신라의 사회에 상당히 넓게 유포되어 있었던 점도 만파식적 설화에서 유교 정치이 념인 예악사상이 강조될 수 있는 바탕이 되었다고 생각된다.

이제 마지막을 천존고에 만파식적을 보관하는 행위에 대해 생각해 보자. 만파식적 설화에서 구심적 역할을 하고 있는 것은 감은사이다. 어찌 보면 감은사에 보관하는 것이 당연하게도 생각된다. 그러나 이 것을 천존고에 보관한 것은 무엇 때문일까? 이것은 불교와의 일정한 거리를 유지하려는 것으로 해석할 수 있다. 그동안 모든 문제를 불사 와 승려를 통해 해결해오던 관행과 이에 따른 신라의 호국의식은 만 파식적의 천존고 보관을 계기로 불교로부터 거리를 두기 시작했음을 암시한다. 불교와는 상관없이 만파식적으로 국방과 치국을 할 수 있 다는 만파식적 설화의 믿음과 정신은 신문왕의 통치 방향에 유용하 게 적용되었을 것이다.

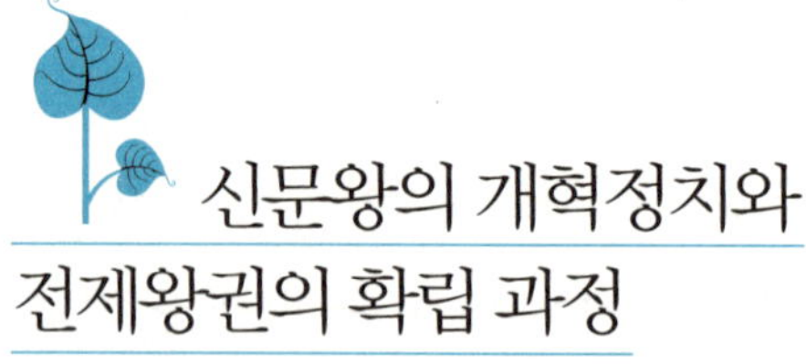

신문왕의 개혁정치와 전제왕권의 확립 과정

앞서 김흠돌의 난과 만파식적 설화를 살펴보았다. 김흠돌의 난을 신문왕이 진압하면서 신문왕은 더욱 강하게 왕권을 행사할 수 있는 기반을 마련했다. 난과 관련된 죄인을 벌하고 숙청하는 과정은 다른 진골귀족들에게 본보기가 되었을 것임은 분명하다. 이것은 분명 무열왕계 왕권에 도전하려는 세력들을 강하게 억누르는 작용을 했을 것이다. 김흠돌의 난을 통해 반대 세력을 숙청함으로써 새로운 개혁정치를 행하는 데 걸림돌이 될 반대 세력을 제거하게 되었고, 빠르게 개혁정치를 실행할 수 있었다. 그리고 만파식적을 얻게 됨으로써 무열왕계의 정통성을 확립하고, 신적 요소와 결합됨으로써 감히 넘볼 수 없는 왕권을 확립했다.

김흠돌 난의 성공적 진압과 만파식적의 획득은 신문왕이 개혁을 시행하는 데 큰 힘이 되어주었고, 이후로 오묘제 성립, 국학 설치, 관료전의 지급과 녹읍의 혁파, 지방통치제도 정비를 가능하게 했다.

이제 국학 설치, 관료전의 지급과 녹읍폐지 등을 토대로 전제왕권의 확립을 살펴보자.

국학 설립

신문왕이 제도 정비를 통해 왕권을 강화하려는 의도는 위화부와 국학의 설치에서도 드러난다. 먼저 선거의 일을 담당한 위화부는 진평왕 3년에 그것이 처음 설치되긴 하였으나 그것의 구체적 조직으로 정비된 때는 신문왕 2년에 이르러서였다고 본다. 이처럼 위화부가 신문왕 2년에 정비되었다는 것은 크게 주목된다. 그것은 위화부의 정비의 시기가 흠돌 세력을 제거한 바로 다음 해이기 때문이다. 신문왕이 흠돌 사건을 처리한 후 왕권의 지지 기반을 강화하려고 한 것은 당연해 보인다. 이를테면 이때 설치된 위화부의 존재가 그것을 말해준다. 즉, 위화부를 통해 왕권에 유용한 세력들을 등용하려 했을 것이다.

신문왕이 위화부를 통해 그의 세력을 끌어들이려 했다는 점과 관련하여 국학의 설치도 매우 주목된다. 국학에서는 주역, 예기, 상서, 모시, 춘추좌씨전, 논어, 효경, 문선 등 유교경전을 교육하였다. 이러한 것은 유교적 소양이 있는 인재를 육성하고자 하는 의도가 있었다. 유교 교육을 받은 인물들은 유교적 충효 관념을 교육받아 왕의 지지 기반이 되었음 직하다. 따라서 국학의 설치는 왕권을 지탱해주는 세력을 육성하고자 하는 측면이 있다. 말하자면 국학을 통해 양성된 인재들을 위화부에서 많이 등용함으로써 왕권의 지지 세력을 보강하려 했다고 생각한다.

국학의 학생은 현재 대사 이하의 경위를 가지고 있거나, 혹은 관등을 가지고 있지 못하더라도 장차 가질 수 있는 사람이 입학했다. 그리고 나이는 15세에서 30세까지 학업에 종사할 수 있었으며, 9년을 기한으로 하되, 만일 우둔하여 교화되지 않는 사람은 이를 그만두게 했다. 재기가 이루어질 수 있으나 익숙하지 못한 자는 비록 9년이 넘더라도 재입학을 허락했다.

그리하여 국학에서 학업을 마치고 나올 때는 나마, 대나마의 관등을 주었다. 국학의 학생은 원칙적으로 왕경인에게 한하였으며, 거기에 기껏해야 소경인이 들어 있었을 것으로 보인다. 왕경인 중에서도 나마가 될 수 없는 사두품은 학생에서 제외되지 않았을까 싶다. 그뿐만 아니라 대나마까지밖에 오르지 못하는 오두품에게도 큰 매력을 주지는 못했을 것이다. 또한 9년의 학업 끝에 겨우 대나마가 될 뿐이므로 진골의 관심도 없었음 직하다. 결국 육두품이 국학 학생으로 가장 적합하였으므로 학생은 대개 육두품이었을 것이다.

그렇다면 국학의 설치는 육두품과 왕권과의 결합에 의하여 이루어진 것이다. 이와 같은 관료층의 발생은 651년 집사부가 설치된 이후에 짜인 전제왕권을 중심으로 하는 정치제도의 정비 과정과 짝하는 것이다. 즉, 진골귀족 중심의 귀족정치에서가 아니라, 국학 중심의 행정기구에서 국학 출신의 유학자들이 중요한 기능을 담당하였다고 볼 수 있다. 이러한 노력은 이제 중고 말부터 중대 초에 이르기까지 제도 개편을 통한 왕권강화 작업이 일단락되었음을 뜻한다.

관료전의 지급과 녹읍 폐지

국학과 위화부를 통해 새로이 정치 세력으로 등장한 관료들에 대하여, 그들의 생계를 보장하기 위한 새로운 경제제도가 필요하게 되었다. 특히 김흠돌의 난의 진압과 함께 진골귀족 세력이 상당히 약화되며 관료 세력이 계속적으로 성장해나갔으므로 정치 세력의 커다란 변화는 토지제도의 개편을 필요로 하게 되었다. 따라서 이러한 배경 속에서 나온 것이 신문왕 7년(686)에 실시한 문무관료전이다.

'왕이 하교하여 문무관에게 전을 내리되 차이가 있게 하였다.'
《삼국사기》 8, 신문왕 7년 5월)

이것은 신문왕의 주된 세력 기반의 하나인 문무관료들에게도 새로이 토지를 준다는 것을 의미하는 것이다. 따라서 이제까지의 기준인 신분을 통해서가 아니라 관직을 기준으로 새로이 토지를 지급하겠다는 것이다. 이러한 토지제도의 개편은 육두품 이하의 관료들로 하여금 토지를 받게 하고 그들의 경제적 처우도 한층 나아지게 한 것이 아닌가 한다.

그리고 나아가 이러한 새로운 토지제도의 시행은 진골귀족의 경제적 기반에도 일정한 변화를 동시에 초래하였다. 그것은 2년 후인 9년(689)에 녹읍의 혁파로 나타났다. 진골귀족의 주된 경제적 기반이었던 녹읍의 혁파는 바로 진골귀족의 경제적 기반을 약화시키려는 신문왕의 의도와 관련이 있다. 이것은 녹읍을 혁파하고 관료전을 이들 진골귀족에게까지 새로이 확대 실시하여 녹읍을 관료전의 체계 내에 포함시키려는 것을 의미한다. 따라서 이러한 일련의 정책은 진골귀족의 경제적 기반에 대한 커다란 변화를 의미한다.

이 경제제도의 변화는 역시 무열왕계의 집권, 특히 문무왕 대 이후 계속적으로 이루어진 정치 세력의 변화와 결코 무관한 것이 아니다. 그러한 변화가 마침내 토지제도의 변화에까지 영향을 미쳤다고 말할 수 있다. 신문왕은 이와 같은 집중적인 정치개혁을 단행함으로써 왕권의 전제화에 반대하는 진골귀족을 억압하고 비로소 전제왕권을 확립시킬 수 있었던 것으로 여겨진다.

결론적으로, 신문왕 즉위 초에 발생했던 김흠돌의 난은 단지 신문왕에 대한 반발만은 아니었다. 이것은 문무왕 이래 계속 되어오던 왕권강화정책에 대한 반발이자, 성골이 아닌 진골인 무열왕계에 대한 반발이었다. 그러나 김흠돌의 난을 성공적으로 평정함으로써 전제왕권 확립에 반대하는 세력들을 제거할 수 있었다.

그리고 만파식적 설화를 통해 정치적 측면에서만이 아닌 정신적 측면에서까지 우위를 점하게 되었다. 문무왕이 해룡이 됨에 따라 무열왕계는 진골왕으로서 갖는 한계들을 극복할 수 있었다. 그리고 예악사상을 수용함으로서 정치, 사회적 화합을 더욱 적극적으로 내세울 수 있게 되었다. 따라서 사회는 점차적으로 안정되었다고 볼 수 있다. 이런 안정을 토대로 신문왕 대에는 전제왕권을 확립하기 위해 국학의 설치, 관료전 지급 등과 같은 일련의 정치개혁들이 단행되었다.

※ 참고문헌

김수태, 〈신라 신문왕대 전제왕권의 확립과 김흠돌난〉, 《신라문화》, 1992.
최홍조, 〈신문왕대 김흠돌 난의 재검토〉, 《대구사학》, 대구사학회, 1999.
김상현, 〈만파식적설화의 형성과 의의〉, 《한국사연구》, 한국사연구회, 1981.
윤철중, 〈만파식적 설화연구〉, 《대동문화연구》, 1991.
장장식, 〈만파식적설화의 역사적 배경과 의미〉, 《설화와 역사》, 집문당, 2000.
한기호, 〈만파식적 설화 연구〉, 《연민학지》, 연민학회, 2001.
김수태 저, 《신라중대 정치사연구》, 일조각, 1996.
김희만, 〈신라 신문왕대의 정치현황과 병제〉, 《신라문화》, 1992.
박해현, 〈신라 중대(新羅 中代)의 성립과 신문왕(神文王)의 왕권 강화(王權 强化)〉, 《전남대호남문화연구(全南大湖南文化硏究)》, 1996.
이문기 저, 《신라병제사연구》, 일조각, 1997.
전덕재, 〈신라시대 녹읍의 성격〉, 《한국고대사논총》, 한국고대사회연구소, 2000.

제2장

황룡사의
문화유산적 가치

황룡사의 역사

황룡사는 진흥왕이 553년에 월성 동쪽에 새로운 궁궐을 지으려 하였는데, 당시 늪지였던 이곳에서 황룡이 나타났다는 말을 듣고 절로 고쳐 짓기 시작하여 17년 만인 569년에 완성되었다.

그 후 574년, 《삼국유사》에 따르면 황룡사 주위에 담장을 두르고 조영을 끝낸 후 얼마 지나지 않아 철과 황금을 실은 큰 배가 남쪽 바다에 떠와서 하곡현(河曲縣) 사포(絲浦, 울산 곡포)에 닿았다. 배를 조사해보니 공문이 있었는데 말하기를, '서쪽 인도의 아쇼카왕(阿育王)이 누런 쇠(구리) 5만 7천근과 황금 3만 푼을 모아서 장차 석가 삼존불을 만들려다가 이루지 못하고 바다에 띄우니 인연이 있는 나라는 장육존상이 이루어지기를 축원한다'는 것이었다. 또한 불상 하나와 보살상 둘의 모형이 실려 있었다(이 모형에 따라 구리와 금으로 불상을 만들라는 것이다). 현의 관리가 보고를 하자, 왕이 그 고을의 동쪽 높고 깨끗한 곳을 택해 동축사(동쪽 인도의 절)를 세우고 삼존을 안치하게 하였다. 그리고 금과 구리는 서울(경주)로 보내어 574년 3월 장육존상을 거푸집에 부어 만들었는데, 무게는 3만 5천7근이고, 황금 1만 1백 98푼이 들었다. 또한 두 보살상은 구리 1만 2천근과 황금 1만 1백 36푼이 들었다. 진평왕 6년(584)에 삼존불을 안치할 금당을 짓게 되었다.

선덕여왕 12년(643년)에는 당나라에서 유학하고 돌아온 자장의 권유로 외적의 침입을 막기 위한 바람의 9층 목탑을 짓게 되는데, 각 층마다 적국을 상징하도록 하였으며, 백제의 장인 아비지에 의해 645년에 완공되었다. 신라의 세 가지 보물 중 천사옥대를 제외한 두 가지 보물이 황룡사 9층 목탑과 장육존상이었다는 것에서도 황룡사가 차지하는 비중을 짐작할 수 있다.

이 탑은 높이 때문에 여러 차례 벼락을 맞았고, 또 지진 등으로 기울어져 다섯 차례나 수리하거나 재건하였다는 사실이 경문왕 13년(873) 탑을 증수할 때 만들어 넣은 사리함 내의 '찰주본기(刹柱本記)'에 기록되어 있다. 이후 고려 때 한 번 더 고쳐서 여섯 차례에 걸친 수리를 했다. 685년 동안 숭앙받아오다가 1238년 고려 고종 25년에 몽고의 침입으로 인하여 황룡사 전체가 불타 그 모습이 완전히 사라지게 되었다. 《삼국유사》에 의하면 종루에는 거대한 종이 있었는데, 몽고가 침입했을 때에 없어진 것으로 보인다.

1976년부터 시작한 발굴 조사에서 금동불입상, 풍탁, 금동귀걸이, 각종 유리 등 4만여 점의 유물이 출토되었으며, 높이 182센티미터에 이르는 대형에 미치는 건물의 웅장한 규모를 짐작하게 한다. 금당에는 솔거가 그린 벽화가 있었다고 전하며, 목탑지에서 발견된 당나라 백자 항아리는 당시의 문물 교류를 잘 알 수 있게 한다.

황룡사의 불교적, 정치적 의미

진흥왕 대에 신라는 백제나 고구려의 시달림으로부터 벗어나 영토를 확장하여 한강 지역까지 점령하는 등 강건한 고대국가의 모습을 갖추어 나가던 전성기였다. 이제 문화적으로도 그 우수성을 알릴 필요성을 느꼈을 때이고, 삼국의 끊임없는 쟁투 속에서 백제나 고구려의 존재를 두고는 영원한 평화를 기약할 수 없기에, 장기적인 국가 안위를 위해 싸워 나아가기 위해선 내부적인 국론 통합과 왕권 강화가 필수적 전제임을 몰랐을 리 없다.

또한 어린 나이에 왕이 되어 중년으로 넘어가며 정치적 권력을 확고히 하기 위해《삼국유사》의 기록대로 처음 이 터에 왕궁을 지으려 했으나 황룡의 출현으로 황룡사를 짓기로 했다는 것도 그런 과정에서 있을 수 있는 여론 통합의 한 과정으로 이해할 수 있지 않을까 생각된다. 토착 신앙과 불교의 사상 통합과 융화를 통해 민심의 안정과 국가적 대사에 대한 강한 충성심을 끌어낼 수 있게 되었을 것이다.

또한 금당에 삼존불상 전설에서 이야기되는 아쇼카왕은 기원전 4세기의 인물로, 붓다 시대에 있었던 마가다 왕국과 코살라 왕국을 이어서 인도를 최초로 통일한 마우리아 왕조의 왕이다. 그는 불교에 깊이 심취하여 전륜성왕을 자처하며 불법을 전파하며 소승불교를 확립했다. 진흥왕 때는 기원후 6세기이므로, 아쇼카왕과는 1천 년이 넘게 차이가 난다. 따라서 아쇼카왕이 배를 보냈다는 것은 완전히 불가능하다. 그런데 왜 이런 전설이 생겨났을까?

　지증 마립간의 아들이 법흥왕이다. 이 법흥왕 이후부터 진덕여왕 때까지를 중고 시기라 하며, 불교식 왕명 시대라고 한다. 그 시기는 불교를 국가적 사업으로 진흥시켰다. 이는 불교가 시대적으로 필요했기 때문이다. 그 이전까지는 부족 신앙에 근거한 조상신 숭배가 국가 통합이념이었다. 신라의 경우 박혁거세나 김알지의 탄생 설화가 바로 그것이다. 그러나 각 지역을 정복하면, 부족 신앙은 정복 지역 주민들에게 통하지 않았다. 그 지역에는 그 지역의 부족 신앙이 있었기 때문이다. 따라서 정복전쟁을 포기하지 않는 한 보편적 이념을 주장하는 불교의 도입이 필연적이었다. 그러나 신라의 경우 진골귀족들은 부족 신앙에 그 정치적 존립 근거가 있었다. 반면, 왕실은 국가 통합을 위해 불교이념을 필요로 했다. 따라서 귀족과 왕실의 갈등은 어쩔 수 없었다. 이차돈의 죽음을 계기로 불교가 공인되었지만, 국가적 이념으로 확립되지는 않았다. 이에 왕실은 불교 진흥을 위해 흥륜사를 짓고, 강력한 왕권, 통일의 의지를 보여주는 황룡사 등의 거대 사찰을 건립했다.

　그리고 또한 아쇼카왕의 배와 같은 신화를 만들어냈다. 진흥왕은 큰 아들을 동륜, 둘째 아들을 사륜이라 이름 지었다. 전륜성왕 설화에 따르면, 붓다가 왕으로 나타날 때 금륜, 은륜, 철륜, 동륜, 사륜 등으로 불린다고 한다. 아쇼카왕은 스스로를 철륜이라 했다. 자신이 붓다의 현신으로 불법을 전파한다는 말이다. 이에 진흥왕도 두 아들을 그렇게 부른 것이다. 또한 진평왕은 자신의 이름을 백정, 부인 이름을 마야부인이라 했는데, 이는 각각 붓다의 아버지와 어머니 이름이었다. 또한 진평왕은 큰 딸의 이름을 선덕이라 했는데 이는 아쇼카왕의 전생의 이름이었다. 이런 식으로 불교를 창시한 붓다와 인도를 통일하면서 불법을 전파했던 강력한 군주 아쇼카왕이 그 시기 신라에서 영웅이었을 것이다. 따라서 아쇼카왕에 빗댄 신화를 만들 필요가 있었을 것이고, 이것이 바로 아쇼카왕이 보낸 배가 울산 곡포에 도착했고, 현의 관리가 이를 보고하는 식으로 만들었을 것이다.

윤회와 전생 이론에 따라 붓다와 아쇼카왕을 신라 왕실과 동일시하는 신화가 주축이고, 곡포에 아쇼카왕의 배가 도착했다는 것은 황룡사 금당의 불상의 권위를 높이는 신화로서 곁다리였을 것이다. 이 신화들은 귀족들을 누르고 강력한 왕권을 확립하려는 필요성과 주변의 나라들을 격파하고 삼국을 통일하려는 야심에서 나왔을 것이다. 이러한 이유로 삼존불상과 금당이 지어진 것이다.

그리고 황룡사 9층 목탑이 세워진 배경을 생각해보면 선덕여왕 때 백제 의자왕과 고구려의 의해 한강 지역까지 내줄 만큼 영토가 많이 축소되었다. 그리하여 신라는 당나라의 구원 요청을 했지만 당태종은 신라가 여왕을 섬기고 있으므로, 여자가 임금이니 위엄이 없으므로, 이웃 나라들이 넘보는 것이라 하며 자신의 나라에서 사람을 보낼 테니 그 사람을 왕으로 추대하라고 했다. 신라는 이때 큰 어려움을 겪고 있었는데, 이러한 때에 당나라의 유학 중이던 자장을 불러들였고, 이에 《삼국유사》에 따르면 636년에 당에 유학하여 태화 연못가를 지날 때 신인이 나타나 나눈 대화에서 "우리나라는 북으로 말갈에 연하고 남으로 왜인에 접해 있으며 그리고 고구려 백제의 침범이 잦아 걱정이다"라고 하자, 신인이 "황룡사에서 법을 수호하는 용은 곧

나의 큰 아들로서 그 절을 보호하고 있으니 돌아가 그 절에 구층탑을 세우면 근심이 없고 태평할 것이다”라고 했다. 이에 자장은 왕에게 건의하여 황룡사 9층 목탑을 건립했다.

또한 이 역사로 해서 여왕을 조롱하던 국내외의 불리한 여론과 간섭도 일거에 차단하는 정치적 효과도 있었으리라 생각된다. 이러한 이유뿐만 아니라 이 거대한 탑에 불교적인 많은 의미를 두어 불력으로 외적을 막자는 신라인들에 생각을 대변하기도 하는 것이다.

정치적 의미로 9층 목탑에 한 층 한 층이 적국으로 근접한 이웃 나라를 제압하고자 하는 나라를 말하는데, 1층은 일본, 2층은 중화, 3층은 오월(남중국), 4층은 탁라(가야), 5층은 응유(백제라는 설이 있음), 6층은 말갈(여진족), 7층은 단국(거란), 8층은 여적(여진), 9층은 예맥(고구려)을 부르는 것이었다.

황룡사 9층 목탑에 관한 재미있는 이야기가 있는데, 이 탑은 백제 의자왕 때의 이름난 목수인 아비지가 만들었다. 그는 신라 선덕여왕의 청에 응하여 신라에 와서 탑의 중심 기둥을 세우려 하던 밤에 그의 조국 백제가 망하는 꿈을 꾸었다. 이에 그는 근심하여 일손을 놓았다. 그러자 갑자기 땅이 진동하고 어둡더니 한 노승과 장사가 금전문에서 나와 그 기둥을 세운 뒤 사라졌다. 결국 아비지는 마음을 고쳐먹고 탑을 완성하였다. 여기에서 우리는 신라와 백제의 흥망의 자취, 그리고 그에 따른 한 목수의 고뇌를 볼 수 있다.

당시 강당에서는 자장이 보살계본을 강의하고 원효가 왕과 신하들이 모인 가운데 서서 금강삼매경론을 강의하기도 했다고 한다. 그리고 역대의 왕은 국가에 큰 일이 있을 때마다 강당에 행차하여 100명의 고승이 모여 강론하는 백고강좌회를 열어 불보살의 가호를 빌었다고 한다.

황룡사는 신라의 국찰로서, 세계 최대 불교문화국가 신라의 위용을 과시하는 것을 넘어 국론 통합의 정치기구 역할도 한 것으로 볼 수 있다.

이후 신라는 태종무열왕과 문무왕 대에 와서 백제와 고구려의 외침에서 벗어나고, 나아가 삼국을 통일하게 된다.

황룡사의 건립과 삼국통일을 직접 연관하여 볼 수는 없지만, 1백 년에 걸쳐 대불사가 이루어지던 시기는 신라가 대내외적으로 국가와 백성의 일치된 힘을 기른 중요한 시기였음에 분명하다. 이런 기반을 가지고 삼국쟁투의 현실에서 최후의 승자가 될 에너지를 형성했을 것이다.

황룡사의 디지털 복원 과정

황룡사는 1238년 고려 고종 25년에 몽고의 침입으로, 황룡사 전체가 불타 완전히 소실되면서 현재는 터밖에 남아 있지 않다.

이런 탓에 컴퓨터로 복원을 시작하였는데, 당장 황룡사에 대한 자료가 너무 부족했다. 일단 황룡사지에 대한 발굴은 1976년 6월부터 1983년 12월까지 8년 동안 진행되었고, 그 결과 당시 늪지를 매립하여 대지를 마련하였다는 것을 알게 되었다.

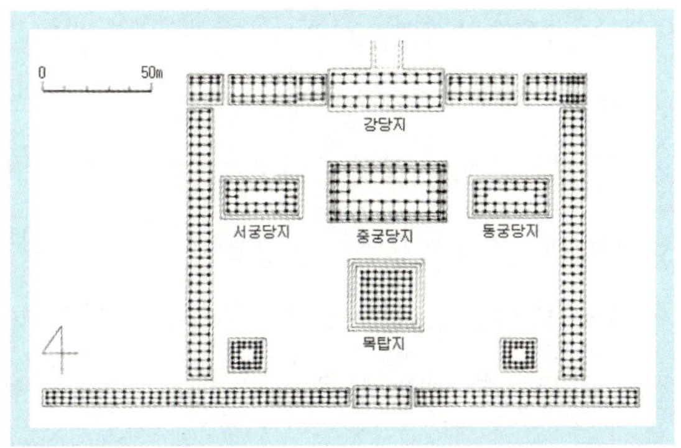

황룡사 가람 배치도

당시 거대한 늪지를 매립하기 위해 5미터 높이로 흙과 자갈을 번갈아 사람의 힘으로 덮었다. 이것은 나라의 진흥왕이 힘을 보여주기 위한 것이기도 하다.

또한 조사 결과 가람 배치는 남문, 중문, 탑, 금당, 강당이 남북으로 있는 1탑식 배치를 기본으로 하고 탑의 전방으로 좌우 대칭되게 종루와 경루를 세웠다고 생각했다. 이는 백제에 가람 형식과 비슷하였다고 생각했기 때문이다. 하지만 발굴 조사가 계속되면서 고구려 방식인 금당의 좌우에 거의 같은 건물을 나란히 세운 3금당의 독특한 형식으로 건물이 지어졌다는 사실을 알게 되었다. 절의 크기는 8,800평으로, 이는 불국사의 여덟 배에 달하는 면적이다. 황룡사의 규모가 거대한 것은 이것만으로도 충분히 알 수 있다.

한편, 황룡사지에서 출토된 유물 중 3만여 점이 와전류이고, 나머지는 토기, 금속용기, 불상 등이다. 토기와 금속용기에는 생활용구가 많다. 또한 중국계의 청자도 다수 출토되어 당시의 활발했던 문화 교류의 모습을 잘 보여준다.

황룡사 9층 목탑은 원래 한 번에 여덟 개씩 모두 64개의 주춧돌이 있었으나 지금은 59개만 남아 있다. 목탑 자리 심초석을 들어 올렸을 때, 밑 부분에서는 사리장엄구의 외함이 발견되었다. 이 사리 장치들은 1964년 도굴되었다가 대부분이 다시 수습되었다. 이것은 절터에서 발견된 금동판이다. 금동사리 외함의 벽판 4매는 크고 작은 수십 개의 파편으로 발굴되었다. 하단부가 부식되어 결락되었다. 이들은 네 귀퉁이에서 서로 연결되었다. 네모난 상자를 덮기 위한 동판 뚜껑이 확인되고 밑판도 작은 파편으로 조사되었다. 이는 우리나라 최고 최대의 외함이 된다. 또한 총 905자의 명문이 새겨진 금동판 다섯 장도 발견되었다. 이에 따라 탑의 건립과 중수 사실이 밝혀졌다. 또 사리구의 후납을 위해 금동외함이 경문왕 때 마련되었다는 것 등을 기록하고 있다.

'찰주본기'란 황룡사 9층 목탑의 건립 내역을 기록한 것으로, 탑의 중앙에 있는 주춧돌이라 할 심초석 사리 넣는 구멍에 있던 사리내함의 네 개의 면에 적혀 있던 기록물이다. 두꺼운 금동판의 안팎에 인왕상과 보상화 문양, 그리고 탑의 조성 경위를 기록한 찰주본기가 새겨져 있다. 이 찰주본기는 현존하는 탑지 중 내용이 가장 풍부한 금석문이자, 그 내용도 《삼국유사》와 거의 맞아 신라사의 일면을 밝히

찰주본기

는 데 중요한 자료로 평가된다.

이 기록에 의하면, 탑의 높이는 철반 위가 7보이고, 그 아래가 30보 3척이라고 되어 있다. 철반은 탑의 9층 지붕 위에 세운 철제 세움대의 받침을 말하는 것이다. 이때의 1보는 6척, 1척은 약 35.63센티미터라고 한다. 황룡사 9층 목탑의 높이는 225척 80.16미터였다고 할 수 있다. 이 높이라면 오늘날 아파트 약 30층 높이와 맞먹는다.

또한 외함 내부와 서금당에서 진단구가 발견되었다. 진단구란 땅의 신을 달래 악의 기운을 누르는 것인데, 금·은·수정·유리 등 칠보에 가위·칼·요령 등 악마를 쫓는다고 생각하는 액막이 물건들을 땅속에 넣어둔 것이다.

진단구가 보호한 것은 심초석 안에 사리구이고 사리구 안에 부처의 사리 보관을 봉함하였다. 그리고 이 위에 심초석을 덮은 장방향에 돌은 몽고군 침입으로 드러난 심초석을 보호하기 위해 덮은 것으로 보인다. 목탑 자리에서는 기단을 마련한 흙과 적심석 사이, 심초석 밑에서 청동그릇, 금동항아리, 각종 칼, 가위, 청동거울, 중국의 백자단지 등의 생활용구와 금동귀걸이, 청동팔찌, 허리띠장식, 곱은옥 등의 꾸미개류, 금동항아리, 금동판불, 금동, 꽃모양 장식 등의 유물이 다수 출토되었다.

서금당 자리의 지진구도 목탑 자리의 그것과 비슷하지만 삼국 시대 고분출토의 덩이쇠와 비슷한 청동판금구, 두 마리의 새가 마주보고 있는 모습이 새겨진 은제금구는 목탑 자리에는 없었던 특징적인 유물들이다.

발견된 유물 중에는 치미도 있었는데, 치미란 궁궐이나 사원 같은 커다란 건물의 기와지붕 용마루 양끝에 얹는 대형의 장식기와를 말한다. 보통 매와 같은 날짐승의 꼬리 모양을 하고 있어 치미라고도 한다. 용마루 위에 올려 건물이 더욱 높아 보이게 하여 권위나 위엄을 상징하며 또 길상과 벽사(사악한 귀신이나 재앙을 물리침)의 의미를 가진 것으로 보인다. 그 기원은 중국에서 찾을 수 있으며, 우리나라에서는 4~5세기의 고구려 고분벽화에서 이미 치미가 그려졌기에 적어도 삼국 시대부터는 제작되었던 것으로 보인다.

삼국 시대 치미 중 가장 대표적인 것이 황룡사의 치미이다. 황룡사 강당 자리 북쪽에서 수습된 이 치미는 발견 당시 모두 조각난 상태였으나 다행히 현재의 모습으로 복원되었다.

이 치미는 높이 182센티미터, 너비가 105센티미터로 동양 최대 규모의 치미로 기록되어 있다. 워낙 거대한 규모 때문에 한 번에 구워 내지 못하고 아래위 두 쪽으로 나누어 만들었는데, 중간에 뚫려 있는

황룡사의 치미   치미에 그려진 사람 얼굴 형상

구멍에 끈을 꿰어 서로 묶어 고정시키도록 되어 있다.

세 면에는 연꽃무늬와 사람 얼굴이 표현된 원형 또는 타원형의 판들을 따로 끼워넣어 장식하는 독특한 기법을 보여준다. 사람 얼굴은 남자와 여자가 서로 엇갈려 배치된 점이 특징으로, 남자 얼굴에는 콧수염과 턱수염이 표현되어 있어 쉽게 구별된다. 이러한 남녀의 얼굴 묘사는 음양의 조화를 뜻하는 것으로 보인다.

이러한 독특한 장식과 제작 기법, 그리고 거대한 규모 면에서 이 치미는 우리나라의 치미를 대표할 만한 것으로, 높이만으로도 남대문의 아홉 배이므로 황룡사에 거대함을 느끼게 해준다.

황룡사 9층 목탑의 대략적 모습은 경주 남산에 있는 부처바위에 새겨진 9층 목탑 모습에서 그 윤곽을 찾을 수 있다. 부처바위는 둘레가 30미터가 넘는 큰 바위이다. 이 바위에는 통일신라 시대에 조각한 마애석불과 마애 9층탑(황룡사 9층 목탑의 모습으로 추정), 비천상, 승려, 사자상 등의 모습이 새겨져 있다.

경주 남산의 마애 9층탑이 있는 부처바위 북쪽 바위 면은 높이가 약 10미터, 폭이 6미터 정도로서 이 바위의 네 면 중 가장 높다. 여기에 9층탑과 7층탑이 좌우에 새겨져 있다. 탑 사이에 석가여래가 앉아 있고, 머리 위에는 천개와 비천상이 있다. 탑 아래쪽에는 각각 한 마리씩의 사자가 지키고 있다. 두 개의 탑은 밑의 기단부와 중앙의 탑신부, 위의 상층부가 완전히 갖추어져 있다. 추녀의 폭과 각층은 올라갈수록 줄어들어 3.7미터 높이에서 9층 지붕이 삼각으로 끝을 맺는다. 추녀 끝마다 풍경이 달려 있고, 이러한 풍경을 통해 목탑이라는 것을 알 수 있고, 9층 위에는 상층부가 있다.

황룡사 9층 목탑은 세계에서 가장 높았던 목조탑으로 봐도 될 것 같다. 이 탑보다 약 400년 후인 1056년 요나라 때 만든 중국 산서성(山西省) 소재의 응현 5층탑(應縣五層塔)은 현존하는 목탑 가운데 세계에서 가장 높은 것으로 알려져 있다. 그 탑의 높이는 황룡사 9층 목탑보다 13미터가 낮은 67미터이다.

북한에서도 황룡사 9층 목탑으로 추정되는 아담한 금동 9층탑 모형을 찾아냈다고 한다. 이는 북한에서 발간한 《조선유적유물도감》에 수록되어 있다. 이 금동탑은 전형적인 목탑 양식을 하고 있고, 전체 높이 37센티미터, 받침 기단부의 폭이 13.8센티미터이다. 고려 초 10세기경에 만들어진 개성 불일사 5층석탑 속에서 발견됐으며 현재 고려박물관에 전시되어 있다. 사진에 의하면 금동탑은 옥신과 옥개석을 모두 갖추고 있으며 기단 4면에 걸쳐 모두 8개문을 만들어놓고 있다. 각 층에는 창문을 냈고 처마에는 기와를 형상화하고 있다.

지금까지 황룡사 9층 목탑 형태는 경주 남산의 탑골 부처바위 북면에 새겨진 마애탑과 호암박물관에 소장된 5층 금동대탑뿐이었다. 하지만 탑골 마애탑은 황룡사와 거의 비슷한 시기에 새겨졌으나 부조이고, 호암박물관의 금동대탑도 9층이 아닌 5층인 데다 고려 중기 양식이

중국 산서성 응현 5층탑

어서 그동안 황룡사 9층 목탑을 복원하는 자료로서는 한계가 있다는 지적이었다.

반면, 공개된 불일사 금동 9층탑은 계단과 창문의 정교함이 실제 목탑을 그대로 축소한 듯 표현이 매우 사실적인 것이 특징이다.

황평우 소장은 "황룡사 목탑의 참고 자료는 경주 남산 탑골 바위에 새겨진 9층 목탑 형식의 마애탑 등 극소수"라며 "불일사 금동탑은 전형적 목탑 양식인 데다 9층이라는 점 등에서 당시 신라를 상징했던 황룡사 탑의 원형으로 참고할 수 있다"고 밝혔다.

황룡사가 거대한 사찰이라는 것은 지금까지의 자료로 입증되었다.

황룡사 9층 목탑을 자세히 복원하기 전에 우선 금당을 복원해야 한다. 중앙 금당에는 신라 삼보 중 하나인 장륙존상이 있었다고 한다. 장륙존상은 크기가 거대하여 장륙존상을 세우고 금당을 세웠을 것이라고 짐작된다.

장륙존상은 몽고 침략으로 손실되어 현재 남아 있는 것은 장륙존상 터와 장륙존상에 머리 부분이라고 추정되는 나발뿐이다. 황룡사에서는 금동 보살에 불두가 나왔는데, 장육존상과 같은 시대에 불상이니 장육존상과 얼굴은 매우 흡사하였을 거라고 생각한다.

이제 몸을 복원하기 위해 경주 남산 배리에 있는 삼체 석굴로 가보자. 장육존상은 7세기경 만들어진 불상으로, 당시 우리나라는 인도 불상에 영향을 많이 받고 있었다.

삼체 석굴 또한 7세기경에 만들어져 인도 불상에 양식으로 만들어져 있다. 이 시대에 불상들은 옷 주름이 얇아지면서 인체의 굴곡이 드러나기 시작한다. 두 다리 사이의 윤곽이 드러나고 다리에 물결 같

장육존상이 안치되어 있을 거라 생각하는 터

은 주름이 표현되어 있다. 종교적 권위가 담긴 근엄함과는 달리 다가서서 안기고 싶은 편안함도 느낄 수 있다.

이러한 것을 조합해볼 때 머리 모양은 나발과 같게, 얼굴 표정은 불두의 얼굴, 서 있는 모습과 옷의 주름은 삼체 석불을 조합하여 장육존상이 어떤 모습을 갖고 있었는지 예상해볼 수 있고 디지털 복원도 해볼 수 있다. 이후 금당에 뼈대를 세웠을 것인데, 금당에 모습을 찾기에는 국내에 이 시대 건축물 남아 있지 않고, 산서성 대동에 고대 동아시아 목조 건물에 양식이 남아 있는 거대한 석굴 운강석굴을 확인해보도록 한다.

운강석굴은 100년 전 지어져 신라에 큰 영향을 주었다. 이곳은 150년에 걸쳐 53개굴을 파고 안에 불상과 탑, 금당을 조각해놓은 곳이다.

아홉 번째 굴에 금당의 모습에 공포(기둥과 지붕을 이어주는 구조물로, 건물이 무너지지 않게 힘을 분산하는 역할을 한다) 모습을 보면 사람인(人) 자에 보조지지대 내공이 있고 사람이 양손으로 물건 떠받들고 있는 듯한 주지지대 공포로 지붕을 받치고 있다. 고대 건물은 이 공

274

포에 따라 건물의 구조 및 생김새가 달라진다. 제2굴엔 5층 목탑이 있는데 같은 공포의 모습이 있고, 이 시대 동아시아 건축은 이러한 공포의 모습을 했을 것으로 생각된다.

옛사람들은 건축물에 천지인을 담아 지붕은 하늘, 기둥은 하늘과 땅을 이어주는 것, 공포는 구름을 상징한다고 여겼다. 건물을 지을 때 초석에 기둥을 박고 가로목재를 연결(결구)하여 건축물을 짓는데, 현대건축에서도 흉내 내기 힘들 만큼 고도의 역학적 구조이다.

이런 목재 연결 방식은 응현 목탑에서도 확인할 수 있다. 5미터 높이에 장육존상이 안치되어 있는 것을 생각해볼 때 적어도 2층이었을 것으로 생각된다. 그러면 2층 구조로 된 이러한 목재 연결 방법을 가진 금당을 복원해볼 수 있다.

이제 황룡사 9층 목탑의 완벽한 복원도 생각해보자. 우선 이 탑에 제일 중요한 부분인 기둥에 굵기는 불탄 흔적으로 알 수 있다. 65센티미터 지름에 나무인데, 요즘 고건축에는 적송을 자주 이용한다.

또한 사리 내함에 적힌 글로 백제 아비지라는 장인이 황룡사를 지었다는 것을 알 수 있는데, 《일본서기》에 보면 백제 장인들이 일본으로 건너가 많은 사원을 지었다는 것을 알 수 있다. 우선 법륭사를 떠올릴 수 있는데, 이 사찰은 일본에서 가장 오래되고 백제에 흔적이 가장 많이 남아 있는 절이다.

법륭사 금당 내부에 보면 백제에 흔적을 많이 발견할 수 있는데, 삼존석가상, 백제관음상 또한 백제에 증거물이다. 법륭사 5층 목탑은 황룡사 9층 목탑을 유추할 수 있는 일본에서 가장 오래된 탑이라고 할 수 있다.

670년경에 세워진 것으로, 높이 35미터이며 같은 백제 장인에 의해 지어졌고 비슷한 시대에 지진 공통점을 많이 가졌다. 탑의 공포 구조 역시 똑같다. 이러한 구조는 중국에서 한국, 그리고 일본으로 넘어 왔을 것이라고 생각된다. 또한 법륭사는 전형적인 일본에 다른 탑과는 구조가 다르다. 위로 올라갈수록 줄어드는 듯한 채감비가 없는 탑이기 때문인데, 일본의 전형적인 탑이다. 제일 높은 탑(55미터)인 동사 5층 목탑과 비교에서도 확인해볼 수 있다.

다만, 법륭사 내부에는 층이 없는 텅 빈 공간인데, 이것은 단지 불교적 의미에 탑인 것이다. 그러나 황룡사는 시대적 상황으로 선덕여왕 때 신라와 고구려의 의해 영토가 축소가 되고 있었던 때이므로 군사적 의미가 들어갈 수밖에 없다. 응현 목탑에 경우에도 요화 시대

법륭사 5층 목탑   교토 동사 5층 목탑

응현 목탑 내부 계단

때 외적을 막기 위해 군사적 기능도 포함된 층으로 이루어진 구조였는데, 황룡사도 이에 대한 증거들이 발견된다.

《신중동국여지승람》에 있는 황룡사에 관한 시의 내용은 이렇다.

층계로 된 사다리 빙빙 둘러 허공에 나는듯
일만강과 일천에 산이 한눈에 트이네.
굽어보니 동도의 수없이 많은 집들
벌집과 개미집처럼 아득히 보이네.

무의자의 시집의 금황룡탑이라는 시에는 한 층 다 보고 또 한층 보면서 걸음걸음 올라 점점 넓게 바라본다.

시내는 닦은 듯 평평한데 무너진 백성들의 집은 볼 수 없네.

이러한 시들로 보았을 때, 황룡사 9층 목탑 또한 응현 목탑처럼 층계로 되어 있으며 굽어볼 수 있는 난관이 있을 것이라고 유추할 수 있다. 그리고 1층에는 솔거의 소나무 벽화, 불상들이 안치되어 있었을 것이다. 마지막으로 황룡사는 그 높이 때문에 번개에 자주 맞아 일곱 번이나 재건이 되었는데, '찰주본기'에는 이 탑을 재건할 때《무구정광다라니경》에 의거하여 철반 위에 작은 석탑 99기를 만들고 작은 탑마다 사리 1립과 다라니 4종을 넣어 안치했다고 기록되어 있다. 이것은 불심을 하나로 모으기 위한 각종 상징물 배치시킨 것인데, 소석탑 하나하나의 부처 사리를 넣어두어 99개의 탑이 세워진 것과 같은 효과를 발휘한다고 믿었다.

황룡사 9층 목탑은 지금 자료들과 금당에서와 같은 건축 양식으로 한 층 한 층 쌓아갔을 것이다. 황룡사 복원에 관하여서는 아직도 연구 중이다.

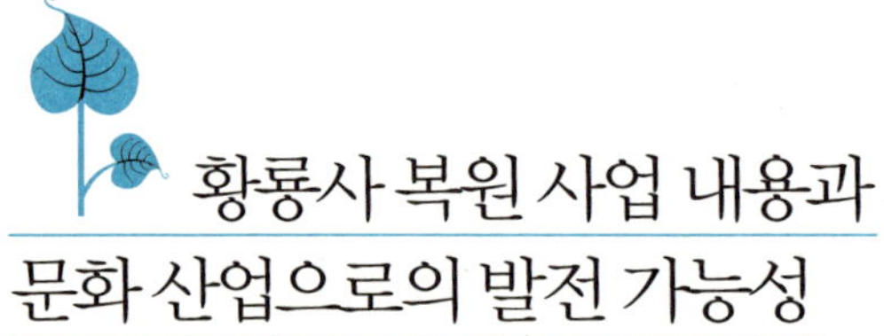

황룡사 복원 사업 내용과 문화 산업으로의 발전 가능성

경주시는 역사도시 구현을 위해 복원 가능한 유적을 정비해 고대 신라의 왕경을 재현하는 것을 목적으로 2005년부터 2034년까지 4단계에 걸쳐 황룡사 복원 사업을 수립했다고 밝혔다.

경주시는 황룡사 복원 사업비는 국비 1천 527억 원을 포함해 지방

비 654억 원 등 모두 2천181억 원이 소요될 것으로 예상하고 있다.

경주시는 문화관광부(현 문화체육관광부)·경북도와 공동으로 2005년부터 2009년까지 1단계로 황룡사복원추진위를 구성, 복원 계획을 수립했다. 9층탑 레이저영상 개발, 레이저쇼 제작, 황룡사전시관 건립 등 추진을 계획하여, 2006년에 경주 세계 문화 엑스포 광장에 황룡사 9층 목탑의 원형을 모방해 82미터 높이의 경주타워를 세웠다. 2단계는 2010년부터 2014년까지로 레이저쇼를 정기 상영하면서 황룡사 관련 유적을 발굴하고 원지(園池)유적 복원 및 신라전통공원을 조성하는 계획을 세웠다. 2015년부터 10년간 3단계로 황룡사 복원 사업을 본격적으로 준비, 착수한 뒤 2025년부터 10년간 복원을 지속적으로 추진해 마무리할 예정이다.

이렇게 시간이 오래 걸릴 수밖에 없는 이유는 아직 황룡사 디지털 복원은 추측일 뿐이지, 황룡사에 너무 변질되어버린 건물일 수도 있기 때문이다. 그래서 일단 황룡사에 대해 완벽히 조사를 마치고 짓기 위해서이다. 현재 여전히 황룡사 복원 문제에 관해서는 찬성과 반대

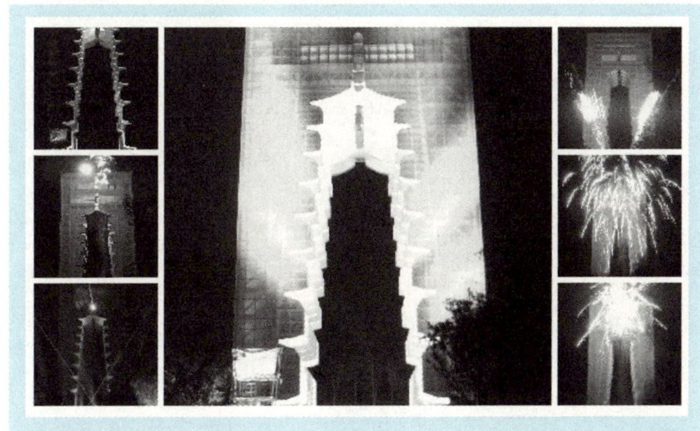

황룡사 모형을
본 뜬 경주 타워

가 많다. 게다가 지금 디지털 복원된 황룡사는 가짜라는 이야기가 많이 나오고 있다. 이러한 문제들을 더 보안하고 황룡사를 지었을 때라야만 이것이 문화재로서 자부심이 생길 것이므로 지금처럼 간단한 영상 복원은 오히려 황룡사 터보다 더 가치가 없어질 수 있기 때문이다. 만약 제대로 복원된다면 황룡사가 세계 최대 목탑이었다는 점, 거대한 사찰이었다는 점, 그리고 엄청난 문화유산이었다는 점에서 우리나라에 대한 자부심을 새삼 느낄 수 있을 것이다.

제3장

설화에 대한 새로운 시각의 해석

조신의 꿈

환몽 설화, 조신의 꿈

조신의 꿈은 현실 속의 주인공이 꿈속에서 기이한 경험을 하고 깨어나 어떠한 깨달음을 얻는다는 환몽 구조를 가지고 있는 환몽 설화이다. 몽자류 소설(조신 설화 외에 몽자류 소설의 효시인 임제의 〈원생몽유록〉, 남영로의 〈옥루몽〉, 〈옥선몽〉 등이 있다)의 효시가 되었으며, 이광수의 단편소설 〈꿈〉에 영향을 끼친 신라 시대의 작품이다.

전형적 감상과 주제

전설은 특별한 지혜와 능력을 갖추지 못한 보통 사람이 장애에 부딪히면서 사건이 일어나고, 쉽사리 이겨내지 못하여 고난을 겪는다는 내용이 많다. 이 조신 설화도 이러한 범주에 속한다. 여인을 사모하여 그와 이루어지길 바라는, 세속적인 욕망 때문에 인간의 근원적 고통을 얻는다는 인생무상(人生無常), 즉 인생은 덧없다는 주제를 내포하고 있다.

줄거리

조신은 경주의 세규사(지금의 홍교사)에 속했던 명주장원의 지장으

로 임명되었다. 그곳에서 군수인 김흔의 딸을 본 뒤 매혹되어 낙산사
대비관음상 앞에서 그 사랑을 얻게 해달라고 기도하였다. 수년 동안
정성을 다하였으나 그녀가 이미 출가하여 자기의 소원을 이루지 못
하게 된 것을 알고, 관음상 앞에서 원망하다가 지쳐 잠이 들었다.

뜻밖에 그 여자가 나타나서 사실은 마음으로 그를 사랑해왔으나
부모의 명을 거역할 수 없어 억지로 남의 아내가 되었지만, 이제 함
께 살기 위해서 왔다고 했다. 그는 기뻐하여 그녀를 데리고 고향으로
가서 살림을 시작했다.

40년 동안 깊은 정을 나누고 살면서 자식 5남매를 거느리게 되었
으나 가난하여 사방을 떠돌아다니며 10년 동안 걸식하였다. 명주의
해현령에서 15세 된 큰 아들이 굶어 죽자 길가에 묻었고, 우곡현에
이르러서 길가에 초막을 짓고 살았다. 부부는 50년 동안 고락을 같이
했으나 이제는 늙고 병들어 빌어먹기도 어렵고 자식들도 헐벗고 굶
주려 어찌할 수 없으니 헤어져서 살아갈 길을 찾자고 하였다. 부부는
아이를 둘씩 나누어 데리고 남북으로 정처 없이 헤어지려던 차에 꿈
에서 깨어났다.

조신 설화의 재해석

새롭게 재해석한 조신 설화

조신의 꿈이 현대의 단편소설로 가정하고 새롭게 재해석해보자.

고전 설화 조신의 꿈에 담겨 있는 내용 속의 전형적 소주제들을 개인적으로 재해석한 것은 다음과 같다.

(1) 사랑을 향한 적극성

* 고전 : 김소저가 부모가 정해준 혼삿길을 치르고도 조신에게 찾아와 받아달라고 말하는 부분에서, 자신의 사랑에 굉장히 적극적이었던 것을 알 수 있다. 반면, 조신은 마음에 두고 있던 여인에게 한마디 말도 못 꺼낸 것으로 보아, 소극적인 태도를 지닌 것으로 해석해볼 수 있다.

* 재해석 : 김흔의 딸은 '사랑'에는 적극적이었으나 그건 자신에게 그리고 자신의 가족에게 무모한 판단, 행위였다고 생각된다. 현대사회를 기준으로 본인의 입장에서는, 사랑 하나만을 쟁취하기 위해 전에 혼인한 사람과 이혼하고 가족과는 연락도 끊은 채 사랑만을 믿고 살아가려는 의지가 의아하다.

(2) 부부의 사회적, 경제적 능력 – 부모로서의 자격이 있는가?

* 조신과 그의 부인은 자식을 다섯을 두었는데, 그들은 매우 가난하여 끼니조차 해결하기 어려울 지경에 놓여 있었다. 여기에서 부부는 가정생활을 꾸려나갈 만한 변변찮은 일거리조차 하지 못했던 것을 해석된다.

* 자식의 죽음을 부른 부모의 잔인한 비정함.
 나물죽마저도 넉넉하지 못했다. 드디어 실의에 찬 몰골들로 잡고 끌고 하여 먹고살기 위해 사방을 헤매어 다녔다. 명주 해현 고개를 지나가다 열

다섯 난 큰아이가 굶어 죽었다.'

이 대목을 보면 자식 하나가 죽음을 맞이하는 걸 알 수 있다. 그러나 자연사한 자신의 자식에게서 그 전에 죽음을 예견하지 못하는 부모가 있을까.

자식의 죽음을 예상하고도 그를 방관한 부모의 무책임과 더불어 생계 유지의 어려움에서 조금이라도 벗어나기 위해 일부러 굶긴 부모의 비정함으로 해석해보았다.

(3) 작품 속의 여성상

젊음과 아름다움을 추구하는 여성, 인연의 칼을 쥐고 있는 여성.

① 젊음과 아름다움을 추구하는 여성

작품 속 김흔의 딸은 조신과 혼인한 후에도 자기 발전에 대한 욕망은 강하였다.

'내가 당신과 처음 만났을 땐 얼굴도 아름다웠고 나이도 젊었습니다. 그리고 의복도 깨끗하고 고운 것이었습니다. (중략) 젊은 얼굴 예쁜 얼굴은 풀잎위의 이슬 같고, 굳고 향기롭던 그 가약도 한갓 바람에 날리는 버들가지 같을 뿐입니다. 당신에겐 내가 있어 짐이 되고 나는 당신 때문에 괴로워하고 있습니다.'

* 고전적 해석 : 그녀가 젊었을 때를 회상하는 것은, 단지 '시간의 흐름'을 나타내기 위한 도구일 뿐이다.

* 재해석 : 그녀는 조신에게 젊었을 때 자신의 용모와 아름다움에 대한 그리움을 나타내고, 조신과 혼인을 함으로써 이루지 못한 것이라고 한탄하고 토로한 것으로 보았다. 사랑하는 여인의 아

름다움을 지켜주지 못하고 힘들게 고생시켜 병들고 늙게 한 남
편에 대한 원망으로 이별을 결심하였다고 해석하였다.

② 인연의 칼을 쥐고 있는 여성

먼저 조신에게 다가온 것도, 인연의 끈을 놓은 것도 바로 김흔의
딸이었다. 조신은 그녀와의 인연에서, 처음과 끝은 소극적이었으나
반면, 그녀는 만남과 이별에 적극적이었다.

(4) 가족의 해체

김흔의 딸이 헤어지자고 조신에게 제의하였을 때, 그도 흔쾌히 반
가워하였다.

* 고전적 해석 : 세속적 욕망과 사랑에 대한 욕망은 무상하다는 인
  생무상의 주제를 나타낸다.

* 재해석 : 이는 현대적으로 '가족의 해체'를 의미한다. 현실적으
  로 살아가는 데 큰 어려움이 있다고 하지만 수십 년을 같이 살아
  온 남편과 아이들과의 헤어짐을 결심한 데는 김흔의 딸이 첫 번
  째 혼인했던 옛 남편과 재회한 이유 때문이라고 생각했다. 경제
  력이 풍부한 그는 그녀의 가족과의 정을 생각하여, 그녀에게 온
  정을 베풀어 생계를 책임질 수 있었을 것이다.

(5) 언어 표현 '고전적 – 현대적'

* 고전적 ⇒ 남가일몽 : 한때의 헛된 부귀, 인생의 덧없음을 나타
  내는 말. 일장춘몽, 호접지몽도 같은 뜻으로 표현할 수 있다.

* 현대적 ⇒ 공도동망 : 같이 넘어지고 함께 망한다는 뜻.

수즉다욕 : 오래 살면 욕되는 일이 많다는 뜻으로, 부정적으로
해석했을 경우에 적용할 수 있다.

⑥ 고전-현대의 구조적인 비교

* 고전 : 조신의 꿈은 환몽 구조로 이루어져 세속적인 삶을 살았던
꿈속이 아니라, 그 꿈에서 깨어나 인생무상을 느끼는, 즉 꿈 밖
의 내용에서 교훈을 주는 내용이다.

* 현대 : 이 환몽 구조를 대중매체의 드라마 한 편 구조와 비교하
였는데, 바로 〈파리의 연인〉 결말 부분의 플롯과 유사하게 취급
하였다. 사람들이 기억하는 파리의 연인은 여자 주인공의 소설
속에 쓰인 이야기이며, 마찬가지로 조신 설화 역시 꿈속의 현실
적 내용이 그 안에 복잡한 이야기들을 가지는 하나의 소설이라
고 생각하였다.

이광수의 〈꿈〉과의 비교

조신 설화 줄거리 자체를 자의대로 새롭게 재해석한 위의 내용과
는 달리, 이번에는 현대소설 중 이광수의 〈꿈〉과 비교를 해보자.

⑴ 조신 설화와 꿈의 공통점

조신 설화는 현실에 회의를 느끼고 꿈을 통해서 자신의 소망을 이
루나 그 꿈에서 깨고 나서 어떠한 깨달음을 얻는다는 환몽 구조를 현
대 작품 〈꿈〉에도 영향을 끼쳤다.

이광수의 꿈(시인 이광수는 친일 작가의 대표적인 사람으로, 친일 활동을 하면서 많은 고민과 고뇌에 휩싸였다)에 등장하는 주인공은 꿈속에서 허락받지 못할 사랑을 하고 많은 고통을 겪는다. 꿈에서 깨어보니 자신의 영혼을 썩고 있다는 걸 알게 된다. 자신의 친일 활동에 대한 부끄러움과 번뇌를 나타내는 이광수의 꿈처럼, 조신 설화 역시 꿈을 통한 자기반성을 하게 되는 구조적인 유사성을 찾아볼 수 있다.

(2) 조신 설화와 꿈의 주제 비교

이광수의 꿈은 확연한 자기반성 및 친일 행각에 대한 고뇌를 보여주는 반면, 조신 설화는 꿈을 통해 인생의 허무함(인생무상)을 느끼고 이를 초탈하기 위해 불교에 정진한다. 즉, 이광수의 꿈은 반성을 통한 번뇌를 주제로 하는 반면, 조신 설화는 인생의 덧없음을 느끼고 불도에 정진하는 주제를 담고 있다.

결론적으로, 고전문학은 여유로운 시간에 읽으며 깊이 생각하기보다, 학창 시절 외우는 데 급급하여 공부와 바로 직결되는 따분하고 지루한 문학이었을 것이다. 그렇지만 나름대로 틀에 박힌 내용의 주제를 새롭게 해석하자면, 오히려 작품이 함축하고 있는 가치와 내포된 뜻을 자연스럽게 받아들일 수 있다. 현대 작품과 비교하는 것 외에 창조적으로 하는 재구성이 고전문학에 대한 새로운 시각을 갖는 데 도움이 된다.

'호랑이 처녀'에 담긴 희생의 의미

국어사전에서 희생의 의미를 찾아보면 다음과 같다.

희생(犧牲) [하-]

① 묘사(廟社)에 제물로 쓰는 소·양·돼지 등의 짐승.

② 남을 위하여 목숨·재물·명예 등을 버리거나 바치는 것.

③ 목숨이나 재물, 이익 등을 불의에, 또는 강제로 잃는 것. 희생-하다
　　(자)(타) : 나라를 위해 희생한 애국 투사. 희생-되다 (자) : 전쟁통에 무
　　고한 백성이 ~.

'호랑이 처녀'의 설화는 사랑하는 낭군을 위하여 자신의 목숨을 희생하는 여인의 모습을 그린다. 설화의 내용을 보면 호랑이에서 여인으로 둔갑한 아사미는 죄를 지은 자신의 가족의 죄를 사하기 위하여 불공을 드리는 흥륜사 탑에서 김현이라는 남자를 만나 그와 사랑을 나누고 그를 위하여 자신을 희생함으로 그에게 벼슬과 상을 받도록 한다는 내용이다. 여기서 우리가 생각해봐야 할 점은 바로 '호랑이 처녀'에 담긴 희생의 의미이다. 한국의 대표적 설화는 여인의 희생을 주재료로 하여 많은 내용을 채우고 있는데, 이런 희생의 의미를 분석하면 다음과 같다.

설화란 구전으로 전해 내려오는 이야기를 기록으로 재구성한 것이다. 이런 설화에서 여성의 희생이 많이 나오는 이유, 그 의도는 사회적으로 여성의 희생을 무의식적으로 강요하려는 데 있다. 즉, 여성으로 하여금 '호랑이 처녀'의 아름다운 사랑 이야기를 통해, 그런 여성의 희생이 아름다운 것이며 모든 여성은 사랑하는 남성에게 희생해야 한다고 무의식적으로 강요하고 있는 것이다. '호랑이 처녀'로 등장하는 아사미는 처음엔 가족에 대한 죄를 대신 받기 위해 탑을 돌며 불공을 드리며 헌신하고, 사랑하는 연인을 만나서 그의 출세를 위해 자신의 목숨을 희생한다. 이런 여성의 희생에 대한 미화는 남성의 입지를 공고히 하는 부분으로 많이 작용한다. 이처럼 '호랑이 처녀'의 희생은 그 시대 여성을 사회적으로 억누르는 수단으로도 사용되었다.

고대 설화는 불교적 내용을 담고 있으며 '호랑이 처녀' 또한 불교적 색채를 배제하고 논할 수 없다. 우리가 여기서 '호랑이 처녀'의 희생을 논하고자 할 때, 희생의 불교적 의미를 짚어봐야 하는 것도 바로 거기에 있다. 불교는 해탈을 통한 부처를 꿈꾸고, 해탈하는 것 중 가장 큰 덕목은 희생이다. 자신을 희생하여 선을 행했을 때 인간은 비로소 해탈을 하게 되고 부처가 된다. '호랑이 처녀'는 가족의 죄로 인하여 불공을 드리고, 사랑하는 낭군을 위해 목숨을 바친다. 그 모습에서 우리는 불교에서 바라는 희생의 의미를 느낄 수 있는 것이다.

즉, '호랑이 처녀'의 희생의 불교적인 의미는 아무런 보답 없는 희생을 통해 자신을 해탈하고 부처가 되는 일종의 시련 과정이며, 성불을 완성하는 방법으로 표현된다.

셋째, 토테미즘의 문화 반영이다.

토테미즘이란 미개 사회에서, 특정한 동식물이나 자연물이 자기가 속한 부족이나 씨족과 특별한 관계가 있다고 믿고, 그 대상을 신성하게 여겨 숭배하는 태도나 신념 체계를 뜻한다. 설화나 고대소설에서 동물을 의인화하거나 신격화하는 내용이 많은 것은 이런 토테미즘의 사상이 전반적으로 깔려 있기 때문이다. 특히 호랑이는 우리 조상이 신격화의 대상으로 곰과 함께 대부분의 설화나 고전에서 나타나는 대상인데, 여기서 '호랑이 처녀'의 희생도 토테미즘의 관점으로 살펴보아야 할 것이다. 단군신화에서 환웅이 곰과 호랑이에게 마늘과 파만으로 100일 동안 연명하면 인간으로 환생시켜주는 약속을 하며 동물을 의인화, 신격화하듯이 '호랑이 처녀'에도 이 점을 내포하고 있다. '호랑이 처녀'의 희생은 호랑이 아사미를 인간과 같은 시각으로 보고 있으며, 어쩌면 인간보다 더 인간적으로 표현함으로써 희생으로 호랑이를 인간화시키고 있는 것이다. 즉, '호랑이 처녀'의 희생은 동물을 소중히 여긴 우리 문화를 바탕으로 희생을 통해 인간으로 탈바꿈하는 내용을 담고 있다.

넷째, 조건 없는 사랑이 가장 아름다운 것이다.

앞에서 논하는 페미니즘, 불교주의, 토테미즘을 제외한 관점에서 사랑을 위한 희생은 큰 의미를 지닌다. 인간은 원초적으로 이기적인 동물임에도 불구하고 사랑을 통해 자신의 모든 것을 희생하면서 아름다운 로맨스를 만들어내는 것이다. 사랑이 그 무언가 알 수 없는 힘을 지니고 있듯, 사랑에 빠진 '호랑이 처녀'는 그 무엇도 알 수 없이 그저 사랑을 위해 자신을 희생하고 있는 것이다.

프랑스 소설가 아니 에르노의 소설《단순한 열정》에서 작가는 '그 사람을 생각하는 것 외엔 그 어떠한 일도 할 수 없었다'고 말한다. 이처럼 사랑에는 우리가 알 수 없는 강인한 힘이 있는 것이다.

인간은 사랑을 통해 자신의 새로운 모습을 찾는다. '호랑이 처녀'도 사랑을 통해 호랑이가 아닌 여성으로서 자신의 사랑을 위해 희생한다. 그럼으로써 자신의 사랑을 완성시키고 있는 것이다. '호랑이 처녀'는 단순한 이야기를 담고 있는 설화이지만 희생의 실제적 의미를 생각해볼 때, 실제로 희생은 아무나 할 수 있는 일이 아닌 것이다. 자신의 목숨을 버리고 사랑을 완성하는 것은 인간이 할 수 있는 가장 아름다운 일이다. 사랑으로 희생하는 '호랑이 처녀'의 모습에서 그 어떤 인간보다 더 인간미를 찾을 수 있는 것도 아마 그 때문일 것이다.

다시 보는
향가

 향가

향가(鄕歌, 문화어 : 사뇌가)는 신라 때에 불리던 민간 노래로, 대개 향찰로 기록되었다. 신라 때부터 고려 초기까지의 것을 말한다.

향가의 구조적 형태는 4구체, 8구체, 10구체로 나뉜다. 향가에는 한자로 지은 노래도 있고, 이두로 지어진 노래도 있다. 삼국 시대 때는 4구체 향가가 많았으나, 남북국 시대 전기와 고려 초기로 가면서 8구체와 10구체 향가들이 다양하게 지어졌다. 향가의 내용적 형태는 다양한데, 노동요나 민요로 추측되는 풍요, 귀신이나 액운을 막기 위한 주요(呪謠), 자신의 감정을 털어놓고 싶어 하거나 사랑을 고백하는 노래 등이 있다. 향가는 모두 한자를 빌려서 우리말을 표기한 것으로, 이두(吏讀)와는 달리 각수의 가사 전체를 한자로 기록하였으므로 순수하고도 고유한 고대 한국어인 것이 주목할 만한 점이다.

향가란 '우리나라 노래'라는 뜻이다.

'석영재성골계불루어물선향가(釋永才性滑稽不累於物善鄕歌).'

– 《삼국유사》, 영재 우적조(永才遇賊條)

'십일수지향가사청구려(十一首之鄕歌詞淸句麗)…….'

– 《균여전(均如傳)》

'왕소여각우위홍통지시상입내용사급명여대구화상 조집향가 위삼대목

(王素與角于魏弘通至是常入內用事仍命與大矩和尙 條集鄕歌 謂三代目).'

위의 문헌으로 미루어보아, 당시 중국을 당(唐)이라 한 것 대해 신라를 향(鄕)이라 일컬었음은 의심할 여지가 없다. 이로써 생각할 때 중국의 사장(詞章)에 대해 신라의 노래를 향가라고 했을 것이다.

일찍이 이 노래의 부분적인 어학적 주석은 일본인들이 시도하다가 25수 전반에 걸친 주해는 오구라 신페이가 처음으로 이루었다. 그 뒤로 양주동이 더 나은 해독을 하게 되었다. 해방 후에는 지헌영을 비롯한 이탁, 김준영, 이숭녕, 김동욱, 김선기, 서재극, 홍기문, 정렬모, 김완진 등이 계속 연구 · 발표하고 있다.

삼국 시대에는 그 수효도 많았을 것으로 짐작되지만, 현존하는 것은 《삼국유사》에 14수, 《균여전》에 11수, 총 25수뿐이다. 《균여전》에 수록된 향가는 고려 초기의 균여대사 작으로 10구체의 불교 예찬이다. 특히 《삼국유사》에 실린 향가들은 저자 일연이 불교에 관련된 설화를 수집하고 기록한 것들로 모두 배경 설화가 있다.

도솔가

《삼국유사》 권5에 기록되어 있는 것으로, 신라 경덕왕 때(760) 월명사가 지은 4구체 향가이다. 해 두 개가 나란히 나타나매 왕이 월명사로 하여금 산화공덕(散花功德)을 지어 재앙을 물리치게 하였다는 설화가 전한다.

안민가

《삼국유사》 권2 '경덕왕, 충담스님, 표훈대덕 편'에 실려 있다. 경덕왕이 충담스님에게 "나를 위하여 편안하게 다스리도록 하는 노래를 지으라"라고 명을 내려서 지은 노래이다.

제망매가

제망매가는 신라의 승려 월명사가 지은 것으로, 《삼국유사》 권5 '월명사 도솔가조(月明師 兜率歌條)'에 '월명이 죽은 누이를 위하여 부처에게 공양하는 재를 올리고 향가를 지어 제사를 지냈다'라고 기록되어 있다. 박제천의 〈월명〉은 〈제망매가〉를 현대적으로 계승한 작품인데, 나뭇잎을 통해 깨달은 인생의 본질을 노래하고 있다. 나무를 떠나야만 하는 수많은 나뭇잎을 통해 죽음의 세계로 떠나야 하는 인간의 존재를 형상화하고 있다.

처용가

《삼국유사》 기이 편 '처용랑과 망해사조(處容郎 望海寺條)'에 수록되어 있다. 《삼국유사》에 따르면 신라 헌강왕 때 처용이라는 인물이 지었다고 하며, 역신이 그의 아내를 흠모하여 동침하고 같이 잠자리에 있는 것을 보고 시를 읊었다고 한다. 이때 역신은 처용이 노하지 않은 것에 감동하여 그 앞에 나타나 꿇어앉았다고 한다. 그 후로 사람들은 처용의 형상을 문에 붙여 역신을 쫓았다고 한다. 고려가요 중에도 처용가가 악학궤범에 전해 훗날 향가 해독에 도움을 주었다.

동경명기월양(東京明期月良) 야입이유행여가(夜入伊遊行如可)

입양사침의견곤(入良沙寢矣見昆) 각모이사시양라(脚烏伊四是良羅)

이혜은오하어질고(二兮隱吾下於叱古) 이혜은수지하언고(二兮隱誰支下焉古)

본의오하시여마어은(本矣吾下是如馬於隱)

탈진양을하여위리고(奪叱良乙何如爲理古)

서울 밝은 달밤에 밤늦도록 놀고 지내다가

들어와 자리를 보니 다리가 넷이로구나.

둘은 내 것이지만 둘은 누구의 것인고?

본디 내 것(아내)이다만 빼앗긴 것을 어찌하리.

우적가

《삼국유사》의 권5 ‘도적을 만나다’에 이 노래를 짓게 된 이유 등이 실려 있으며, 이 노래의 내용을 칭송하여 지은 한시 한 편이 있다. 8세기 중엽에 지어진 노래이다.

헌화가

《삼국유사》에는 ‘소를 끌고 가던 늙은이가 수로부인에게 절벽의 철쭉꽃을 꺾어드릴 때에 부른 노래’라고 하여 ‘노인헌화가’라고 하였으니, 이것을 〈헌화가〉라고 부른다고 한다. 신라 성덕왕 때에 지어진 4구체 향가이다. '수로(水路)부인'이 한국어로 지은 이름을 한자로 뜻을 옮겨 만든 것인지, 바다를 끼고 곧 물건을 따라가는 부인이라는 뜻인지는 명확하게 밝혀지지 않았다.

원왕생가

노래 원문에 '원주생(願往生)'이라는 말이 겹쳐 나온다. 그래서 불교에서는 이를 '극락에 가고 싶다'는 말로 풀이하고, 북한에서는 '극락노래'라고 한다. '일찍이 노래가 있었다'라는 기록이 있을 뿐이며 가사는 전하지 않는다. 문무왕 때 또는 효소왕 때에 지어졌다고 추정되며, 광덕(廣德)의 처가 지은 10구체 향가라고 하는데, 광덕이 죽자 그의 친구 엄장(嚴莊)이 그 처에게 동침을 요구하자 이를 거절했다는 설화만 전해 내려온다.

    월하이저역(月下伊底亦)

    서방념정거사이견(西方念丁去賜里遣)

    무량수불전내(無量壽佛前乃)

    뇌질고음(惱叱古音)(향언운복언야(鄕言云報言也)

    다가지백견사립(多可支白遣賜立)

    서음심사은존의희앙지(誓音深史隱尊衣希仰支)

    양수집도화호백량원왕생원왕생(兩手集刀花乎白良願往生願往生)

    모인유여백견사립(慕人有如白遣賜立)

아사차신유아치견(阿邪此身遺也置遣)

사십팔대원성견사거(四十八大願成遺賜去)

달하 이제 서방까지 가십니까?

무량수불전에 일러다가 사뢰고 싶습니다

다짐 깊으신 부처님께 우러러

두 손 모두어 사뢰어 원왕생 원왕생

그릴 사람 있다 사뢰고 싶습니다

야으, 이 몸 남겨두고 사십팔대만 이루실까

서동요

서동요에 관한 설화에 나오는 향가로, 설화에는 서동(백제 무왕의 아명)이 신라 진평왕의 선화공주와 인연을 맺기 위해 일부러 퍼뜨린 노래라고 나와 있다.

모죽지랑가

신라 효소왕 때에 만들어진 8구체 향가로, 화랑가이다. 화랑 죽지랑의 낭도였던 득오곡(得烏谷, 또는 득오랑)이 그의 스승 죽지랑을 사모하고 찬양하여 지은 8구체 향가이다. 노래의 주인공은 화랑 죽지랑이므로 노래의 이름이 모죽지랑가(慕竹旨郎歌)인데, 일명 '득오곡모랑가(得烏谷慕郎歌)'라고도 부른다. 죽지랑은 김유신(金庾信)의 부원수로서 삼국 통일에 공이 컸다. 득오곡은 그의 낭도로서 풍류와 도술로 이름이 높았다. 노래는 이두문으로 되어 있다.

혜성가

혜성가(彗星歌)는 신라 진평왕 때 융천사(融天師)가 지은 10구체 향가이다. 혜성이 심대성(心大星)을 범하였으므로 이 노래로 물리쳤다는 설화가 전해진다.

풍요

풍요(風謠)는 신라 선덕여왕 때 지어진 4구체 향가로, 지은이는 알 수 없다. 양지(良志)가 영묘사(靈廟寺)의 장육존상(丈六尊像)을 만들 때 부역 온 성내 남녀가 불렀다는 민요이며, 일명 '양지사석가(良志使錫歌)'라고도 한다.

원가

원가(怨歌)는 신라 효성왕 때 신충(信忠)이 지은 8구체 향가로, 연군가(戀君歌)이다. 효성왕이 등극 전 신충과 잣나무를 두고 후일을 언약하였으나, 등극 후 그 일을 잊으매 이 노래를 지어 잣나무에 붙이니 그 나무가 말랐다.

제5장

장보고 세력의
흥망 역사

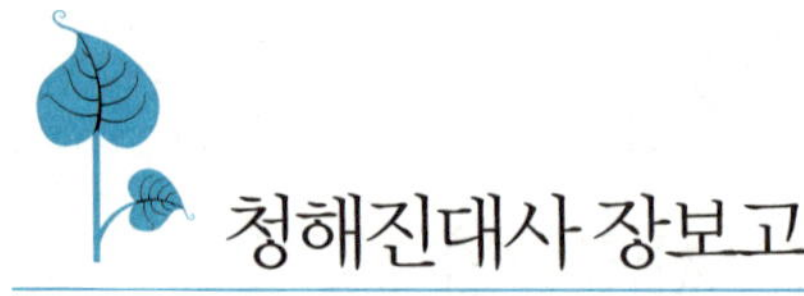

청해진대사 장보고

　흥덕왕(興德王, 826~836) 대를 전후한 시기에 활약한 신라의 청해진대사(淸海鎭大使) 장보고(?~841?)는 진작부터 우리 역사상 특이할 만한 경이로운 인물로 주목되었다. 실로 출자조차 분명히 전하는 것이 없었던 그가 황해를 가로질러 신라, 당, 일본 삼국을 잇는 해상 교역의 왕자적 지위에 오르고 또 신라 왕실에 대하여 납비(納妃)를 시도하였음은 비록 그의 위세가 자객으로 인하여 당대에 허무하게 마감되었다고 할지라도 일찍이 그 유례를 찾아보기 어려운 큰 사건이라고 할 만하다.

　따라서 그동안 장보고의 행적과 관련하여 여러모로 검토되어왔다. 그의 출자로부터 입신, 해상(海商)으로의 진출, 청해진의 설치 및 신라, 당, 일본 삼국의 교역과 신라 조정에의 막강한 영향력 행사, 그리고 그 세력의 소멸에 이르기까지의 일대 활약상이 당시의 시대적 상황 및 그에 따른 역사적 해석과 함께 자세히 검토되었다. 이러한 연구 자료들을 기초로 장보고 세력의 흥망이, 특히 신라사의 전개 과정과 관련하여 차지하는 위치가 어떠한지 한번 살펴보자.

황해 교역과 신라인의 대당 진출

황해를 중심으로 하는 연안 세력의 교역은 이미 고조선 시기부터 활발히 진행되어 왔다. 그리고 그 교역로는 특히 선진 세계로의 접속이 서편으로만 가능하였던 당시 한반도 내의 세력들에게는 곧 그 발전의 성패가 달린 것이기도 했다. 따라서 진작부터 한반도 내의 여러 세력을 장악하고자 하는 인물은 의당 그 황해를 통한 대중국 교역로를 제어하고자 했으며, 그로 인하여 한민족 지역의 여러 세력 간에는 때로는 중국의 세력들까지도 결부되는 가운데 크고 작은 정치적 충돌이 벌어졌다.

일찍이 그 전쟁의 빌미 중 하나가 한반도 남부에 있었으리라고 여겨지는 진국(辰國)이 한(漢)과 통교하고자 하였으나 고조선이 그를 가로막았기 때문이라고 전하는 고조선과 한의 전쟁이 그것을 단적으로 보여준다.

또 그러한 고조선을 이어받은 낙랑을 위시한 한군현에 대한 고구려와 백제의 끝없는 공격, 낙랑 멸망 후의 고구려·백제의 쟁패전 등에도 그 이면에는 역시 그러한 요소가 개재된 것이다. 그리고 그러한 상황은 고구려와 백제의 사이를 가르고 경기만 일대를 장악하여 대중 교역로를 확보함으로써 후일 삼국통일로 이어지는 일대 전기를 마련한 신라의 국가적 발전의 예에서 더욱 확실해진다.

그런데 이렇듯 신라 대에 이르기까지의 황해 교역에서 좀 더 유의

할 것은 신라의 삼국통일 이후 그 양상이 다음과 같이 두 가지 점에서 변화를 보이고 있다는 점이다.

우선 지적할 것은 그 교역의 중심에 관한 것이다. 당초 황해를 둘러싼 교역은 고조선, 낙랑, 고구려 등으로 이어지면서 그 북부 해안을 중심으로 연안 해로를 따라 남으로 연계되어 왔다.

그러던 것이 신라의 삼국통일 이후에는 경기만과 산동 반도를 잇는 선의 남쪽에 중심을 두고 황해를 가로질러 이루어지게 되었다는 점이다.

다른 하나는 그런 교역로를 따라 이루어진 한민족의 중국 방향으로의 진출에 관한 것이다. 황해 교역을 주도하였던 한민족계 세력들은 이미 삼국기부터 사적 또는 국가적으로 중국 쪽 연안에 그 교역의 근거지를 마련하기도 했던 것으로 보이며, 또한 식자층은 더 넓은 세계를 동경하며 새로운 문물을 접하고자 중국 방면으로 유학의 길에 오르고 있었다.

그러나 신라 통일기에 와서는 일시적 또는 특수한 목적에서만이 아닌 농업 정착의 성격을 띤 이주가 산동 반도와 그 인근의 해안 지역에서 이루어지고 있었으며, 능력 있는 자들의 대중국 진출에는 자기 사회에 대한 비판의식이 한층 강화되는 면을 보이고 있었다.

물론 이러한 변화는 우선 연안 항로를 벗어날 수 있는 항해술의 발달, 그리고 당시 신라의 교역 상대국인 당이 극히 개방적이었다는 상황적 조건을 배경으로 가능해진 것이었다.

그러나 좀 더 근본적으로는 신라의 삼국통일에 따른 한반도 내에서의 정치적, 사회적 변혁에서, 더욱 좁혀 말하자면 신라사의 전개 과정에서 이루어졌던 것이라고 하겠다.

즉, 전자의 경우는 신라의 삼국통일 이후 예성강 이남의 한반도가 신라 영역으로 합일되고 그에 반해 종래 북부의 중심지였던 대동강 유역이 황폐화되는 정치적 상황 변화에 기인한 것이었다.

후자의 경우는 크게 보아 이미 삼국 항쟁기로부터 시작되었던 신라 사회의 산업 발달과 영역 확대에 따른 질적 변화와 원래의 신라 귀족 중심의 체제인 골품체제(骨品體制)와의 괴리에서 오는 정치, 사회적 이완 현상이라 할 수 있다.

좀 더 부연하자면 신라는 삼국통일 이후에도 종래의 진골(眞骨) 중심의 골품체제를 존속시켜 그 정치적 중심을 잃지 않으면서 다른 한 편으로는 왕실 중심의 집권화 시책을 전개하여 넓어진 영역을 효율적으로 제어하고자 하였다. 대체로 중대(中代)에는 그를 통해 정정의 안정과 산업의 발달을 보았던 것이다. 그러나 하대(下代)에 이르러서는 그러한 왕실의 전제화는 결국 진골귀족의 왕위쟁탈전을 불러들였고, 그러한 정정의 이면에 결부된 산업의 발달은 대토지 소유를 가능케 하여 많은 무전(無田) 농민을 배출하는 결과를 가져왔다. 그리고 골품체제는 점차 비진골(非眞骨)귀족들의 반신라적 성향을 강화시키는 것이 되었다. 이러한 상황은 신라의 정치적 통제력의 약화와 함께 흉년 등으로 타격을 입은 농민들을 이미 그 중심이 남쪽으로 이동되어 있던 황해 무역로를 따라 멀리 중국 연안으로 집단 이주를 유도했다. 나아가 다수의 능력 있는 자들의 도당(渡唐)을 부추기기에 이르렀다. 여기에서 장보고 도당과 그 세력의 기반이 된 재당 신라인 집단의 형성이 이루어지게 된 것이다.

장보고의 출신과 세력 형성 과정

장보고의 이름은 신라, 당, 그리고 일본 측 자료가 각기 그 표기를 달리하고 있다. 이를 통해 유추해볼 때, 대체로 그의 본래 이름은 '활 잘 쏘는 아이'라는 뜻의 '활보'였다고 생각되며, 신라에서는 그를 표기할 때 훈과 음을 섞어 '궁복(弓福)' 또는 '궁파(弓巴)'라고 한 것으로 보인다. 그리고 도당 이후에는 그러한 의미에서 '장(張)'이라는 성을 취하고 어미의 음에 따라 '장보고(張保皐)'라는 중국식 성명을 만들어 사용하였으며 후일 일본에서는 그의 부유함을 들어 '장보고(張寶高)'로 표기하였다고 생각된다.

그의 출신에 관련하여서는 '해도인(海島人)'이었다든가 또는 '측미(側微)'하였다는 전문(傳文)만이 있어 대체로 그가 후일 청해진을 설치하였던 완도(莞島) 지방의 미천한 신분 출신이 아닌가 하는 추측이 있을 뿐이다. 그러니 그가 뛰어난 무재(武才)의 소유자였다고 전하고 있음을 보면, 단순한 생업 백성이라기보다는 변방의 도서에서 일망정 그 향읍에서는 나름대로 지배적 위치에 있는, 다시 말하자면 토호(土豪) 집안 출신이 아니었을까 하는 추측을 갖게 한다.

이렇듯 신라의 변방 도서 출신으로 추측되는 장보고가 처음 그 역량을 발휘하여 세인의 눈에 뜨이게 된 것은 당시 어느 수준까지는 외국인에게도 극히 개방적이었던 당에서의 일이었다.

그의 도당 시기나 당에서의 자세한 행적은 전하지 않지만 그가 출중한 무재의 소유자로 나이 30세 무렵에 서주(徐州)의 무령군(武寧軍) 소장(少將)이 되었음을 전하고 있어 그가 스스로의 능력으로 무장 입신을 했음을 알려준다.

그런데 820년 초반에는 이미 그의 활동 범위가 일본에까지 닿는 것으로 나타나고 있다. 따라서 당에서의 장보고의 해상(諧商)으로의 변신과 그 세력의 형성은 이미 이 시기에는 이루어졌던 것으로 추측되며, 실제 당시 산동 지역의 정세나 무령군의 형편 또한 그럴 수 있는 가능성을 보여주고 있다.

819년에는 절도사(節度使)로 4대 50여 년에 걸쳐 산동 지역을 장악하고 또 신라, 발해 교역을 통제하던 고구려 유민 출신 이정기(李正己) 일가가 몰락하였으며, 대략 821년경에는 그를 토벌할 때 선봉에 선 무령군에 감군(減軍)이 있었던 것으로 예상된다.

이때 대체로 장보고 또한 군에서 나와 이 지역 신라 거류민 집단을 규합하는 가운데 특히 이정기 일가의 몰락으로 일시 공백 상태가 된 황해무역권을 장악하게 된 것이 아닌가 싶다.

당에서의 그의 활동은 대체로 당의 연안 항로와 나·당 항로의 중계지가 될 수 있었던 산동반도의 돌출부인 적산포를 중심으로 이루어진 것으로 보인다.

일본 승려 엔닌[円仁]의 견문에 의하면 그는 적산포를 중심으로 산동반도에서부터 남쪽 회수(淮水)와 양자강(揚子江) 어구에 이르기까지의 해안과 강안 지역에 자치적인 집단을 이루고 있던 이른바 '신라방(新羅坊)' 또는 여타 신라인 촌락의 총수 격으로 성장했다. 이를 토대로 그들 신라인을 결속시키는 가운데 그 지역 해운업을 독점한 것으로 보인다. 그리고 특히 적산촌 산중에 위치했던 그의 원찰(顆刹)인 법화원(法華院)은 그의 영향력 아래 있던 신라인들의 정신적 구심점의 역할을 한 것으로 전하고 있다.

이처럼 일단 당에서 이미 세력을 구축하여 일본에 이르기까지의 해상 교역에 주역으로 성장한 장보고는 828년에는 다시 귀국했다. 그는 당시 국왕인 흥덕왕에게 해적들이 신라인을 약탈하여 당에 매도(賣渡)하는 것을 막는다는 구실로 그의 고향으로 생각되며 또한 신라와 당 및 일본을 잇는 해상 교역의 요충이기도 한 지금의 완도에 청해진 설치를 청하였다.

그리고 대략 그 인근 주민들의 동원 내지 관할권을 의미한다고 생각되는 '졸만인(卒萬人)'을 얻어 그 대사에 취임하였다. 이로써 좀 더 확실한 신세력 기반을 구축하고 동시에 공적인 지위까지 획득하는 변신을 보였다.

그는 이제 신라의 인정을 받음으로써 국제적으로도 인정받을 수 있는 일정한 지배 영역과 직분을 얻게 되었다. 그리하여 밖으로는 좀 더 격식을 차린 견당매물사(遣唐賣物使) 또는 회역사(廻易使) 등의 명칭으로 당과 일본에 교관선(交關船)을 보내는 등 그 교역의 위상을 한층 높여갔다. 안으로는 신무왕(神武王) 옹립에 그 군사적 후견인으로 관여하면서 신라 조정에 막강한 영향력을 행사하기에 이르러 급기야 납비를 자청하고 나서게 되었다.

장보고는 신라의 청해진과 당의 적산포를 양축으로 하여 황해 남부의 나·당 양안의 신라인 사회를 이끄는 일대 세력권을 구축하게 되었다. 이를 바탕으로 그는 황해 교역에서 명실상부한 왕자적 지위에 오르게 되었던 것이다.

장보고 세력의 정치 · 사회적 성향

　장보고 세력의 기초가 되는 인적 기반은 지역별로 크게 두 집단으로 나뉜다. 그 하나는 적산포 중심의 도당 신라인이고, 다른 하나는 청해진 관할하의 서남 해안 주민들이다. 그리고 조직 면에서 보면 장보고 휘하에는 그들 양쪽 지역 주민의 통어 및 해상 활동에 요직을 맡고 참여하는 다수의 유능한 막료급의 인적자원이 있었다.

　물론 장보고가 이러한 인적 기반에 밀착될 수 있었던 것은 무엇보다도 우선 그 처지상 동류(同類)의식을 가질 수 있는 상황이었기 때문이다. 크게 보아 장보고를 포함한 그들 모두는 골품체제하의 신라 사회에서 볼 때 주변에 위치한, 그리고 이미 또는 점차 그로부터 이탈해가고 있는 부류들이다. 좀 더 직접적으로는 재당 신라인은 이국에서의 동족(同族)으로, 또 청해진 관할 주민은 동향인(同鄕人)으로서 장보고와 결석하기에 좀 더 용이한 처지였다. 특히 그 막료급 인물들은 국내외에서 부랑하던 능력 있는 인물들이 다수 포섭되어 기용된 것으로 보이는데 이들은 더욱 장보고와 같은 처지였다.

　그러나 장보고가 그러한 인적 기반을 이끌고 일대 세력을 이룰 수 있었던 것은 동류감에 더하여 이미 노쇠한 당과 신라가 포기하다 만 그들의 생존에 대한 보호자 역할을 대행한 데서 기인한다.

우선 그가 한동안 산동, 서주 지역을 장악했던 절도사 이정기 일가를 토벌하는 데 선봉이었던 무령군의 무장 출신이라는 점과 그가 처음 자신의 세력으로 삼은 당시 재당 신라인 사회가 기실 자위적(自衛的) 자치집단이었음을 연결시켜보면 그의 역할이 그렇게 될 수밖에 없음은 쉽게 예상된다. 이 점은 특히 청해진 설치에서 한층 더 극명하게 드러난다. 이미 언급했듯이, 그는 신라인을 당에 노비로 약매(掠賣)하는 해적들을 소탕하고자 한다는 명분으로 청해진 설치를 청하였으며, 그의 설진(設鎭) 이후 해상에서 신라인 약매자가 없어졌다고 전하는 것을 보면 그가 나·당 연안 지역의 신라인 사회를 장악하는 데는 그 주민 보호가 지상의 명분이었다고 하겠다. 실제로 청해진 자체가 군진(軍鎭)일 뿐만 아니라 그의 교관선단도 군사적 편제로 이루어진 흔적이 있음을 보면 그럴 만한 실력도 충분히 갖추었다고 하겠다.

한편 그와 같은 세력의 형성 및 유지에는 또한 그의 개방적이고도 포용력 있는 인물 기용이 한몫한 것으로 보인다. 당시 신라와 당의 교역로상에는 신분적 벽 때문에 입신(立身)의 한계에 부딪쳐 도당하였으나, 당에서도 이방인으로서 여의치 못하여 부랑하던 다수의 능력 있는 인물이 내왕하고 있었다. 장보고는 그들을 막료로서 폭넓게 포섭, 기용하고 있었다. 그리고 그 세력을 유지하는 데 상호 도덕적 신뢰성을 제고할 수 있는 종교적 배려까지 결하지 않고 있었다.

그는 당초 그의 근거지였던 적산에 이미 언급한 바 있는 선찰(禪刹)로서 법화원을 개창했다. 그것은 물론 예하 주민의 심적 구심처로, 그리고 그들이 지향하는 사회 정의의 실천을 위한 도량으로 이용하고자 한 것이 틀림없다.

그런데 이제 다시 장보고 세력의 형성에 내재한 이러한 여러 요인을 음미해보면 그들 집단은 이미 골품제를 근간으로 하는 기존의 신라 사회로는 회귀할 수 없는, 좀 더 그 구성원의 개체성(個體性)과 안정된 생(生)이 보장되는 다시 말해 양인(良人)의 처지를 재확립하는 새로운 사회를 지향하고 있었다고 하겠다. 즉, 골품체제를 고수하고자 하는 신라 왕조와는 병존할 수 없는 한층 진보적인 정치, 사회적 성향을 지닌 집단이 되고 있었다.

이 점은 특히 그들 집단의 총수인 장보고와 신라 왕실의 관계에서 좀 더 분명해진다. 귀국 후 장보고는 일단 신라의 권위를 빌려 청해진대사가 되었으나 직함으로 알 수 있듯이 그는 결코 기존의 신라 관직체계에는 편입되지 않고 그 밖에서 특별한 위치로 대우를 받았다. 즉, '청해(淸海)'란 당시 다른 군진명과 비교해볼 때 일정 지역의 명칭이라기보다는 모든 바닷길을 맑게 한다는, 바꾸어 말하자면 모든 해상의 권한을 위임한다는 의미로도 풀이될 수 있다.

또한 '대사(大使)'란 신라의 고유한 관명이 아닌 독립성이 강한 번진(藩鎭)의 의미를 지닌 것으로, 당시 중국의 절도사 별칭에서 유래한 것이다. 그리고 그에게 주어진 그 밖의 관명적 호칭도 '감의군사식실봉이천호(感義軍使食實封二千戶)'의 봉작(封爵)이거나 '진해장군(鎭海將軍)'의 장군호일 뿐이었다.

따라서 장보고와 신라 왕실의 통혼 기도는 기존의 신라체제를 고수하려 한 세력에게는 그 자체로 자신의 존재를 부정당하는 것이기도 했다. 이에 당시 중앙의 실권자 김양(金陽)과 기존의 질서하에서 청해진 지역보다 우위에 있었을 것으로 추정되는 무주(武州) 출신 염장(閻長)의 공작으로 장보고는 결국 암살되어 제거되었다. 그렇게 장보고 세력은 소멸되었던 것이다.

장보고 세력의 내적 지배질서의 영향력

황해 교역로의 남하와 신라인의 대당 이주, 장보고의 출신과 그 세력의 형성 과정, 장보고의 정치, 사회적 성향 등을 순차적으로 살펴보았다. 이 일련의 내용을 다시 정리해보면 다음과 같다.

장보고 세력의 등장은 신라가 한반도 중남부를 통일함으로써 산동반도를 중심으로 하는 당의 연해 지역과 신라의 서남 해안 및 일본으로까지 연장되는 해상 교역이 크게 번성하고, 골품체제의 모순이 점차 노정되면서 신라의 변방 통제가 이완되고, 그 지배체제에서 이탈하는 다수의 신라인이 도당 이주하였던 시기적 상황과 맞물렸다. 물론 일찍이 입신양명을 위해 도당한 장보고의 탁월한 무재와 영도력의 만남도 한몫했을 것이다. 즉, 이러한 시기적 조건을 배경으로 그 구성원의 개체성과 안정된 생의 보장을 명분으로 결성된 것이다.

따라서 그 정치적, 사회적 성향 면에서 볼 때 장보고 세력은 기존의 신라 지배체제와는 공존하기 어려운 것이다. 이에 납비 시도를 기화로 그는 신라의 중앙귀족에게 사주 받은 자객에 의해 제거되고 그의 세력 또한 결국 해체되었다. 그러나 그들 세력이 이룩한 내적 지배질서는 분명 신라 사회가 안고 있는 골품체제의 한계에서 본다면 진일보한 것이었으며 비록 해체되었지만 그들 세력은 제2, 제3의 그와 같은 세력의 등장을 예고하는 것이었다. 실제로 머지않아 호족 세력이 등장하였다.

그중에서도 특히 경기만의 해상 세력에 기초하고 나주 호족과 결탁하여 서남 해안을 장악함으로써 창업의 첫 발을 내딛고 신라 왕실과의 통혼을 통해 후삼국 통일의 주(主)가 될 왕자적 권위를 한층 높인 고려 태조 왕건의 활약상은 이를 좀 더 분명히 보여준다.

※ 참고문헌

손보기 저, 《장보고와 21세기》, 혜안, 1999.
손보기 저, 《장보고와 청해진》, 혜안, 1997.
오수정, 〈장보고 재당 활동의 배경〉, 숙명여자대학교, 1995.
김문경 · 김성훈 · 김정천, 《장보고》, 리진(李鎭), 1993.

제6장

신라에서
여왕이 존재할 수 있었던 이유

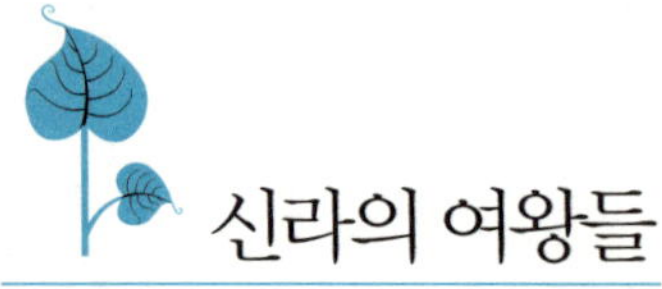

신라의 여왕들

우리나라 역사에는 고조선을 비롯하여 부여, 고구려, 백제, 신라, 고려, 조선 등 수많은 국가가 있었다. 이러한 국가들에서 정치는 남성들의 전유물처럼 여겨져 그 중심에는 항상 남성들이 있었다. 그러나 신라에서는 여성임에도 불구하고 정치의 핵심인 왕의 자리에 올랐던 세 명의 여성이 있었다. 바로 선덕여왕, 진덕여왕, 진성여왕이다. 유독 신라에서만 남성들을 제치고 세 명의 여왕이 즉위했다는 것은 매우 이례적인 일이라고 할 수 있다.

우선, 신라 최초의 여왕이자 우리나라 최초의 여왕인 선덕여왕(재위 632~647년)의 이름은 덕만으로, 진평왕(재위 579~632년)의 장녀이다. 선덕여왕이 즉위하기 전, 신라는 진흥왕(재위 540~576년) 이후 넓어진 영토와 진평왕의 뛰어난 정치력으로 인해 국가의 전성기를 맞이하고 있었다. 그러나 왕실의 내부에서는 왕위 계승에서 문제점이 나타났다. 법흥왕(재위 514~540년) 이후 성립된 성골 신분은 자신들의 신성성을 강조하기 위해 근친혼을 하였고, 진평왕 삼형제에게 모두 아들이 없자 결국 왕위를 이어갈 성골 신분의 남성들이 사라지게 된 것이다. 《삼국유사》 왕력 편에서는 이를 선덕여왕이 즉위하게 된 배경으로 설명하고 있다.

왕실의 진종설(왕실의 신성성을 강조하기 위해 왕족인 석가모니의 왕실이 신라 왕실에서 다시 나타났다는 설)도 선덕여왕의 즉위에 큰 영향을 주었다. 《삼국사기》 진평왕 본기에 따르면 진평왕의 이름은 백정이고 부인은 마야부인이며, 친동생들은 백반과 국반으로 기록되어 있다. 본래 백정은 석가모니의 아버지 이름이고, 마야부인은 석가모니의 어머니 이름이며, 백반과 국반은 석가모니의 작은 아버지 이름이다. 이렇듯 신라가 불교를 받아들이면서 왕실에서는 석가모니의 가족들이 윤회하여 자신들로 태어날 수도 있다는 생각을 하게 되었고, 이를 통해 왕과 왕실의 권위를 더욱 높이려고 했다. 즉, 진평왕의 첫째 아이는 백정과 마야부인 사이에 태어난 석가모니가 되는 것이었다. 따라서 선덕여왕이 여성이라는 점만 제외하면 왕으로 즉위하는 것에 최고의 정당성을 가지고 있었다고 할 수 있다. 진평왕이 자신의 장녀인 덕만을 왕위에 올리려 하자 여성의 즉위에 대해 귀족들이 반발하여 631년(진평왕 53)에 이찬(신라 17등관계 중 두 번째 관위. 자색의 공복으로 신분을 표시하였다) 칠숙과 아찬(신라 관계 중 6등위로 6두품 신분층이 오를 수 있는 한계 관계. 비색의 공복으로 신분을 표시하였다) 석품이 반란을 일으켰다. 그러나 진평왕은 곧 반란을 진압하였고, 결국 덕만은 왕으로 즉위할 수 있었다. 이렇듯 진평왕이 반란을 진압하면서 성별보다는 혈통이 왕으로 즉위하는 데 더 중요하다고 여겨지게 되었다. 이것은 선덕여왕이 남성귀족들을 제치고 왕위에 오를 수 있었던 원인이 되었다.

또한 선덕여왕이 즉위하기에 앞서 일본에서는 최초의 여성 천황인 스이코(재위 593~628년)천황이 즉위하였다. 스이코천황이 즉위하였던 593년(진평왕 15)에는 일본과 신라의 교류가 빈번하였으므로, 이 사실이 어느 정도 선덕여왕이 즉위하는 데 영향을 주었다는 견해도 있다.

　신라의 두 번째 여왕으로 선덕여왕의 뒤를 이어 즉위한 진덕여왕(재위 647~654년)의 이름은 승만이다. 진덕여왕은 진평왕의 친동생인 국반 갈문왕(통일 이전의 신라에서만 보이는 칭호. 왕과 특별한 인척관계를 가져 일반 신하처럼 대우할 수 없는 사람들 곧 왕의 장인이나 큰아버지, 작은아버지 혹은 나이 든 왕의 동생에게 '왕에 버금가는 사람'이라는 의미를 가진 이 칭호를 주었다)의 딸로, 성골 신분의 마지막 왕이기도 하다. 선덕여왕 말년에 또다시 여성이 왕위에 오르려고 하자 647년(선덕왕 16)에 상대등(신라 17관계를 초월하여 설정한 최고 관직으로, 국사를 관장하고 귀족 · 백관회의인 화백을 주재하며 귀족 연합의 대변자의 역할을 했다)인 비담이 그것에 반대하는 귀족들을 규합하여 반란을 일으켰다. 선덕여왕은 반란의 와중에 죽었고, 당시 군대의 지휘권을 가지고 있던 김유신은 난을 진압하고 승만을 새로운 왕으로 추대하였다. 김유신은 전통적인 진골귀족이 아닌, 가야계의 신귀족이었기 때문에 전통적인 귀족에 비해 세력이 약하였다. 따라서 선덕여왕 때부터 전쟁에 공을 세우며 세력을 키워가던 김유신은 전통적 귀족들이 여왕의 즉위를 반대하였던 것과 달리 승만의 즉위를 지지하며 자신의 세력을 더욱 공고히 할 수 있었다. 위의 내용을 종합하여 보면 당시는 선덕여왕의 즉위로 인해 왕이 되는 것에는 여성이라는 것보다 성골이라는 혈통이 더 중요하다는 생각이 있었다. 게다가 진덕여왕은 김유신의 적극적인 지원이 있었기 때문에 선덕여왕에 비해 쉽게 즉위하여, 재위 기간 동안 특별한 어려움 없이 통치할 수 있었다.

　진성여왕(재위 887~897년)은 신라 제51대 왕이다. 이름은 만이며,

48대 경문왕의 딸이다. 경문왕의 아들인 49대 헌강왕이 죽을 때 그의 아들은 태어난 지 아직 1년도 채 되지 않은 상태였다. 따라서 그의 동생인 50대 정강왕이 왕위를 계승했지만 그도 즉위 후 1년이 지나지 않아 죽었다. 정강왕은 죽기 전에 선덕여왕과 진덕여왕 등 여왕이 즉위했던 것을 선례로 자신의 동생 만으로 하여금 왕위를 계승하도록 하였다. 이것은 진덕여왕이 죽은 지 233년 만의 일이었다. 여기서 주목해야 할 것은 선덕여왕이나 진덕여왕 때와는 달리 진성여왕이 즉위할 때는 귀족들이 반발하지 않았다는 것이다. 이것은 처음부터 진성여왕이 헌강왕의 아들이 성장할 때까지만 임시로 왕위를 맡았기 때문이며, 진성여왕이 죽기 전 조카에게 왕위를 넘기는 것으로 이를 확인할 수 있다.

한편 신라 하대에는 진골귀족의 수가 많아져 진골 자체의 신분보다는 가계의 중요성이 더욱 커졌다. 따라서 왕위의 계승도 한 가계에서 독점하려는 경향이 나타나게 되었다. 게다가 지방 호족들이 점차 성장하면서 귀족들이 더 이상 중앙정치에만 집중할 수 없게 되었던 것도 진성여왕이 쉽게 즉위할 수 있었던 원인이다.

이상 신라의 세 여왕들이 즉위할 수 있었던 배경에 대해 살펴보았다. 이를 다시 한 번 정리하자면 다음과 같다.

세 여왕 중 선덕여왕과 진덕여왕의 즉위 과정에서는 성골 신분이 결정적 역할을 했다. 즉, 당시는 신라 왕실을 매우 신성시하여 선덕여왕과 진덕여왕이 비록 여성이지만 남성귀족들을 제치고 즉위할 수 있었고, 성골로서 왕의 정통성을 유지할 수 있었다. 또한 진평왕의 영향으로 즉위한 선덕여왕이나 김유신 등의 지원으로 즉위한 진덕여왕도 모두 군사적 힘을 가지고 있었기 때문에 진평왕 말년의 칠숙과 석품의 난, 선덕여왕 말년의 비담의 난을 모두 제압하고 왕위에 오를 수 있었다.

이에 비해 진성여왕은 신분과는 상관없이 당시의 정치적 상황 덕분에 즉위할 수 있었다. 즉, 헌강왕의 아들인 효공왕이 나이가 들어 정사를 직접 돌볼 수 있을 때까지만 임시로 왕위를 계승하였던 것과 지방 호족들이 성장하면서 귀족들이 중앙정치에만 집중할 수 없게 된 것이 진성여왕의 즉위에서는 가장 큰 원인이 되었다. 또한 선덕여왕과 진덕여왕의 선례가 있었던 것도 큰 영향을 주었다고 할 수 있다. 이처럼 당시의 정치적 상황으로 인해 신라 말에는 진성여왕이 즉위할 수 있었고, 선덕여왕이나 진덕여왕과는 달리 즉위 자체를 문제 삼는 반란은 없었던 것이다.

이렇듯 신라에서는 다른 나라와는 달리 왕실의 권위를 높여준 진종설, 독특한 신분제도인 골품제도, 그리고 실질적 군사력을 바탕으로 여왕이 즉위할 수 있었다. 또한 당시 신라 사회가 선덕여왕 이후 여왕의 즉위를 수용할 수 있게 되었던 것도 한 원인이다.

※ 참고문헌

조범환, 《우리 역사의 여왕들》, 책세상, 2000.